高职高专经管类专业精品教材系列

税法与实务
（第三版）

马志锋 甄立敏 主 编
张慧娟 郝琳琳 张亚兵 副主编

清华大学出版社

北 京

内 容 简 介

本书主要根据近年新颁布的企业所得税、新修订的流转税税法政策,以及其他税种最新税收政策编写而成。主要介绍我国税收法律理论和实务知识。全书共分为 9 章,内容包括税法基本知识、实体税法和税收征管法三大部分。其中,第 2~8 章为实体税法,主要介绍税收实践中应用广泛的税种税法,包括增值税法(含营改增)、消费税法、关税法、企业所得税法、个人所得税法、资源类税法和财产行为税法。实务重在实体税种应缴纳税额的计算。

本书可作为高职高专院校经济管理类专业学生用书,也可作为其他层次、其他形式的教学用书和各类人员的参考书。

图书在版编目(CIP)数据

税法与实务/马志峰,甄立敏主编.--3 版.--北京:清华大学出版社,2016(2018.2 重印)
高职高专经管类专业精品教材系列
ISBN 978-7-302-44602-6

Ⅰ.①税…　Ⅱ.①马…②甄…　Ⅲ.①税法－中国－高等职业教育－教材　Ⅳ.①D922.22

中国版本图书馆 CIP 数据核字(2016)第 175382 号

责任编辑:左卫霞
封面设计:傅瑞学
责任校对:李　梅
责任印制:杨　艳

出版发行:清华大学出版社
　　　　网　　　址: http://www.tup.com.cn,http://www.wqbook.com
　　　　地　　　址: 北京清华大学学研大厦 A 座　　　　**邮　　编:** 100084
　　　　社 总 机: 010-62770175　　　　**邮　　购:** 010-62786544
　　　　投稿与读者服务: 010-62776969,c-service@tup.tsinghua.edu.cn
　　　　质量反馈: 010-62772015,zhiliang@tup.tsinghua.edu.cn
　　　　课件下载: http://www.tup.com.cn,010-62770175-4278
印 装 者: 三河市金元印装有限公司
经　　销: 全国新华书店
开　　本: 185mm×260mm　　　　**印　　张:** 16.25　　　　**字　　数:** 367 千字
版　　次: 2013 年 1 月第 1 版　2016 年 9 月第 3 版　　　　**印　　次:** 2018 年 2 月第 2 次印刷
印　　数: 3001~5000
定　　价: 36.00 元

产品编号:070405-01

第三版前言

本书从出版至今已经七年多了，其间，我国的税收法律制度发生了巨大变化，比如营业税改征增值税试点政策、消费税税目调整、个人所得税税率调整、修订个体工商户计征办法、资源税由从量计征改为从价计征、车船税法的颁布等。

特别是我国的"营改增"财税体制改革举世瞩目。2016年5月1日起，营业税改征增值税试点政策在我国全面推开。全面推开营改增、取消营业税，这能够进一步减轻企业税负，调动各方积极性。"营改增"后的增值税作为中国现行税制结构中最重要的流转税税种，几乎涉及我国所有企业、所有行业，这就为税法高等职业学校教学提出了新的要求。

本书第三版，根据我国最新税法政策对第二版的各章内容进行了全面、重大的更新调整，同时也根据新政策对各章习题进行了修改，比较全面地反映了我国现行税法政策的最新变化，力求确保相关内容的新颖性和准确性。本次再版修改、调整的主要内容为：删除营业税法的内容和习题；新增营业税改征增值税的试点政策；调整消费税税目的内容和应纳税额计算；新增跨境电商关税的内容；新增进一步完善的固定资产加速折旧、研究开发费用加计扣除的企业所得税税收新政；修改个人所得税税率、应纳税所得额、应纳税额计算内容；调整资源税税目税率和销售额、税额计算内容；调整耕地占用税税收优惠政策；修改车船税等内容。在修改各章习题、综合习题的基础上，根据税种的重要性，新增营改增和企业所得税的附加习题。

本书以出版日止的我国税法政策为依据，如果税法政策有变化或作者理解有误，应以现行法律、法规为准。为配合教学，本书配有课件、习题和实训参考答案，欢迎向编辑或编者索取。

本次修订，编写人员为河北软件职业技术学院马志峰、甄立敏、张慧娟、郝琳琳，航天信息股份有限公司张亚兵。全书由甄立敏教授负责统稿。

本书在修订过程中得到了清华大学出版社和河北软件职业技术学院的大力支持，在此表示衷心的感谢。

由于编者理论水平和知识所限，书中难免有疏漏或错误之处，恳请读者批评指正。

编　者
2016 年 6 月

第二版前言

本书从出版至今已近五年了。其间，我国的税收法律制度发生了很多变化，比如对增值税、消费税、营业税、关税、城镇土地使用税、耕地占用税、个人所得税等制度做了较大的调整修订，取消了农业税，开征了烟叶税，车船使用税与车船使用牌照税合并为车船税，特别是制定了内外资企业统一的《企业所得税法》，新的企业所得税法更是引人注目。"两税合一"为内资企业提供了一个和外资企业公平竞争的平台，也为税法高职教学提出了新的要求。

本书第二版对第一版的内容进行了全面修改调整，不仅对税收实体法的有关内容作了较大更新，修改了税收程序法的有关部分，比较全面地反映了我国现行税法政策的最新变化，力求确保相关内容的新颖性和准确性，而且还丰富了各章习题，增加了实训题。本书以交稿日止的我国税法政策为依据，如果税法政策再有新变化或作者理解有误，应以现行法律法规为准。为配合教学，本书配有课件、习题和实训参考答案，欢迎向编辑或作者索取。作者邮箱：bdzhenlimin@126.com。

在本次修订中，原作者不变，但其中代学刚副教授代为修改第4、7、8、10章，刘玲艺副教授代为修改第2、3、5章，其他各章由甄立敏教授修改，另外，李艳副教授参与了第2~4章的修改工作，李克桥教授参与了各章实训题的修改。全书由甄立敏教授负责统稿总纂。

本书在修订过程中得到了清华大学出版社和河北软件职业技术学院的大力支持，在此表示衷心的感谢。

由于编者理论水平和知识所限，书中难免有疏漏或错误之处，恳请读者批评指正。

编　者
2009 年 1 月

第一版前言

本书从高职高专职业技术教育实际出发,综合考虑职业岗位的知识结构和技能需求,以让学生真正掌握实践技能为目的,以必需、够用为原则,不拘泥于理论的系统性、完整性,以讲清概念、政策,强化应用为重点。

本书主要特点如下。

(1) 自成体系。本书以现行税法制度为主线,每一章自成体系,让学生能够很快掌握税法政策,正确计算各税种应纳税额。

(2) 重点突出。税收法律制度中侧重介绍主体税种,如流转税和所得税。税种中侧重纳税人、征税对象、征税范围或税目、计税依据,应纳税额计算等内容。

(3) 突出实践。各章在介绍税种的法律制度的基础上,加进了综合案例和习题。尤其是全书最后的综合习题和每章的实践训练,使学生能够将前后各章联系起来,融会贯通,对日常税务处理形成整体认识。

(4) 必需、够用。本书主要介绍我国税收实践中用得比较多的一些税种。在这些税种中,计税方法综合、复杂的占篇幅较多;计税方法简单、容易的占篇幅较少。

(5) 内容新颖、前瞻性强。本书均采用最新法律法规,截止日期为 2004 年 7 月。对即将合并、取消或现已不征收的税种只作简略介绍或不介绍。

本书由甄立敏主编,负责拟定编写思路和编写大纲,并对全书进行总纂。全书共分 10 章,陈领会编写第 6 章,刘顺芳编写第 9 章,其余各章均由甄立敏编写。

本书在编写过程中,得到了清华大学出版社和河北软件职业技术学院的大力支持,特别是得到保定大雁会计师事务所李桂花老师的大力帮助,在此谨表谢意!

由于学识水平有限,加之时间仓促,难免有疏漏和不足之处,恳请读者批评指正。

编　者
2004 年 5 月

目　录

第 1 章
税法基本知识

【内容摘要】 本章为全书的入门篇,主要介绍税法的基本知识。要求学生了解税法的概述、税法构成的基本要素、税收基本知识;掌握税法的分类、税收法律关系的内容、税收的分类、税收的特征;重点掌握税法的构成要素。本章的难点是超额累进税率的应用。学生可以通过本章的学习,形成税法知识的基本框架,为以后各章内容的学习建立基础。

1.1　税法概述

税法是国家制定的用以调整国家与纳税人之间在征纳方面的权利与义务关系的法律规范的总称。它是国家及纳税人依法征税、依法纳税的行为准则,其目的是保障国家利益和纳税人的合法权益,维护正常的税收秩序,保证国家的财政收入。

税法是税收的法律表现形式,税收则是税法所确定的具体内容;税法反映的是主体双方权利和义务的法律关系,而税收反映的则是国家与纳税人之间的经济利益分配关系。税法与税收相互依赖,不可分割,离开了税法,税收的财政、经济职能就无从体现。

1.1.1　税法的分类

从法学角度,税法可以作如下分类。

1. 按税法的内容不同,分为税收实体法和税收程序法

税收实体法是规定税收法律关系主体的实体权利、义务的法律规范的总称。其主要内容包括纳税主体、征税客体、计税依据、税目、税率、减税免税和违章处理等。税收实体法直接影响到国家与纳税人之间权利义务的分配,是税法的核心部分。没有税收实体法,税法体系就不能成立。《中华人民共和国个人所得税法》属于税收实体法。

税收程序法是指以国家税收活动中所发生的程序关系为调整对象的税法,是规定国家征税权行使程序和纳税人纳税义务履行程序的法律规范的总称。其主要内容包括税收确定程序、税收征收程序、税收检查程序和税收争议的解决程序。税收程序法是税法体系的基本组成部分。《中华人民共和国税收征收管理法》属于税收程序法。

2. 按税法效力不同,分为税收法律、法规和规章

税收法律是指享有国家立法权的国家最高权力机关,依照法律程序制定的规范性税

收文件。我国税收法律是由全国人民代表大会及其常务委员会制定的,其法律地位仅次于宪法,而高于税收法规和税收规章。在我国现行税法体系中,《中华人民共和国个人所得税法》《中华人民共和国企业所得税法》《中华人民共和国税收征收管理法》属于税收法律。

税收法规是指国家最高行政机关、地方立法机关根据其职权或国家最高权力机关的授权,依据宪法和税收法律,通过一定法律程序制定的规范性税收文件。我国目前税法体系的主要组成部分即是税收法规,由国务院制定的税收行政法规和由地方立法机关制定的地方税收法规两部分组成,具体形式主要是"条例"或"暂行条例",如国务院颁布的《中华人民共和国进出口关税条例》。税收法规的效力低于宪法、税收法律,而高于税收规章。

税收规章是指国家税收管理职能部门、地方政府根据其职权和国家最高行政机关的授权,依据有关法律、法规制定的规范性税收文件。在我国,具体是指财政部、国家税务总局、海关总署,以及地方政府在其权限内制定的有关税收的"办法""规则""规定"。税收规章可以增强税法的灵活性和可操作性,是税法体系的必要组成部分,但其法律效力比较低。

3. 按主权国家行使税收管辖权不同,分为国内税法、国际税法和外国税法

税收管辖权是指一国政府对一定的人或对象征税的权力。税收管辖权意味着主权国家在税收方面行使权力的完全自主性,即对本国税收立法和税务管理具有独立的管辖权力,同时也意味着处理本国税收事务时不受外来干涉和控制。

国内税法是一国在其税收管辖权范围内调整税收分配过程中形成的权利和义务关系的法律规范的总称,由国家最高权力机关和经由授权或依法律规定国家行政机关制定的税收法律、法规和规章等规范性文件。其效力范围在地域上和管辖对象上均以国家税收管辖权所能达到的管辖范围为准。通常所说的税法是指国内税法。

国际税法是国家间形成的税收制度,是调整国家与国家之间税收权益分配的法律规范的总称。包括政府之间的双边或多边税收协定、条约和国际惯例等,其内容涉及税收管辖权的确定、税收抵免、最惠国待遇以及无差别待遇等。国际税法是国际法的特殊组成部分,一旦得到一国政府和立法机关的法律承认,其效力就高于国内税法。

外国税法是其他各个国家制定的税收制度。

1.1.2　税收法律关系

1. 税收法律关系的构成

税收法律关系在总体上与其他法律关系一样,都是由权利主体、权利客体和税收法律关系的内容三方面构成,但在三方面的内涵上,税收法律关系则有其特殊性。

(1)权利主体是税收法律关系中享有权利和承担义务的当事人。在我国税收法律关系中,权利主体一方是代表国家行使征税职责的国家税务机关,包括国家各级税务机关、海关和财政机关;另一方是履行纳税义务的人,包括法人、自然人和其他组织,在华的外国

企业、组织、外籍人、无国籍人,以及在华虽没有设立机构、场所但有来源于中国境内所得的外国企业或组织。这种对税收法律关系权利主体另一方的确定,在我国采取的是"属地兼属人"的原则。

在税收法律关系中,权利主体双方法律地位平等,只是因为主体双方是行政管理者与被管理者的关系,双方的权利与义务不对等,与一般民事法律关系中主体双方权利与义务对等是不一样的。这是税收法律关系的一个重要特征。

(2)权利客体是税收法律关系权利主体的权利、义务所共同指向的对象,也就是征税对象。如财产税税收法律关系客体是财产,流转税税收法律关系客体是货物销售收入或劳务收入等。税收法律关系客体也是国家利用税收杠杆调整和控制的目标,国家在一定时期根据经济形势发展的需要,通过扩大或缩小征税范围调整征税对象,以达到限制或鼓励国民经济中某些产业、行业发展的目的。

(3)税收法律关系的内容是指权利主体在征纳活动中依法享有的权利和应该承担的义务,这是税收法律关系中最实质的东西,也是税法的灵魂。它规定权利主体可以有什么作为,不可以有什么作为,若违反了这些规定,必须承担什么样的法律责任等。

国家税务机关的权利主要表现在依法进行征税、进行税务检查及对违章者进行处罚等方面;国家税务机关的义务主要是向纳税人宣传、咨询、辅导税法,及时把征收的税款解缴国库,依法受理纳税人对税收争议的申诉等。

纳税人的权利主要有知情权、请求保密权、依法申请延期申报权、申请延期纳税权、依法申请减免税权、多缴税款申请退还权、申请复议和提起诉讼权等;纳税人的义务主要有按税法规定办理税务登记、接受账簿、凭证管理、进行纳税申报、按时缴纳税款、接受税务检查、及时提供有关税务信息等。

2. 税收法律关系的产生、变更与消灭

税法是引起税收法律关系的前提条件,但税法本身并不能产生具体的税收法律关系。税收法律关系的产生、变更或消灭必须有能够引起税收法律关系产生、变更或消灭的客观情况,也就是由税收法律事实来决定。这种税收法律事实,一般指税务机关依法征税的行为和纳税人的经济活动行为,发生这种行为才能产生、变更或消灭税收法律关系。如纳税人开业经营即产生税收法律关系,纳税人转业或停业就造成税收法律关系的变更或消灭。

3. 税收法律关系的实质

税收法律关系是同国家、企业和个人的权益相联系的。保护税收法律关系实质上就是保护国家正常的经济秩序,保障国家财政收入,维护纳税人的合法权益。其保护形式和方法是很多的,税法中关于限期纳税、征收滞纳金和罚款的规定,刑法中对构成偷税、抗税罪给予刑罚的规定等都是对税收法律关系的直接保护。税收法律关系的保护对权利主体双方是对等的,不能只对一方保护,而对另一方不予保护,对权利享有者的保护,就是对义务承担者的制约。

1.2   税法构成的基本要素

一个国家开征什么税,都要在这种税的税收法规中规定这样几项内容:向谁征收、根据什么征收、征收多少和怎样征收等。这些内容是每一个税种都必须具备的,是构成每一个税收制度的共同要素,被称为税收制度的基本要素,主要内容有以下几个方面。

1.纳税义务人

纳税义务人,简称纳税人,又称纳税主体,是税法中规定的直接负有纳税义务的单位和个人,无论征收什么税,其税负总要由有关的纳税人来承担。纳税义务人一般分为法人、自然人两种。法人,指依法成立、能独立行使法定权利并承担法定义务的社会组织。自然人,是指在法律上能独立享有民事权利并承担民事义务的公民个人。在此应注意区分两个与纳税人相关的概念:一是负税人,二是扣缴义务人。

负税人是实际负担税款的单位和个人,即税款的最终承担者或负担者。纳税人与负税人有时一致,即纳税人所缴纳的税款是由自己负担;有时不一致,当税负可以转嫁时,纳税人就不再是负税人,二者发生了分离。二者一致的为直接税,不一致的为间接税。可以说,每个公民不一定都是纳税人,但基本上都是负税人。

扣缴义务人是法律法规规定负有代扣代缴、代收代缴、代征代缴税款义务的单位和个人,包括代扣代缴义务人、代收代缴义务人、代征代缴义务人。代扣代缴义务人是税法规定的有义务从持有的纳税人收入中扣除其应纳税款并代为缴纳的单位或个人;代收代缴义务人是税法规定的有义务借助经济往来关系,向纳税人收取应纳税款并代为缴纳的单位或个人;代征代缴义务人是指由税法规定,受税务机关委托而代征税款的单位和个人。代征代缴义务人既不持有纳税人收入,也与纳税人无经济业务往来,而是在一定范围内代表税务机关征收税款。通过由代征代缴义务人代征税款,便利了纳税人税款的缴纳,防止税款流失。

2.征税对象

征税对象,又称纳税客体,主要指税收法律关系中征纳双方权利和义务所指向的物或行为,是区别不同税种的主要标志。如增值税的征税对象是商品或劳务在生产和流通过程中的增值额;企业所得税是对企业的生产、经营所得和其他所得的征税。征税对象分为流转额、所得额、自然资源、财产和行为五种。

在此应注意区分几个与征税对象紧密相关的概念:计税依据、征税范围和税目。

计税依据又称税基,是税法规定的据以计算各种应征税款的依据,是征税对象量的表现。征税对象的量包括价值数量和实物数量,从而计税依据可分为从价计税和从量计税。两种类型征税对象反映的是对什么征收,计税依据解决的是如何计量。

$$应纳税额 = 计税依据 \times 税率$$

征税范围也称"征收范围""课税范围",是指由税法规定的征税对象和纳税人的具体内容范围,是国家征税的界限,体现征税的广度。凡列入征税范围的,都应该征税,不列入征税范围的不征税。

税目是各个税种所规定的具体征税项目,是征税对象的具体化。比如,消费税规定了十几个税目。税目的确定进一步明确了征税范围,哪些项目需要纳税,哪些项目不需要纳税,以及不同项目的税率差别等问题只有通过确定税目才能解决。凡列入税目的都征税;未列入的不征税。

3. 税率

税率是征税对象的征收比率和征收额度,是计算应纳税额的尺度,也是衡量税负轻重与否的重要标志。税率直接反映国家的经济政策,影响到国家的财政收入和纳税人的利益。税率主要有比例税率、累进税率和定额税率三种类型。

（1）比例税率

比例税率是对同一征税对象不分数额大小,只规定一个比例,都按同一比例征税,税额与征税对象成正比例关系。我国现行增值税、企业所得税等采用的是比例税率。实行比例税率,同一征税对象中不同的纳税人税负相同,具有负担稳定、计算简便、利于征管的优点,但不能体现对负担能力大者多征、负担能力小者少征的量能纳税原则。在具体运用上,比例税率又可分为产品比例税率、行业比例税率、地区差别比例税率、有幅度的比例税率等几种。

（2）累进税率

累进税率是指对同一征税对象随着数量的增加,征收比例也随之升高的税率。具体形式是将征税对象按数额大小划分为若干等级,针对不同等级规定由低到高的不同税率,包括最低税率、最高税率和若干等级的中间税率。累进税率可以更有效地调节纳税人的收入,更为正确地处理税收负担的纵向公平问题。按累进的依据不同,累进税率分为以下几种。

① 全额累进税率。是以征税对象的全部数额为基础计征税款的累进税率。即把征税对象按绝对数额划分为若干等级,对每一等级规定不同的税率,纳税人的全部征税对象都按照相应级次的税率计算应纳税款的税率,如表1-1所示。全额累进税率原理浅显,计税方法简便。其缺点是结构设计不合理,尤其是在各级距的临界点上,会出现税款的增长超过计税依据增长的不合理现象。目前税收实践上一般很少采用。

应纳税额＝计税依据全额×该级距适用税率

表 1-1 全额累进税率表

级 数	计 税 依 据	税率/%
1	5 000 元以下	5
2	超过 5 000 元低于 10 000 元	10
3	超过 10 000 元低于 30 000 元	20
4	超过 30 000 元低于 50 000 元	30
5	50 000 元以上	35

例 1-1 纳税人甲计税依据 9 990 元,按全额累进税率计算。

应纳税额＝9 990×10％＝999(元)

例 1-2   纳税人甲计税依据 10 001 元,按全额累进税率计算。

$$应纳税额＝10\ 001×20\％＝2\ 000.2(元)$$

② 超额累进税率。是分别以征税对象数额超过前级的部分为基础计征税款的累进税率。即把征税对象按绝对数额划分为若干等级,每一等级规定一个税率,各级税率依次提高,每一级都有与其相适应的税率,先分段计算各级距的应纳税额,然后再将计算结果相加后得出应纳税款,如表 1-2 所示。

$$应纳税额 ＝ \sum(各级距计税依据×该级距适用税率)$$

表 1-2   超额累进税率表

级 数	计 税 依 据	税率/％	速算扣除数/元
1	不超过 5 000 元的	5	0
2	超过 5 000 元至 10 000 元的部分	10	250
3	超过 10 000 元至 30 000 元的部分	20	1 250
4	超过 30 000 元至 50 000 元的部分	30	4 250
5	超过 50 000 元的部分	35	6 750

例 1-3   纳税人甲计税依据 9 990 元,按超额累进税率计算。

$$应纳税额＝5\ 000×5\％＋4\ 990×10\％＝749(元)$$

例 1-4   纳税人甲计税依据 10 001 元,按超额累进税率计算。

$$应纳税额＝5\ 000×5\％＋5\ 000×10\％＋1×20\％＝750.2(元)$$

超额累进税率结构设计合理,税收负担比较公平,缺点是计税方法复杂。为简化计算应纳税额,税收实践中一般采用速算扣除的方法。采用超额累进税率计算应纳税额时,直接使用预先计算出的速算扣除数,能快速计算出结果。目前,我国个人所得税中工资、薪金所得、个体工商户生产经营所得、承包承租经营所得和劳务报酬所得四个应税项目采用超额累进税率。

$$应纳税额＝计税依据全额×各级距适用税率－各级距速算扣除数$$

例 1-5   纳税人甲计税依据仍为 10 001 元,按超额累进税率,采用速算扣除法计算。

$$应纳税额＝10\ 001×20\％－1\ 250＝750.2(元)$$

速算扣除数是指为避免应纳税额按超额累进税率确定的多级计算,而采取全额累进税率的方法快速计算其应纳税额所必须扣除的标准数额。速算扣除数确定下来以后,就像各类数学用表一样成为计算时的已知数。

速算扣除数的确定方法是,先分别按照全额累进税率和超额累进税率计算征税项目的各级距应纳税额,然后两者相减,其差额即为各级距的速算扣除数。

例 1-6   计税依据为 9 990 元时,根据例 1-1 和例 1-3 的计算结果,可知两个应纳税额的差额是 250(999－749)元,即是第二级距的速算扣除数。

③ 全率累进税率。是把征税对象按相对比率数额划分为若干级距,对每一级距制定不同的税率,纳税人的全部征税对象都按照相应级次的税率计算应纳税款的税率。目前,税收实践中一般不采用。

④ 超率累进税率。是把征税对象数额按相对比率数额划分为若干级距,分别规定相应的差别税率,相对率每超过一个级距的,对超过部分就按高一级的税率计算应纳税额的

税率。目前,我国税法中采用这种税率的是土地增值税。

（3）定额税率

定额税率又称固定税额,是按征税对象的计量单位直接规定一个固定的征税数额。征税对象的计量单位可以是重量、数量、面积、体积等自然单位,也可以是专门规定的复合单位。按定额税率征税,税额的多少只同征税对象的数量有关,同价格无关。目前采用定额税率的有车船税等。

在税率方面,还存在一个幅度税率的问题,在比例税率和定额税率中采用。在税制规定的统一征税幅度内,由地方政府规定本地区具体使用的比例税率或定额税率。

4. 纳税环节

纳税环节是税法规定的征税对象在从生产到消费的流转过程中应当缴纳税款的环节。如流转税在生产和流通环节纳税;所得税在分配环节纳税等。

在商品流转过程中,每经过一个环节都要发生一次流转额,这样就产生了哪一环节征税的问题。从我国税收实践看,对商品课税的纳税环节可概括为两种形式:一种是把所有的流转环节都作为纳税环节,即全环节征税形式,如现行增值税;另一种是选择特定的环节作为纳税环节,如现行消费税。

纳税环节的确定关系到商品的正常运转,影响到税款能否及时入库以保证财政收入。

5. 纳税期限

纳税期限是纳税人发生纳税义务后向国家缴纳税款的法定期限,是税收强制性和固定性在时间上的体现。

纳税期限,概括起来主要有两种形式:按期纳税和按次纳税。

按期纳税包括纳税计算期和税款缴库期。如增值税和消费税的纳税期限规定为1日、3日、5日、10日、15日、1个月或者1个季度;以1个月或者1个季度为1个纳税期的,自期满之日起15日内申报纳税;以1日、3日、5日、10日或者15日为1个纳税期的,自期满之日起5日内预缴税款,于次月1日起15日内申报纳税并结清上月应纳税款。纳税人的具体纳税期限由其主管税务机关根据纳税人应纳税额的大小分别核定。

按次纳税根据纳税行为的发生次数确定纳税期限。纳税人不能按期纳税的,可以按次纳税。

6. 纳税地点

纳税地点主要是指根据各个税种纳税对象的纳税环节和有利于对税款的源泉控制而规定的纳税人(包括代征、代扣、代缴义务人)的具体纳税地点。

7. 税收优惠

税收优惠,是指国家在税收方面给予纳税人和征税对象的各种优待的总称。如法定的减免税和从低税率征税,广义而言,税收优惠还包括一切能使纳税人得到的财务上的好处,如投资抵免、亏损的结转、固定资产加速折旧等。其中免税、减税主要是对某些纳税人和征税对象采取免予征税或者减少征税的特殊规定。免税是指税法规定的对应纳税额的全部免征。减税是指税法规定的对应纳税额少征一部分。减税基本上有两种方法:一是减率,即对征税对象的税率减少多少或减到多少;二是减额,即直接规定对纳税人的应纳税额减少一个固定的数额。

8. 违章处理

违章处理是指对纳税人违反税收法律的行为采取的处罚措施,是税收强制性的具体表现。

违章行为包括偷税、漏税、欠税、滞税、抗税、不按规定向税务机关提供有关纳税资料和不配合税务机关的纳税检查等。纳税人发生违章行为,首先必须限期补缴税款、办理登记、提供有关资料和接受检查等;然后再视情节轻重加以处罚。处罚措施包括:罚款、加收滞纳金、追究刑事责任等。

纳税人对税务机关的处罚不服,在执行处罚措施的前提下,可以向上级税务机关申请复议,如对复议结果不服,可以向人民法院提起行政诉讼,以维护自己的合法权益。

1.3　税收基本知识

1.3.1　税收的概念

税收是国家为了实现其职能,凭借政治权力,按照法律规定的标准,强制地、无偿地参与社会产品分配和再分配,以取得财政收入的一种特殊分配形式。税收的概念可从以下几个方面来理解。

1. 税收目的

税收目的是满足国家行使职能的需要。一个国家要维持政权,就必须建立相应的国家机器,同时还要兴办各种必不可少的社会事业。这些都需要庞大的财政收入作为后盾。税收作为取得财政收入的方式之一,已被现代国家所普遍采用,并成为满足国家行使其职能需要的重要方式。

2. 税收体现特殊的分配关系

税收就是国家把生产者创造的一部分社会产品强制地变为国家所有的过程。这一过程会引起一部分社会产品和国民收入在不同社会成员之间的转移,导致社会分配关系的变化。这些分配关系主要是:国家与企业之间的分配关系;国家和个人之间的分配关系;国家和国家之间的分配关系,以及由上述分配活动引起的企业与企业之间、企业与个人之间、个人与个人之间分配关系的变化。所以,税种、税目、税率等要素的设计和调整都必须反映国家、企业和劳动者个人三者的经济利益关系。

3. 税收的依据

税收的依据是国家政治权力。究其实质,国家权力归根到底不外乎有两种,即财产权力和政治权力。国家要把生产单位的一部分产品价值归于自己所有,除了凭借它所特有的政治权力和财产权力外,别无他途。国家凭借对生产资料的占有,即财产权力,对一部分社会产品价值的分配,是社会再生产中的一般分配;而参与社会产品分配和再分配的税收正是国家凭借政治权力征收的。

4. 税收的分配对象

税收是对一部分社会产品进行分配,主要是对剩余产品价值进行分配。全社会在一定时期内,在劳动者所生产的社会总产品价值中,有一部分是生产过程中消耗掉的生产资料价值 C,经过企业财务初次分配,回到再生产过程中,这部分不是税收的分配对象;社会产品价值中用于补偿劳动消耗的部分 V,是个人消费基金的最主要部分,税收参与它的分配;而剩余产品价值部分 M,是新价值中的主要构成部分,它的分配和使用直接影响着整个国家的发展速度和方向,是国家税收分配的主要对象。

1.3.2 税收的基本特征

税收的实质是国家为了行使其职能,而取得财政收入的一种形式。其基本特征表现在以下几个方面。

（1）强制性。指国家以社会管理者的身份,用法律、法规等形式对征收捐税加以规定,并依照法律强制征税。税收具有强制性,是因为税收分配是以国家的政治权力为征税依据的,以政治权力为依据的分配必然具有强制性。同时,国家征税和纳税人是以法律形式加以规范的,强制性就是法律的制约性。所以国家可以对一切生产经营者、财产所有者和某些行为强制征税。

（2）无偿性。指国家征税后,税款即为国家所有,成为财政收入,不再直接偿还给纳税人,也不向纳税人支付任何报酬和代价。

（3）固定性。指在征税之前以法的形式预先规定了纳税人、课税对象、税率或税额、纳税期限等。但不能把固定性理解为征税对象的范围、种类及征收比例永远不变。从历史的发展看,随着社会生产力的发展和国家的需要,国家总是在不断地按照法定程序调整税法的内容,但这与固定性并不矛盾。固定性主要表现在一部税法的效力期限内,税收的内容是完全按照税法规定的,征纳双方不能变更。

综上所述,税收的三个基本特征是相互联系、不可分割的,是一个统一的整体。税收的无偿性是核心,强制性是保证,固定性是上述两种特性的必然结果。这是一切社会形态下的税收所共有的特征,不随社会形态的变化而变化。

1.3.3 税收的分类

1. 按征税对象的性质不同,分为流转税、所得税、自然资源税、财产税和行为税

流转税是指以流转额为征税对象的税种,包括增值税、消费税、营业税和关税,主要在生产、流通、进口环节或者服务业中发挥调节作用。所得税是指以所得额为征税对象的税种,包括企业所得税和个人所得税等,主要是在国民收入形成后,对企业生产经营的利润

和个人的纯收入发挥调节作用。资源税是指以自然资源为征收对象的税种,包括资源税、土地使用税和耕地占用税,主要是对开发和利用自然资源差异而形成的级差收入发挥调节作用。财产税是指以财产为征税对象的税种,如房产税、车船税等。行为税是指以行为为征税对象的税种,如契税、印花税、烟叶税、车辆购置税等。我国现行的税收法律体系即采用此种分类。

2. 按税收管理权限的归属关系不同分为中央税、地方税和中央地方共享税

中央税是收入归中央政府所有的税种,一般由中央政府的税务机关及其派出机构进行征收和管理,税收管理权集中于中央,有时中央委托地方征收中央税并解缴中央。如我国现行的消费税、车辆购置税和关税为中央税。地方税是指收入归地方政府所有的税种,由地方税务机关征收,如我国现行土地增值税、房产税等。中央与地方共享税是指收入归中央和地方共同享有的税种,如我国现行增值税。

3. 按税负能否转嫁分为直接税和间接税

凡是税收负担不可转嫁他人的税种,统称为直接税,直接税的纳税人同时为负税人,如企业所得税、个人所得税。凡是税收负担可以转嫁他人的税种,统称为间接税,间接税的纳税人不是负税人,如增值税、营业税、消费税等。

4. 按计税依据不同,分为从价税、从量税、复合税

计税依据是价格或金额的税种,统称为从价税,如增值税、营业税;计税依据是重量、容积、体积、面积等的税种,统称为从量税,如土地使用税、资源税;也有些税种既是从量税又是从价税,如消费税等。

5. 按税收与价格的关系不同,分为价内税和价外税

价内税是指税金包含在价格中,构成价格的一部分的税种,其计税依据为含税价格,如消费税、营业税。价外税是指税金不包含在价格中,而是价格之外的附加部分的税种,其计税依据为不含税价格,如增值税。

除以上几种分类外,还有按税收的征收形式不同,分为实物税和货币税;按税收收入的用途不同,分为一般税和特定税;按税种的法定期限不同,分为经常税和临时税;按纳税人的国籍不同,分为国内税和涉外税等。

1.3.4　税收的职能

税收职能是税收所具有的满足国家需要的能力。它以税收的内在功能为基础,以国家行使职能的需要为转移,是税收内在功能与国家行使职能需要的有机统一。税收的职能一般有三种。

(1)财政职能。亦称"收入手段职能"。国家为了实现其职能,需要大量的财政资金。税收作为国家依照法律规定参与剩余产品分配的活动,承担起筹集财政收入的重要任务。税收自产生之日起,就具备了筹集财政收入的职能,并且是最基本的职能。

（2）经济职能。亦称"调节手段职能"。国家为了执行其管理社会和干预经济的职能,除需筹集必要的财政资金作为其物质基础外,还要通过制定一系列正确的经济政策,以及体现并执行诸政策的各种有效手段,才能得以实现。税收作为国家强制参与社会产品分配的主要形式,在筹集财政收入的同时,也改变了各阶级、阶层、社会成员及各经济组织的经济利益。物质利益的多寡,诱导着他们的社会经济行为。因此,国家有目的地利用税收体现其有关的社会经济政策,通过对各种经济组织和社会成员的经济利益的调节,使他们的微观经济行为尽可能符合国家预期的社会经济发展方向,以有助于社会经济的顺利发展,从而使税收成为国家调节社会经济活动的重要经济杠杆。税收自产生之日起,就存在了调节社会经济杠杆的功能。

（3）监督职能。税收政策体现着国家的意志,税收制度是纳税人必须遵守的法律准绳,它约束纳税人的经济行为,使之符合国家的政治要求。因此,税收成为国家监督社会经济活动的强有力的工具。税收监督社会经济活动的广泛性与深入性,是随商品经济发展和国家干预社会经济生活的程度而发展的。一般地说,商品经济越发达,经济生活越复杂,国家干预或调节社会经济生活的必要性就越强烈,税收监督也就越广泛而深入。

筹集财政收入是税收基本的职能,是实现调节社会经济生活和监督社会经济生活两项职能的基础条件,随着市场经济的发展,调节社会经济生活和监督社会经济生活的职能也将变得越来越重要。

1.3.5 税收的作用

1. 筹集资金,满足国家实现其职能的需要

税收作为国家聚集财政资金的手段,具有强制性、无偿性等特点,为国家经济建设提供大量资金。税收收入是我国财政收入最主要的来源。根据财政部官网披露的《2015年财政收支情况》可知,2015年1～12月累计,全国一般公共预算收入152 217亿元,其中税收收入124 892亿元,占比82.05%;非税收入27 325亿元,占比17.95%。

2. 调节企业利润水平,促进公平竞争

企业利润是考核企业经营状况的综合指标,也是企业自我发展、自我积累的物质基础。造成企业利润水平高低不同的因素很多,除经营管理水平等主观因素外,还有价格、资源占有、地理位置等客观因素。为了使企业公平竞争,国家可以通过征税,把因客观因素形成的企业的级差收入收归国家所有,剔除客观因素对企业利润水平的影响,使企业在相对均衡的条件下开展竞争。

3. 调节个人收入水平,促进公平分配

随着我国社会主义市场经济体制的逐步完善和发展,以及国家分配政策和分配格局的变化,有些人收入较高,为了调整收入高低悬殊的状况,国家通过对高收入者征税,以缓解公民之间的收入相差悬殊的状况,体现社会公平,维护社会稳定。

4. 调节经济结构,促进国民经济协调发展

在社会主义市场经济条件下,税收作为国家宏观调控的经济杠杆,参与社会产品的分配和再分配,对生产、分配、交换和消费进行调节,优化国民经济结构,促进国民经济协调发展。

5. 维护国家正常经济秩序

由于税收涉及国民经济各部门、社会再生产各环节,以及企业生产经营活动的各个方面,所以,国家可在征税过程中对各项经济活动进行监督,以便配合工商、物价、金融等部门,及时纠正一切违反财经纪律的行为,配合司法部门制止经济领域中的各项违法活动,从而维护国家正常的经济秩序,促进社会安定和国民经济健康发展。

6. 维护国家权益,促进国际经济交往

在国际经济交往中,任何国家对本国从事生产、经营的外国企业或个人都拥有税收管辖权,这是国家权益的具体体现。我国税收作为行使国家主权,维护国家利益的重要手段,在促进对外贸易、经济技术合作、科技文化交流,贯彻国家的进出口政策,增加外汇收入等方面发挥着重要作用。

习题和实训 1

一、判断题

1. 在税收法律关系中,代表国家行使征税职权的税务机关是权利主体,履行纳税义务的法人、自然人是义务主体。　　　　　　　　　　　　　　　（　　）

2. 税法是国家制定的用以调整国家与纳税人之间在征纳方面的权利与义务关系的法律规范的总称。　　　　　　　　　　　　　　　　　　　　　（　　）

3. 税收法规的效力低于税收法律,高于税收行政规章。　　　　　　　（　　）

4. 税收与税法一样体现的是国家与纳税人之间的经济利益分配关系。（　　）

5. 在税收法律关系中权利主体双方法律地位平等,双方的权利与义务也对等。

（　　）

6. 代扣代缴义务人是税法规定的有义务从持有的纳税人收入中扣除其应纳税款并代为缴纳的单位或个人。　　　　　　　　　　　　　　　　　　　（　　）

7. 税目是各个税种所规定的具体征税项目,是征税对象的具体化。　（　　）

8. 在第二级税率之后,全额累进税率比超额累进税率税负重。　　　（　　）

9. 税率能体现国家征税的尺度或深度。　　　　　　　　　　　　　（　　）

10. 税法规定的纳税义务人仅包括法人,不包括自然人。　　　　　　（　　）

二、单项选择题

1. 税收法律是由（　　）制定的法律。

A. 最高权力机关(全国人大及常委会)　　B. 国务院

C. 财政部　　　　　　　　　　　　　D. 国家税务总局

2. 纳税人,即纳税义务人,又称(　　)。

A. 纳税主体　　　B. 纳税客体　　　C. 征税主体　　　D. 征税客体

3. (　　)又称税基,是税法规定的据以计算各种应征税款的依据。

A. 征税对象　　　B. 征税范围　　　C. 计税依据　　　D. 应纳税额

4. (　　)是把征税对象按数额划分为若干级,每一等级规定一个税率,税率依次提高,但每一个纳税人的征税对象则依所属等级同时适用几个税率分别计算,然后将计算结果相加后得出应纳税款的税率。

A. 超额累进税率　　　　　　　　　B. 超率累进税率

C. 全率累进税率　　　　　　　　　D. 全额累进税率

5. (　　)是指税金包含在价格中,构成价格的一部分的税种。

A. 价内税　　　B. 价外税　　　C. 中央税　　　D. 地方税

6. (　　)是指税法规定的对应纳税额的全部免征。

A. 免税　　　B. 减税　　　C. 减率　　　D. 减额

7. 纳税人与负税人一致的属于(　　)。

A. 价内税　　　B. 价外税　　　C. 直接税　　　D. 间接税

8. (　　)是纳税人发生纳税义务后向国家缴纳税款的法定期限。

A. 纳税地点　　　B. 纳税期限　　　C. 减免税期限　　　D. 纳税环节

9. 决定税种性质差别和不同税种名称的主要标志是(　　)。

A. 纳税义务人　　　B. 征税对象　　　C. 纳税环节　　　D. 税率

10. 一般认为,税收是国家凭借(　　)参与社会产品的分配。

A. 政治权力　　　B. 经济权力　　　C. 所有者权力　　　D. 财产权力

三、多项选择题

1. 按税法的效力不同,分为(　　)。

A. 税收实体法　　　B. 税收程序法　　　C. 税收法律　　　D. 税收法规

2. 国家税收管理职能部门,在我国具体指(　　)。

A. 财政部　　　B. 税务总局　　　C. 海关总署　　　D. 国务院

3. 征税对象分为(　　)。

A. 流转额　　　B. 所得额　　　C. 自然资源　　　D. 财产和行为

4. 税率主要有三种类型(　　)。

A. 比例税率　　　B. 累进税率　　　C. 定额税率　　　D. 价值数量

5. 累进税率可分为(　　)。

A. 全额累进税率　　　　　　　　　B. 超额累进税率

C. 超率累进税率　　　　　　　　　D. 全率累进税率

6. 税收的基本特征包括(　　)。

A. 强制性　　　B. 无偿性　　　C. 有偿性　　　D. 固定性

7. 以税收管理权限的归属关系不同为标准可分为(　　)。

　　A. 中央税　　　　　　　　　　　　B. 地方税

　　C. 流转税　　　　　　　　　　　　D. 中央地方共享税

8. 以计税依据不同为标准分类,税收可分为(　　)。

　　A. 从价税　　　　　B. 价内税　　　　C. 从量税　　　　D. 价外税

9. 按照征收对象不同,税收可以分为(　　)。

　　A. 对行为和财产课税的税收　　　　B. 对自然资源课税的税收

　　C. 对流转额课税的税收　　　　　　D. 对所得额课税的税收

10. 以税负能否转嫁为标准,税收可以分为(　　)。

　　A. 直接税　　　　　B. 价内税　　　　C. 间接税　　　　D. 价外税

四、名词解释

税法　税收　纳税人　扣缴义务人　征税对象　计税依据　征税范围　税目
比例税率　累进税率　定额税率

五、简答题

1. 税法有几种分类方法?如何分类?

2. 税法构成要素有哪些?需注意哪些内容?

3. 征税对象包括什么?说明征税对象与计税依据、征税范围、税目的区别。

4. 税率如何分类?我国现行税法中采用哪几种?

5. 简述税收的分类。

6. 税收的基本特征是什么?

六、综合实训题

实训一

1. 实训目的:初步了解税法。

2. 实训方式:组织学生到校外实习基地进行参观。

3. 实训要求:①要求学生了解税法的应用;②要求学生了解征纳双方权利、义务在实际工作中的体现。

实训二

1. 实训目的:将税法和我们的生活联系起来。

2. 实训方式:组织学生讨论。

3. 实训要求:要求学生熟悉个人涉及的税法知识。

实训三

1. 实训目的:熟悉超率累进税率的应用。

2. 实训要求:根据表1-2所示的超额累进税率,计算应纳税额。

3. 实训资料:计税依据为12万元。

第2章

增 值 税 法

【内容摘要】 本章是全书最重要的内容之一。主要介绍我国增值税法律制度,要求学生了解增值税概述、增值税的类型、增值税的特点、纳税义务人、征税范围与税率、计税依据、应纳税额的计算和征纳管理等内容;掌握一般纳税人和小规模纳税人的认定标准、征税范围、税率、计税依据;重点掌握应纳税额的计算。本章的难点是混合销售行为与兼营行为(即兼营应税劳务和非应税劳务)的联系和区别;对销项税额和进项税额的理解,以及应纳增值税税额的计算。学生通过本章学习,掌握办理有关增值税事宜的基本技能。

2.1 增值税法概述

增值税法是指国家制定的用以调整增值税征收与缴纳之间权利与义务关系的法律规范。现行增值税法的基本规范,是《中华人民共和国增值税暂行条例》及其实施细则、《关于全面推开营业税改征增值税试点的通知》。增值税是以增值额作为课税对象的一种税。我国增值税是对在我国境内从事销售货物、劳务、服务、无形资产、不动产以及进口货物的单位和个人,就其发生应税销售行为的增值额和货物进口金额为计税依据征收的一种流转税。

2.1.1 增值额

理论增值额是企业在生产经营过程中新创造的那部分价值,即货物或劳务价值中 $V+M$ 部分。现实经济生活中,对增值额这一概念可以从以下两个方面理解。

(1) 从一个生产经营单位来看,增值额是指这一单位销售货物或提供劳务的收入额扣除为生产经营这种货物(包括劳务,下同)而外购的那部分货物价款后的余额。

(2) 从一项货物来看,增值额是指该货物经历的生产和流通的各个环节所创造的增值额之和,也就是该项货物的最终销售价格。

法定增值额是指各国政府根据各自的国情、政策要求,在增值税制度中人为地规定的增值额。实行增值税,各国对增值额的规定都具有法定性。就是说各国据以征税的增值额并不完全等于理论上的增值额,而是根据本国具体情况规定法定增值额。法定增值额可以等于理论上的增值额,也可以大于或小于理论上的增值额。

法定增值额与理论增值额不一致的原因主要是各国在规定扣除范围时对外购固定资

产的处理方法不同。

例 2-1　某企业本期货物销售额为 100 万元,本期购入原材料等流动资产价款为 58 万元,购入机器设备等固定资产价款为 30 万元,当期计入成本的折旧费用为 10 万元。则该企业的理论增值额＝100－58－10＝32(万元)。不同国家的法定增值额计算见表 2-1。

表 2-1　不同国家的法定增值额计算表　　　　　　单位：万元

国别＼项目	允许扣除的外购流动资产价款	允许扣除的外购固定资产价款	法定增值额
A 国	58	0	42
B 国	58	10	32
C 国	58	30	12

2.1.2　增值税的类型

根据各国法定增值额所包括的具体内容的不同,可将增值税划分为消费型、收入型和生产型三种。三种类型的增值税在确定扣除项目时都允许扣除外购流动资产的价款,但对外购固定资产的价款,各国的规定则有所不同。

1. 消费型增值税

消费型增值税指计算增值税时,允许纳税人一次性扣除外购固定资产所含的增值税,即作为征税基数的法定增值额除相当于纳税人当期的全部销售额扣除当期外购的全部生产资料价款后的余额。此种类型的增值税,在购入固定资产的当期,其法定增值额小于理论增值额。税基最小,但消除重复征税也最彻底。如例 2-1 中 C 国就是消费型增值税。

2. 收入型增值税

收入型增值税指计算增值税时,允许纳税人扣除外购固定资产当期折旧所含的增值税。即作为征税基数的法定增值额既不包括外购流动资产价款,也不包括折旧费。此种类型的增值税,其法定增值额与理论增值额相一致。如例 2-1 中 B 国就是收入型增值税。

3. 生产型增值税

生产型增值税指计算增值税时,不允许纳税人扣除任何外购固定资产所含的已征增值税,即作为征税基数的法定增值额除包括企业新创造价值外,还包括外购的固定资产价款部分。此种类型的增值税,其法定增值额大于理论增值额,税基最大,但重复征税也最严重。如例 2-1 中 A 国就是生产型增值税。

自 1994 年,我国一直采用生产型增值税。经国务院批准,自 2004 年 7 月 1 日起,东北、中部等部分地区先后进行增值税转型改革试点,取得预期成效。为扩大国内需求,降低企业设备投资的税收负担,促进企业技术进步、产业结构调整和转变经济增长方式,自 2009 年 1 月 1 日起,在全国所有地区、所有行业推行增值税转型改革,开始采用消费型增值税。

2.1.3 增值税的特点

增值税是流转税中的主要税种,同其他流转税种相比,有以下突出特点。

1. 增值税只就不含税销售额中的增值部分征税

就是说增值税只对销售额中属于本企业创造的尚未纳过税的那部分销售额征税,而对销售额中由其他单位创造并已纳过增值税的那部分销售额不再征税。税不重征是增值税最重要的特点。

2. 增值税就生产经营环节的增值额逐环节征税,逐环节扣税

最终消费者是全部增值税款的承担者。即有一个流转环节就征一道税,形成生产、批发和零售多环节征税,体现了普遍征税的特点。

3. 增值税不因生产经营环节的变化而影响税收负担

就一项商品而言,不论生产经营环节有多少,只要最后的售价相同,其税收负担就能保持一致,体现了公平税负,有利于平等竞争。

4. 增值税是价外税

增值税实行价税分流,以不含增值税的价格为计税依据,税收负担明确,这一点与以含税价格为计税依据的其他流转税税种完全不同。

2.1.4 营业税改征增值税试点

自 2013 年 8 月 1 日起,交通运输(除铁路运输外)和部分现代服务业"营改增"试点在全国推行。从 2014 年 1 月 1 日起,将铁路运输和邮政服务业纳入"营改增"试点。自 2014 年 6 月 1 日起,将电信业纳入营业税改征增值税试点。2016 年财政部、国家税务总局发布的《关于全面推开营业税改征增值税试点的通知》,自 2016 年 5 月 1 日起,在全国范围内全面推开营改增试点,建筑业、房地产业、金融业、生活服务业等全部营业税纳税人,纳入试点范围,由缴纳营业税改为缴纳增值税。

2.2 纳税义务人、征税范围和税率

2.2.1 纳税义务人

1. 纳税义务人

在中华人民共和国境内销售货物或者加工、修理修配劳务(以下简称劳务),销售服

务、无形资产、不动产以及进口货物的单位和个人,为增值税的纳税人。

营改增试点纳税人:凡在中华人民共和国境内从事销售服务、无形资产或者不动产(以下简称应税行为)的单位和个人都是增值税的纳税人。

单位是指企业、行政单位、事业单位、军事单位、社会团体及其他单位。

个人是指个体工商户和其他个人。

单位以承包、承租、挂靠方式经营的,承包人、承租人、挂靠人(以下统称承包人)以发包人、出租人、被挂靠人(以下统称发包人)名义对外经营并由发包人承担相关法律责任的,以该发包人为纳税人。否则,以承包人为纳税人。

中华人民共和国境外的单位或者个人在境内销售应税劳务,在境内未设有经营机构的,以其境内代理人为扣缴义务人;在境内没有代理人的,以购买方为扣缴义务人。

中华人民共和国境外单位或者个人在境内发生应税行为,在境内未设有经营机构的,以购买方为增值税扣缴义务人。财政部和国家税务总局另有规定的除外。

自 2016 年 4 月 8 日起,购买跨境电子商务零售进口商品的个人作为纳税义务人,电子商务企业、电子商务交易平台企业或物流企业可作为代收代缴义务人。

2. 纳税人的分类

参照国际惯例,我国税法按纳税人经营规模及会计核算健全与否,将增值税纳税人划分为一般纳税人和小规模纳税人。一般纳税人会计核算健全,能够准确核算销项税额、进项税额和应纳税额,实行凭发票抵扣的间接计税方法。小规模纳税人则采用简便易行的计税方法,一般不使用增值税专用发票。

销售货物、提供应税劳务、发生应税行为的年应征增值税销售额(以下简称应税销售额)超过财政部和国家税务总局规定标准的纳税人为一般纳税人,未超过规定标准的纳税人为小规模纳税人。年应税销售额,是指纳税人在连续不超过 12 个月或四个季度的经营期内累计应征增值税销售额,包括纳税申报销售额、稽查查补销售额、纳税评估调整销售额。

3. 小规模纳税人分类的标准

小规模纳税人是指年应税销售额在规定标准以下,并且会计核算不健全,不能按规定报送有关税务资料的增值税纳税人。小规模纳税人的标准如下。

(1) 从事货物生产或者提供应税劳务的纳税人,以及以从事货物生产或者提供应税劳务为主,并兼营货物批发或者零售的纳税人,年应征增值税销售额(以下简称应税销售额)在 50 万元以下(含本数,下同)的。

(2) 除第(1)项规定以外的原增值税纳税人,年应税销售额在 80 万元以下的。

(3) (营改增)应税行为的年应征增值税销售额在 500 万元以下的。

需注意的是:以从事货物生产或者提供应税劳务为主,是指纳税人的年货物生产或者提供应税劳务的销售额占年应税销售额的比重在 50% 以上。

年应税销售额超过规定标准的其他个人不属于一般纳税人。年应税销售额超过规定标准但不经常发生应税行为的单位和个体工商户可选择按照小规模纳税人纳税。年应税销售额超过规定标准的纳税人,选择按照小规模纳税人纳税的应当向主管税务机关提交书面说明。

4．一般纳税人的资格登记

一般纳税人是指年应税销售额超过小规模纳税人规定标准的企业和企业性单位(以下简称企业)。

增值税纳税人(以下简称"纳税人"),年应税销售额超过财政部、国家税务总局规定的小规模纳税人标准(以下简称"规定标准")的,除不办理一般纳税人登记的规定外,应当向主管税务机关办理一般纳税人登记。纳税人在年应税销售额超过规定标准的月份(或季度)的所属申报期结束后 15 日内按照本办法第六条或者第七条的规定办理相关手续;未按规定时限办理的,主管税务机关应当在规定时限结束后 5 日内制作《税务事项通知书》,告知纳税人应当在 5 日内向主管税务机关办理相关手续;逾期仍不办理的,次月起按销售额依照增值税税率计算应纳税额,不得抵扣进项税额,直至纳税人办理相关手续为止。

年应税销售额未超过规定标准的纳税人,会计核算健全,能够提供准确税务资料的,可以向主管税务机关办理一般纳税人资格登记,成为一般纳税人。

需注意的是:下列纳税人不办理一般纳税人登记:①按照政策规定,选择按照小规模纳税人纳税的。②年应税销售额超过规定标准的其他个人。除国家税务总局另有规定外,纳税人登记为一般纳税人后,不得转为小规模纳税人。

2.2.2　征税范围

增值税的征税范围具体内容如下。

1．在我国境内销售货物、劳务,进口货物

销售货物是指有偿转让货物的所有权。货物是指有形动产,包括电力、热力、气体在内。

销售劳务(以下称应税劳务),是指有偿提供加工、修理修配劳务。单位或者个体工商户聘用的员工为本单位或者雇主提供加工、修理修配劳务,不包括在内。加工,是指受托加工货物,即委托方提供原料及主要材料,受托方按照委托方的要求,制造货物并收取加工费的业务。修理修配,是指受托对损伤和丧失功能的货物进行修复,使其恢复原状和功能的业务。

有偿是指从购买方取得货币、货物或者其他经济利益。

境内,一是指销售货物的起运地或者所在地在境内;二是指提供的应税劳务发生在境内。

进口货物是指进入我国海关境内的货物。对于进口货物应在进口环节征收增值税。

2．在我国境内销售服务、无形资产或者不动产

销售服务、无形资产或者不动产,是指有偿提供服务、有偿转让无形资产或者不动产。但属于非经营活动的情形除外。

销售服务,是指提供交通运输服务、邮政服务、电信服务、建筑服务、金融服务、现代服务、生活服务。

(1) 下列情形属于在境内销售服务、无形资产或者不动产

① 服务(租赁不动产除外)或者无形资产(自然资源使用权除外)的销售方或者购买方在境内。

② 所销售或者租赁的不动产在境内。

③ 所销售自然资源使用权的自然资源在境内。

④ 财政部和国家税务总局规定的其他情形。

(2) 下列情形不属于在境内销售服务或者无形资产

① 境外单位或者个人向境内单位或者个人销售完全在境外发生的服务。

② 境外单位或者个人向境内单位或者个人销售完全在境外使用的无形资产。

③ 境外单位或者个人向境内单位或者个人出租完全在境外使用的有形动产。

④ 财政部和国家税务总局规定的其他情形。

(3) 非经营活动的情形

非经营活动的情形不属于销售服务、无形资产或不动产,不缴纳增值税。具体如下。

① 行政单位收取的同时满足以下条件的政府性基金或者行政事业性收费。

条件一:由国务院或者财政部批准设立的政府性基金,由国务院或者省级人民政府及其财政、价格主管部门批准设立的行政事业性收费;

条件二:收取时开具省级以上(含省级)财政部门监(印)制的财政票据;

条件三:所收款项全额上缴财政。

② 单位或者个体工商户聘用的员工为本单位或者雇主提供取得工资的服务。

③ 单位或者个体工商户为聘用的员工提供服务。

④ 财政部和国家税务总局规定的其他情形。

(4) 不征收增值税项目

营改增试点纳税人的下列项目不征增值税。

① 根据国家指令无偿提供的铁路运输服务、航空运输服务,属于符合规定的用于公益事业的服务。

② 存款利息。

③ 被保险人获得的保险赔付。

④ 房地产主管部门或者其指定机构、公积金管理中心、开发企业以及物业管理单位代收的住宅专项维修资金。

⑤ 在资产重组过程中,通过合并、分立、出售、置换等方式,将全部或者部分实物资产以及与其相关联的债权、负债和劳动力一并转让给其他单位和个人,其中涉及的不动产、土地使用权转让行为。

本部分具体项目内容详见附录 B。

3. 视同销售货物

单位或者个体工商户的下列行为,视同销售货物:

（1）将货物交付其他单位或者个人代销；

（2）销售代销货物；

（3）设有两个以上机构并实行统一核算的纳税人，将货物从一个机构移送其他机构用于销售，但相关机构设在同一县（市）的除外；

（4）将自产或者委托加工的货物用于非增值税应税项目；

（5）将自产、委托加工的货物用于集体福利或者个人消费；

（6）将自产、委托加工或者购进的货物作为投资，提供给其他单位或者个体工商户；

（7）将自产、委托加工或者购进的货物分配给股东或者投资者；

（8）将自产、委托加工或者购进的货物无偿赠送其他单位或者个人。

上述行为确定为视同销售行为，均要征收增值税。其确定目的有两个：一是保证增值税税款抵扣制度的实施，不致因发生上述行为而造成税款抵扣环节的中断；二是避免因发生上述行为而造成货物销售税收负担不平衡的矛盾，防止以上述行为逃避纳税的现象。

4．视同销售服务、无形资产或者不动产的情形

（1）单位或者个体工商户向其他单位或者个人无偿提供服务，但用于公益事业或者以社会公众为对象的除外。

（2）单位或者个人向其他单位或者个人无偿转让无形资产或者不动产，但用于公益事业或者以社会公众为对象的除外。

（3）财政部和国家税务总局规定的其他情形。

5．混合销售行为

一项销售行为如果既涉及服务又涉及货物，为混合销售。从事货物的生产、批发或者零售的单位和个体工商户的混合销售行为，按照销售货物缴纳增值税；其他单位和个体工商户的混合销售行为，按照销售服务缴纳增值税。

从事货物的生产、批发或者零售的单位和个体工商户，包括以从事货物的生产、批发或者零售为主，并兼营销售服务的单位和个体工商户在内。

混合销售行为的特点是销售货物与提供服务具有紧密相连的从属关系，两者是由同一纳税人实现，价款是同时从一个购买方取得的。

6．兼营行为

纳税人销售货物、加工修理修配劳务、服务、无形资产或者不动产适用不同税率或者征收率的，应当分别核算适用不同税率或者征收率的销售额，未分别核算销售额的，按照以下方法适用税率或者征收率。

（1）兼有不同税率的销售货物、加工修理修配劳务、服务、无形资产或者不动产，从高适用税率。

（2）兼有不同征收率的销售货物、加工修理修配劳务、服务、无形资产或者不动产，从高适用征收率。

（3）兼有不同税率和征收率的销售货物、加工修理修配劳务、服务、无形资产或者不

动产,从高适用税率。

纳税人兼营免税、减税项目的,应当分别核算免税、减税项目的销售额;未分别核算的,不得免税、减税。

2.2.3 税率和征收率

目前增值税税率分为 17%、11%、6%、0%。

1. 税率 17%

纳税人销售货物、劳务、有形动产租赁服务或者进口货物,除本部分 2、4 项另有规定外,税率为 17%。

2. 税率 11%

纳税人销售交通运输、邮政、基础电信、建筑、不动产租赁服务,销售不动产,转让土地使用权,销售或者进口下列货物,税率为 11%。

(1) 粮食等农产品、食用植物油、食用盐。

(2) 自来水、暖气、冷气、热水、煤气、石油液化气、天然气、二甲醚、沼气、居民用煤炭制品。

(3) 图书、报纸、杂志、音像制品、电子出版物。

(4) 饲料、化肥、农药、农机、农膜。

(5) 国务院规定的其他货物。

3. 税率 6%

纳税人销售服务、无形资产,除本部分 1、2、4(2)项另有规定外,税率为 6%。包括销售无形资产(不含土地使用权)、金融服务、增值电信服务、现代服务(不含租赁服务)、生活服务。

4. 零税率

(1) 除国务院另有规定外,出口货物税率为零。所谓零税率是指货物在出口时整体税负为零,不但出口环节不必纳税,而且还可以退还以前环节已纳税款。

(2) 境内单位和个人跨境销售国务院规定范围内的服务、无形资产,税率为零。

5. 征收率 3%

采用简易计税方法的纳税人,征收率为 3%。比如小规模纳税人适用征收率 3%。

需要说明的是,为了促进国民经济的健康有序发展,国家将根据产业政策对一些货物和企业适用的税率或征收率进行调整,实际工作中应以最新税收法规规定为准。

2.3 计税依据

从理论上讲,增值税的计税依据是增值额。但实际经济生活中,准确计算增值额非常难,因此,在增值税的实际操作上采用一般计税方法,即间接计算办法,以销售额作为计税依据。

2.3.1 销售额的确定

销售额为纳税人发生应税销售行为(包括销售货物、劳务、服务、无形资产、不动产)向购买方收取的全部价款和价外费用。一般计税方法的销售额不包括收取的销项税额。简易计税方法的销售额不包括其应纳税额。

1. 价外费用

指价外向购买方收取的手续费、补贴、基金、集资费、返还利润、奖励费、违约金、滞纳金、延期付款利息、赔偿金、代收款项、代垫款项、包装费、包装物租金、储备费、优质费、运输装卸费,以及其他各种性质的价外收费。但下列项目不包括在内。

(1) 受托加工应征消费税的消费品所代收代缴的消费税。

(2) 同时符合以下条件的代垫运输费用:一是承运部门的运输费用发票开具给购买方的;二是纳税人将该项发票转交给购买方的。

(3) 符合条件代为收取的政府性基金或者行政事业性收费(见2.2.2征税范转,2.在我国境内销售服务无形资产或者不动产,(3)非经营活动的情形①)。

(4) 销售货物的同时代办保险等而向购买方收取的保险费,以及向购买方收取的代购买方缴纳的车辆购置税、车辆牌照费。

(5) 以委托方名义开具发票代委托方收取的款项。

凡随同销售货物或提供应税劳务向购买方收取的价外费用,无论其会计制度如何核算,均应并入销售额计算应纳税额。

2. 销售额的换算

在实际工作中,常常会出现一般纳税人将发生应税销售行为采用销售额和销项税额合并定价的方法,小规模纳税人也会将销售货物或应税劳务、应税行为采用销售额和应纳税额合并定价的方法,这样就会形成含税销售额。在计算应纳税额时,如果不注意将含税销售额换算成不含税销售额,就会导致增值税每一道计税环节出现重复纳税的现象。

(1) 纳税人发生应税销售行为,采用销售额和销项税额合并定价方法的,按下列换算公式计算销售额:

$$销售额＝含税销售额÷(1＋税率)$$

例 2-2　某一般纳税人销售材料一批,价税合并定价为 58 500 元,则

$$销售额 = 58\,500 \div (1 + 17\%) = 50\,000(元)$$

(2)纳税人销售货物或者应税劳务、应税行为采用销售额和应纳税额合并定价方法的,按下列换算公式计算销售额:

$$销售额 = 含税销售额 \div (1 + 征收率)$$

例 2-3　某小规模纳税人销售材料一批,价税合并定价为 2 060 元,则

$$销售额 = 2\,060 \div (1 + 3\%) = 2\,000(元)$$

3. 销售额的核定

纳税人发生应税销售行为的价格明显偏低或者偏高且不具有合理商业目的的,或者有视同销售货物、服务、无形资产或者不动产行为而无销售额者,主管税务机关有权按照下列顺序确定销售额。

(1)按照纳税人最近时期销售同类货物、服务、无形资产或者不动产的平均价格确定。

(2)按照其他纳税人最近时期销售同类货物、服务、无形资产或者不动产的平均价格确定。

(3)按组成计税价格确定。组成计税价格的公式为

$$组成计税价格 = 成本 + 利润 = 成本 \times (1 + 成本利润率)$$

属于应征消费税的货物,其组成计税价格中应加计消费税额。其组成计税价格的公式为

$$组成计税价格 = 成本 + 利润 + 消费税$$

其中,属于从价定率的应征消费税的货物,其消费税不能直接计算得出,其组成计税价格的公式为

$$组成计税价格 = [成本 \times (1 + 成本利润率)] \div (1 - 消费税率)$$

公式中的成本是指,销售自产货物的为实际生产成本,销售外购货物的为实际采购成本。公式中的成本利润率由国家税务总局确定,不征消费税的货物,其成本利润率为10%。属于应从价定率征收消费税的货物,其成本利润率为《消费税若干具体问题的规定》中规定的成本利润率(详见第 3 章)。

例 2-4　某商场为一般纳税人,2016 年 2 月销售三批同一规格、质量的货物,每批各500 件,销售价格(不含税)分别为每件 220 元、200 元和 100 元。经税务机关核定,第三批销售价格每件 100 元,明显偏低且无正当理由。计算该商场 2 月份的应纳增值税的销售额。

本例中税务机关已核定第三批销售价格每件 100 元,明显偏低且无正当理由,应按当月合理销售价格(220 元和 200 元)的平均售价确定销售额,则该商场 2 月份的应纳增值税的销售额为

$$220 \times 500 + 200 \times 500[(220 + 200) \div 2] \times 500 = 315\,000(元)$$

例 2-5　某工业企业为一般纳税人,2016 年 8 月将自产的一批新产品 1 000 件用于在建工程项目。已知该新产品尚没有同类货物市场价格,该产品单位成本 950 元,成本利润

率为5%,消费税税率为5%。试计算该批新产品的应纳增值税的销售额。

根据税法规定,纳税人将自产的产品用于在建工程的行为视同销售货物,征收增值税。由于该新产品尚没有同类货物市场价格,可按组成计税价格确定销售额。所以,该批新产品的增值税销售额=[950×1000×(1+5%)]÷(1-5%)=1050000(元)。

2.3.2 特殊销售方式销售额的确定

在销售活动中,为了达到促销的目的,有多种销售方式。税法对以下几种销售方式分别确定其销售额。

1. 采取折扣方式销售

折扣销售是指销货方在发生应税销售行为时,因购买方购买数量较大等原因,而给予购买方的价格优惠。税法规定:如果销售额和折扣额在同一张发票上分别注明的,可按折扣后的余额作为销售额计算增值税;如果将折扣额另开发票,不论其在财务上如何处理,均不得从销售额中减除折扣额。销售额和折扣额在同一张发票上分别注明,是指销售额和折扣额在同一张发票上的"金额"栏分别注明。

营改增试点纳税人发生营改增试点应税行为,将价款和折扣额在同一张发票上分别注明的,以折扣后的价款为销售额;未在同一张发票上分别注明的,以价款为销售额,不得扣减折扣额。

例如:某电子生产企业某商品单价1万元,客户购买100件以上时,销售价格折扣5%。某商场购买200件,销售额为200万元,生产企业仅收取货款190万元,如果销售额和折扣额在同一张发票上分别注明的,应税销售额为190万元。如果将折扣额另开发票,应税销售额则为200万元。

在此需注意区分以下内容。

(1)销售折扣

销售折扣是指销货方在销售货物或应税劳务后,为了鼓励购货方及早偿还货款,而协议许诺给予购货方的一种折扣优待。销售折扣发生在销货之后,是一种融资性质的理财费用。企业在确定销售额时,应把折扣销售与销售折扣严格区分开。税法规定:销售折扣不得从销售额中减除。

例如:甲企业销售给乙企业货物一批,价款10万元,合同规定购货方收到货物后20天内付款折扣2%。乙方于收到货物后10天内付款,享受了2%的折扣,甲企业实收货款9.8万元,应税销售额为10万元。

(2)销售折让

销售折让是指货物销售后,由于其品种、质量等原因购货方未予退货,但销货方需给予购货方的一种价格折让。销售折让与销售折扣相比较,虽然都是在货物销售后发生的,但销售折让的实质是原销售额的减少。税法规定:销售折让以折让后的货款为应税销售额。

（3）实物折扣

折扣销售仅限于货物价格的折扣，如果销货者将自产、委托加工和购买的货物用于实物折扣，则该实物款项不能从货物销售额中减除，且该实物应按"视同销售货物"中的"赠送他人"计算征收增值税。

2．以旧换新方式销售

以旧换新是指纳税人在销售自己的货物时，有偿收回旧货物的行为。税法规定：采取以旧换新方式销售货物的，应按新货物的同期销售价格确定销售额，不得扣减旧货物的收购价格。考虑到金银首饰以旧换新业务的特殊情况，对金银首饰以旧换新业务，可以按销售方实际收取的不含增值税的全部价款征收增值税。

例如，某商场采取以旧换新方式零售洗衣机，新机单价 1 000 元，旧机折价 100 元，顾客只需支付 900 元，应税销售额为 $1\,000 \div (1+17\%) = 854.7$（元）。

3．还本销售方式销售

还本销售是指纳税人在销售货物后，到一定期限由销售方一次或分次退还给购货方全部或部分价款。税法规定：采取还本销售方式销售货物，其销售额就是货物的销售价格，不得从销售额中减除还本支出。

4．以物易物方式销售

以物易物是一种较为特殊的购销活动，是指购销双方不是以货币结算，而是以同等价款的货物相互结算，实现货物购销的一种方式。税法规定：以物易物双方都应作购销处理，以各自发出的货物核算销售额并计算销项税额，以各自收到的货物核算购货额并计算进项税额。

例如：汽车制造厂销售给服装厂一辆汽车，价款 55 万元，经与服装厂协商，服装厂提供 55 万元的服装给汽车厂做工作服。对汽车制造厂来讲，发生了销售汽车和购进工作服两项业务。对服装厂来讲，发生了销售工作服和购进汽车两项业务。

5．出租出借包装物收取押金情况下销售额的确定

税法规定：纳税人为销售货物而出租出借包装物收取的押金，单独记账核算的，不并入销售额征税。但对因逾期未收回包装物不再退还的押金，应按包装货物的适用税率计算销项税额。"逾期"是以一年为期限，对收取一年以上的押金，无论是否退还均并入销售额征税。对于个别包装物周转使用期限较长的，报经税务机关确定后，可适当放宽逾期期限。

在将包装物押金并入销售额征税时，需要先将该押金换算为不含税价，再并入销售额征税。对销售除啤酒、黄酒外的其他酒类产品而收取的包装物押金，无论是否返还以及会计上如何核算，均应并入当期销售额征税。

2.3.3　营改增试点纳税人销售额的具体规定

1. 金融服务

（1）贷款服务，以提供贷款服务取得的全部利息及利息性质的收入为销售额。

（2）直接收费金融服务，以提供直接收费金融服务收取的手续费、佣金、酬金、管理费、服务费、经手费、开户费、过户费、结算费、转托管费等各类费用为销售额。

（3）金融商品转让，按照卖出价扣除买入价后的余额为销售额。

转让金融商品出现的正负差，按盈亏相抵后的余额为销售额。若相抵后出现负差，可结转下一纳税期与下期转让金融商品销售额相抵，但年末时仍出现负差的，不得转入下一个会计年度。

金融商品的买入价，可以选择按照加权平均法或者移动加权平均法进行核算，选择后36个月内不得变更。

金融商品转让，不得开具增值税专用发票。

2. 经纪代理服务

经纪代理服务，以取得的全部价款和价外费用，扣除向委托方收取并代为支付的政府性基金或者行政事业性收费后的余额为销售额。向委托方收取的政府性基金或者行政事业性收费，不得开具增值税专用发票。

3. 融资租赁和融资性售后回租业务

（1）经人民银行、银监会或者商务部批准从事融资租赁业务的试点纳税人，提供融资租赁服务，以取得的全部价款和价外费用，扣除支付的借款利息（包括外汇借款和人民币借款利息）、发行债券利息和车辆购置税后的余额为销售额。

（2）经人民银行、银监会或者商务部批准从事融资租赁业务的试点纳税人，提供融资性售后回租服务，以取得的全部价款和价外费用（不含本金），扣除对外支付的借款利息（包括外汇借款和人民币借款利息）、发行债券利息后的余额作为销售额。

4. 交通运输服务

（1）航空运输企业的销售额，不包括代收的机场建设费和代售其他航空运输企业客票而代收转付的价款。

（2）试点纳税人中的一般纳税人（以下简称一般纳税人）提供客运场站服务，以其取得的全部价款和价外费用，扣除支付给承运方运费后的余额为销售额。

5. 旅游服务

试点纳税人提供旅游服务，可以选择以取得的全部价款和价外费用，扣除向旅游服务购买方收取并支付给其他单位或者个人的住宿费、餐饮费、交通费、签证费、门票费和支付给其他接团旅游企业的旅游费用后的余额为销售额。

选择上述办法计算销售额的试点纳税人,向旅游服务购买方收取并支付的上述费用,不得开具增值税专用发票,可以开具普通发票。

6. 建筑服务

试点纳税人提供建筑服务适用简易计税方法的,以取得的全部价款和价外费用扣除支付的分包款后的余额为销售额。

7. 销售不动产

房地产开发企业中的一般纳税人销售其开发的房地产项目(选择简易计税方法的房地产老项目除外),以取得的全部价款和价外费用,扣除受让土地时向政府部门支付的土地价款后的余额为销售额。

房地产老项目,是指《建筑工程施工许可证》注明的合同开工日期在 2016 年 4 月 30 日前的房地产项目。

8. 价款扣除应当取得合法有效凭证

需要注意的是:试点纳税人按照上述规定(金融服务除外)从全部价款和价外费用中扣除的价款,应当取得符合法律、行政法规和国家税务总局规定的有效凭证。否则,不得扣除。

上述合法有效凭证是指:

(1) 支付给境内单位或者个人的款项,以发票为合法有效凭证;

(2) 支付给境外单位或者个人的款项,以该单位或者个人的签收单据为合法有效凭证,税务机关对签收单据有异议的,可以要求其提供境外公证机构的确认证明;

(3) 缴纳的税款,以完税凭证为合法有效凭证;

(4) 扣除的政府性基金、行政事业性收费或者向政府支付的土地价款,以省级以上(含省级)财政部门监(印)制的财政票据为合法有效凭证;

(5) 国家税务总局规定的其他凭证。

纳税人取得的上述凭证属于增值税扣税凭证的,其进项税额不得从销项税额中抵扣。

2.4 应纳税额的计算

应纳税额的计算包括:一般计税方法、简易计税方法,还包括进口货物应纳税额的计算。

一般纳税人发生应税销售行为适用一般计税方法(又称间接计算纳税法、购进扣税法、抵扣法)计税。一般纳税人发生财政部和国家税务总局规定的特定应税行为,可以选择适用简易计税方法计税,但一经选择,36 个月内不得变更。

小规模纳税人发生应税行为适用简易计税方法计税。

境外单位或者个人在境内发生应税行为,在境内未设有经营机构的,扣缴义务人按照下列公式计算应扣缴税额:

$$应扣缴税额＝购买方支付的价款÷(1＋税率)×税率$$

2.4.1 一般计税方法

一般计税方法的应纳税额,是指当期销项税额抵扣当期进项税额后的余额。应纳税额计算公式:

$$应纳税额＝当期销项税额－当期进项税额$$

上述计算公式直观地反映了增值税企业经营过程中产生的增值额征税的原理,也简洁、明了地解释了增值税的主要内容和计税方法,同时也说明了应纳税额的计算包括三个方面的内容,即销项税额的计算、进项税额的计算和应纳税额的计算。

1. 当期销项税额

纳税人发生应税销售行为,按照销售额和税法规定的税率计算并向购买方收取的增值税税额为销项税额。销项税额计算公式:

$$销项税额＝销售额×税率$$

销项税额是由购买方支付的税额。对于一般纳税人的销售方而言,在未抵扣其进项税额前,销售方收取的销项税额还不是其应纳增值税税额。销项税额应在增值税专用发票"税额"栏中填写。

"当期"是个重要的时间限定,具体是指税务机关依照税法规定,对纳税人确定的纳税期限。只有在纳税期限内实际发生的销项税额,才是法定的当期销项税额。作此限定的目的是为了防止某些纳税人采取滞后计算销项税额的手法,减少当期销项税额以逃避纳税。关于"当期"的内容详见本章第2.5节纳税义务发生时间的规定。

2. 当期进项税额

纳税人购进货物、加工修理修配劳务、服务、无形资产或者不动产,支付或者负担的增值税税额,为进项税额。进项税额是与销项税额相对应的另一个概念,销售方收取的销项税额就是购买方支付的进项税额。每一个一般纳税人都会有收取的销项税额和支付的进项税额。增值税的核心就是用纳税人收取的销项税额抵扣其支付的进项税额,其余额为纳税人实际缴纳的增值税税额。

(1) 准予从销项税额中抵扣的进项税额

准予从销项税额中抵扣的进项税额,限于下列增值税扣税凭证上注明的增值税税额。

① 从销售方取得的增值税专用发票(含税控机动车销售统一发票,下同)上注明的增值税额。

② 从海关取得的海关进口增值税专用缴款书上注明的增值税额。

③ 购进农产品,除取得增值税专用发票或者海关进口增值税专用缴款书外,按照农产品收购发票或者销售发票上注明的农产品买价和11%的扣除率计算的进项税额,国务

院另有规定的除外。买价,包括纳税人购进农产品在农产品收购发票或者销售发票上注明的价款和按规定缴纳的烟叶税。烟叶收购单位收购烟叶时按照国家有关规定以现金形式直接补贴烟农的生产投入补贴(以下简称价外补贴),属于农产品买价,为烟叶"价款"的一部分。烟叶收购单位,应将价外补贴与烟叶收购价格在同一张农产品收购发票或者销售发票上分别注明,否则,价外补贴不得计算增值税进项税额进行抵扣。进项税额计算公式:

$$进项税额 = 买价 \times 扣除率$$

④ 自境外单位或者个人购进服务、无形资产或者境内的不动产,从税务机关或者扣缴义务人取得的解缴税款的完税凭证上注明的增值税额。

综上所述,纳税人在进行增值税账务处理时,每抵扣一笔进项税额,就要有一份记录该进项税额的法定增值税扣税凭证与之相互对应。纳税人取得的增值税扣税凭证不符合法律、行政法规或者国务院税务主管部门有关规定的,其进项税额不得从销项税额中抵扣。

需注意的是:增值税扣税凭证,是指增值税专用发票、海关进口增值税专用缴款书、农产品收购发票、农产品销售发票和完税凭证。

纳税人凭完税凭证抵扣进项税额的,应当具备书面合同、付款证明和境外单位的对账单或者发票。资料不全的,其进项税额不得从销项税额中抵扣。

(2) 进项税额抵扣时间

① 增值税一般纳税人申请抵扣的防伪税控系统开具的增值税专用发票,必须自该专用发票开具之日起180日内到税务机关认证,否则不予抵扣进项税额。

② 增值税一般纳税人认证通过的防伪税控系统开具的增值税专用发票,应在认证通过的当月按照增值税有关规定核算当期进项税额并申报抵扣,否则不予抵扣进项税额。

③ 适用一般计税方法的试点纳税人,2016年5月1日后取得并在会计制度上按固定资产核算的不动产或者2016年5月1日后取得的不动产在建工程,其进项税额应自取得之日起分2年从销项税额中抵扣,第一年抵扣比例为60%,第二年抵扣比例为40%。

取得不动产,包括以直接购买、接受捐赠、接受投资入股、自建以及抵债等各种形式取得不动产,不包括房地产开发企业自行开发的房地产项目。

融资租入的不动产以及在施工现场修建的临时建筑物、构筑物,其进项税额不适用上述分2年抵扣的规定。

④ 为认真落实《深化国税、地税征管体制改革方案》有关要求,进一步优化纳税服务,完善税收分类管理,税务总局决定对纳税信用A级增值税一般纳税人(以下简称纳税人)取消增值税发票认证。

自2017年7月1日起,增值税一般纳税人取得的2017年7月1日及以后开具的增值税专用发票和机动车销售统一发票,应自开具之日起360日内认证或登录增值税发票选择确认平台进行确认,并在规定的纳税申报期内,向主管国税机关申报抵扣进项税额。

增值税一般纳税人取得的2017年7月1日及以后开具的海关进口增值税专用缴款书,应自开具之日起360日内向主管国税机关报送《海关完税凭证抵扣清单》,申请稽核比对。

⑤ 按照《营改增试点实施办法》规定不得抵扣且未抵扣进项税额的固定资产、无形资

产、不动产,发生用途改变,用于允许抵扣进项税额的应税项目,可在用途改变的次月按照下列公式计算可以抵扣的进项税额:

$$可以抵扣的进项税额=\frac{固定资产、无形资产、不动产净值}{(1+适用税率)}\times适用税率$$

上述可以抵扣的进项税额应取得合法有效的增值税扣税凭证。

(3) 不得从销项税额中抵扣的进项税额

按税法规定,下列项目的进项税额不得从销项税额中抵扣。

① 用于简易计税方法计税项目、免征增值税项目、集体福利或者个人消费的购进货物、劳务、服务、无形资产和不动产。其中涉及的固定资产、无形资产、不动产,仅指专用于上述项目的固定资产、无形资产(不包括其他权益性无形资产)、不动产。

纳税人的交际应酬消费属于个人消费。

固定资产,是指使用期限超过12个月的机器、机械、运输工具以及其他与生产经营有关的设备、工具、器具等有形动产。

② 非正常损失的购进货物,以及相关的劳务和交通运输服务。

③ 非正常损失的在产品、产成品所耗用的购进货物(不包括固定资产)、劳务和交通运输服务。

④ 非正常损失的不动产,以及该不动产所耗用的购进货物、设计服务和建筑服务。

⑤ 非正常损失的不动产在建工程所耗用的购进货物、设计服务和建筑服务。

纳税人新建、改建、扩建、修缮、装饰不动产,均属于不动产在建工程。

非正常损失,是指因管理不善造成货物被盗、丢失、霉烂变质,以及因违反法律、法规造成货物或者不动产被依法没收、销毁、拆除的情形。

⑥ 购进的旅客运输服务、贷款服务、餐饮服务、居民日常服务和娱乐服务。

⑦ 财政部和国家税务总局规定的其他情形。如纳税人接受贷款服务向贷款方支付的与该笔贷款直接相关的投融资顾问费、手续费、咨询费等费用,其进项税额不得从销项税额中抵扣。

本条第④项、第⑤项所称货物,是指构成不动产实体的材料和设备,包括建筑装饰材料和给排水、采暖、卫生、通风、照明、通信、煤气、消防、中央空调、电梯、电气、智能化楼宇设备及配套设施。

需注意的是:适用一般计税方法的纳税人,兼营简易计税方法计税项目、免征增值税项目而无法划分不得抵扣的进项税额,按照下列公式计算不得抵扣的进项税额:

$$不得抵扣的进项税额=\frac{\begin{matrix}当期无法划分的\\全部进项税额\end{matrix}\times\left(\begin{matrix}当期简易计税方法\\计税项目销售额\end{matrix}+\begin{matrix}免征增值税\\项目销售额\end{matrix}\right)}{当期全部销售额}$$

主管税务机关可以按照上述公式依据年度数据对不得抵扣的进项税额进行清算。

3. 计算应纳税额时应注意的问题

(1) 计算应纳税额时进项税额不足抵扣的处理

由于增值税实行购进扣税法,有时企业当期购进的货物很多,在计算应纳税额时会出现当期销项税额小于当期进项税额不足抵扣的情况。根据税法规定,当期销项税额小于当期进项税额不足抵扣时,其不足部分可以结转下期继续抵扣。

(2) 扣减发生期进项税额的规定

已抵扣进项税额的购进货物(不含固定资产)、劳务、服务,发生上述不得抵扣的进项税额规定情形(简易计税方法计税项目、免征增值税项目除外)的,应当将该进项税额从发生当期的进项税额中扣减;无法确定该进项税额的,按照当期实际成本计算应扣减的进项税额。

已抵扣进项税额的固定资产、无形资产或者不动产,发生上述不得抵扣的进项税额规定情形的,按照下列公式计算不得抵扣的进项税额:

不得抵扣的进项税额＝固定资产、无形资产或者不动产净值×适用税率

固定资产、无形资产或者不动产净值,是指纳税人根据财务会计制度计提折旧或摊销后的余额。

(3) 销货退回或折让应税行为中止的税务处理

一般纳税人因销售货物退回或者折让而退还给购买方的增值税税额,应从发生销售货物退回或者折让当期的销项税额中扣减;因购进货物退出或者折让而收回的增值税税额,应从发生购进货物退出或者折让当期的进项税额中扣减。

一般纳税人销售货物或者应税劳务,开具增值税专用发票后,发生销售货物退回或者折让、开票有误等情形,应按国家税务总局的规定开具红字增值税专用发票。未按规定开具红字增值税专用发票的,增值税税额不得从销项税额中扣减。

营改增试点纳税人适用一般计税方法计税的,因销售折让、中止或者退回而退还给购买方的增值税税额,应当从当期的销项税额中扣减;因销售折让、中止或者退回而收回的增值税税额,应当从当期的进项税额中扣减。

营改增试点纳税人发生应税行为,开具增值税专用发票后,发生开票有误或者销售折让、中止、退回等情形的,应当按照国家税务总局的规定开具红字增值税专用发票;未按照规定开具红字增值税专用发票的,不得扣减销项税额或者销售额。

(4) 有下列情形之一者,应按销售额依照增值税税率计算应纳税额,不得抵扣进项税额,也不得使用增值税专用发票

① 一般纳税人会计核算不健全,或者不能够提供准确税务资料的。

② 应当办理一般纳税人资格登记而未办理的。

(5) 销售房地产

① 一般纳税人销售其 2016 年 5 月 1 日后取得(不含自建)的不动产,应适用一般计税方法,以取得的全部价款和价外费用为销售额计算应纳税额。纳税人应以取得的全部价款和价外费用减去该项不动产购置原价或者取得不动产时的作价后的余额,按照 5% 的预征率在不动产所在地预缴税款后,向机构所在地主管税务机关进行纳税申报。

② 一般纳税人销售其 2016 年 5 月 1 日后自建的不动产,应适用一般计税方法,以取得的全部价款和价外费用为销售额计算应纳税额。纳税人应以取得的全部价款和价外费用,按照 5% 的预征率在不动产所在地预缴税款后,向机构所在地主管税务机关进行纳税

申报。

③ 房地产开发企业采取预收款方式销售所开发的房地产项目,在收到预收款时按照3%的预征率预缴增值税。

(6) 不动产经营租赁服务

一般纳税人出租其 2016 年 5 月 1 日后取得的、与机构所在地不在同一县(市)的不动产,应按照 3%的预征率在不动产所在地预缴税款后,向机构所在地主管税务机关进行纳税申报。

4. 一般计税方法应纳增值税计算举例

例 2-6 某工业企业(一般纳税人)2016 年 6 月外购材料支付增值税进项税额 6 万元,外购一台生产设备,支付进项税 170 万元,均收到销售方税控系统开具的增值税专用发票并经税务机关认证通过。销售产品取得不含税销售额 50 万元,增值税率 17%,计算该企业 3 月份增值税应纳税额。

3 月份应纳增值税税额＝当期销项税额－当期进项税额

＝50×17%－(6＋170)＝－167.5(万元)

例 2-7 某商场(一般纳税人)2017 年 8 月发生以下业务:购进一批货物不含税价 20 万元,取得销货方开具的增值税专用发票(发票尚未到税务机关认证),发票上注明税金 3.4 万元;购进货物一批不含税价 10 万元,货到入库但尚未付款,取得销货方开具的增值税专用发票(发票当月未通过认证),发票上注明全部税金 1.7 万元;零售一批空调,取得零售收入 23.4 万元;批发一批空调不含税销价 20 万元,因对方提前 20 天付款,所以按合同规定给予 2%的折扣,实收款项 19.6 万元;因质量问题,顾客退回 4 月购买的摄像机,退款 1.17 万元;与厂方联系,将此摄像机退回厂家,并提供了税务机关开具的退货证明单,收回货款及税金 0.819 万元,退货手续符合税法要求;从果农手中购进苹果支付价款 2 万元,具有合法的农产品收购发票。应纳税计算如下:

当期销项税额＝23.4÷(1＋17%)×17%＋20×17%－1.17÷(1＋17%)×17%

＝6.63(万元)

当期进项税额＝2×11%－0.819÷(1＋17%)×17%＝0.101(万元)

应纳税额＝6.63－0.101＝6.529(万元)

例 2-8 某企业主营技术服务业务,是增值税一般纳税人,2016 年 6 月初留抵税额 12 万元,如 6 月提供技术服务收取服务费金额 318 万元(含税),为提供技术服务发生进项税 0.8 万元。则该企业当期应纳的增值税为

当期销项税额＝318÷(1＋6%)×6%＝18(万元)

应纳增值税＝18－0.8－12＝5.2(万元)

2.4.2 简易计税方法

简易计税方法的应纳税额,是指按照销售额和增值税征收率计算的增值税税额,不得抵扣进项税额。小规模纳税人采用简易计税方法按照 3%的征收率计税。应纳税额计算

公式:

$$应纳税额＝销售额×征收率$$

纳税人适用简易计税方法计税的,因销售折让、中止或者退回而退还给购买方的销售额,应当从当期销售额中扣减。扣减当期销售额后仍有余额造成多缴的税款,可以从以后的应纳税额中扣减。

1. 一般纳税人发生特定应税行为

一般纳税人发生下列应税行为可以选择适用简易计税方法按照 3% 的征收率计税。

(1) 公共交通运输服务。其包括轮客渡、公交客运、地铁、城市轻轨、出租车、长途客运、班车。班车,是指按固定路线、固定时间运营并在固定站点停靠的运送旅客的陆路运输服务。

(2) 经认定的动漫企业为开发动漫产品提供的动漫脚本编撰、形象设计、背景设计、动画设计、分镜、动画制作、摄制、描线、上色、画面合成、配音、配乐、音效合成、剪辑、字幕制作、压缩转码(面向网络动漫、手机动漫格式适配)服务,以及在境内转让动漫版权(包括动漫品牌、形象或者内容的授权及再授权)。

(3) 电影放映服务、仓储服务、装卸搬运服务、收派服务和文化体育服务。

(4) 以纳入营改增试点之日前取得的有形动产为标的物提供的经营租赁服务。

(5) 在纳入营改增试点之日前签订的尚未执行完毕的有形动产租赁合同。

(6) 建筑服务:

① 以清包工方式提供的建筑服务。以清包工方式提供建筑服务,是指施工方不采购建筑工程所需的材料或只采购辅助材料,并收取人工费、管理费或者其他费用的建筑服务。

② 为甲供工程(全部或部分设备、材料、动力由发包方自行采购的建筑工程)提供的建筑服务。甲供工程,是指全部或部分设备、材料、动力由工程发包方自行采购的建筑工程。

③ 为建筑工程老项目提供的建筑服务。

2. 销售不动产

(1) 一般纳税人销售其 2016 年 4 月 30 日前取得(不含自建)的不动产,可以选择适用简易计税方法,以取得的全部价款和价外费用减去该项不动产购置原价或者取得不动产时的作价后的余额为销售额,按照 5% 的征收率计算应纳税额。纳税人应按照上述计税方法在不动产所在地预缴税款后,向机构所在地主管税务机关进行纳税申报。

(2) 一般纳税人销售其 2016 年 4 月 30 日前自建的不动产,可以选择适用简易计税方法,以取得的全部价款和价外费用为销售额,按照 5% 的征收率计算应纳税额。纳税人应按照上述计税方法在不动产所在地预缴税款后,向机构所在地主管税务机关进行纳税申报。

(3) 小规模纳税人销售其取得(不含自建)的不动产(不含个体工商户销售购买的住房和其他个人销售不动产),应以取得的全部价款和价外费用减去该项不动产购置原价或者取得不动产时的作价后的余额为销售额,按照 5% 的征收率计算应纳税额。纳税人应按照上述计税方法在不动产所在地预缴税款后,向机构所在地主管税务机关进行纳税申报。

（4）小规模纳税人销售其自建的不动产,应以取得的全部价款和价外费用为销售额,按照 5% 的征收率计算应纳税额。纳税人应按照上述计税方法在不动产所在地预缴税款后,向机构所在地主管税务机关进行纳税申报。

（5）房地产开发企业中的一般纳税人,销售自行开发的房地产老项目,可以选择适用简易计税方法按照 5% 的征收率计税。

（6）房地产开发企业中的小规模纳税人,销售自行开发的房地产项目,按照 5% 的征收率计税。

（7）其他个人销售其取得（不含自建）的不动产（不含其购买的住房）,应以取得的全部价款和价外费用减去该项不动产购置原价或者取得不动产时的作价后的余额为销售额,按照 5% 的征收率计算应纳税额。

3. 不动产经营租赁服务

（1）一般纳税人出租其 2016 年 4 月 30 日前取得的不动产,可以选择适用简易计税方法,按照 5% 的征收率计算应纳税额。纳税人出租其 2016 年 4 月 30 日前取得的与机构所在地不在同一县（市）的不动产,应按照上述计税方法在不动产所在地预缴税款后,向机构所在地主管税务机关进行纳税申报。

（2）公路经营企业中的一般纳税人收取试点前开工的高速公路的车辆通行费,可以选择适用简易计税方法,减按 3% 的征收率计算应纳税额。

试点前开工的高速公路,是指相关施工许可证明上注明的合同开工日期在 2016 年 4 月 30 日前的高速公路。

（3）小规模纳税人出租其取得的不动产（不含个人出租住房）,应按照 5% 的征收率计算应纳税额。纳税人出租与机构所在地不在同一县（市）的不动产,应按照上述计税方法在不动产所在地预缴税款后,向机构所在地主管税务机关进行纳税申报。

（4）其他个人出租其取得的不动产（不含住房）,应按照 5% 的征收率计算应纳税额。

（5）个人出租住房,应按照 5% 的征收率减按 1.5% 计算应纳税额。

4. 一般纳税人销售自己使用过的物品

纳税人销售自己使用过的物品包括固定资产和除固定资产以外的物品。自己使用过的固定资产,是指纳税人根据财务会计制度已经计提折旧的固定资产。一般纳税人销售自己使用过的除固定资产以外的物品,应当按照适用税率征收增值税。一般纳税人销售自己使用过的固定资产则根据以下情况分别处理。

① 一般纳税人销售自己使用过的属于不得抵扣且未抵扣进项税额的固定资产,按简易办法依 3% 征收率减按 2%（2014 年 7 月 1 日前是 4% 减半）征收增值税。

② 一般纳税人销售自己使用过的其他固定资产,应区分不同情形征收增值税。对于销售自己使用过的扩大增值税抵扣范围或营改增试点以后购进或者自制的固定资产,按

照适用税率征收增值税;对于扩大增值税抵扣范围或营改增试点以前购进或者自制的固定资产,按照3%征收率减按2%(2014年7月1日前是4%减半)征收增值税。

此外,纳税人发生的固定资产视同销售行为,对已使用过的固定资产无法确定销售额的,以固定资产净值为销售额。

5. 纳税人销售旧货

纳税人销售旧货,按照简易计税方法依照3%征收率减按2%(2014年7月1日前是4%减半)征收增值税。旧货,是指进入二次流通的具有部分使用价值的货物(含旧汽车、旧摩托车和旧游艇),但不包括自己使用过的物品。

6. 一般纳税人销售自产的特定货物

一般纳税人销售自产的下列货物,可选择按照简易办法依照3%征收率(2014年7月1日是前6%)计算缴纳增值税。

① 县级及县级以下小型水力发电单位生产的电力。小型水力发电单位,是指各类投资主体建设的装机容量为5万千瓦以下(含5万千瓦)的小型水力发电单位。

② 建筑用和生产建筑材料所用的砂、土、石料。

③ 以自己采掘的砂、土、石料或其他矿物连续生产的砖、瓦、石灰(不含黏土实心砖、瓦)。

④ 用微生物、微生物代谢产物、动物毒素、人或动物的血液或组织制成的生物制品。

⑤ 自来水。对属于一般纳税人的自来水公司销售自来水按简易办法依照征收增值税,不得抵扣其购进自来水取得增值税扣税凭证上注明的增值税税款。

⑥ 商品混凝土(仅限于以水泥为原料生产的水泥混凝土)。

一般纳税人选择简易办法计算缴纳增值税后,36个月内不得变更。

7. 一般纳税人销售货物的特殊情形

一般纳税人销售货物属于下列情形之一的,暂按简易办法依照3%征收率(2014年7月1日前是4%)计算缴纳增值税。

① 寄售商店代销寄售物品(包括居民个人寄售的物品在内);

② 典当业销售死当物品;

③ 经国务院或国务院授权机关批准的免税商店零售的免税品。

8. 小规模纳税人销售自己使用过的物品

小规模纳税人(除其他个人外)销售自己使用过的固定资产,减按2%征收率征收增值税;销售自己使用过的除固定资产以外的物品,应按3%征收率征收增值税。

例2-9　某小食品店,6月份取得含税销售额10 300元,本月购进货物6 000元,取得销售方开具的增值税专用发票,注明税款1 020元。

$$应纳税额 = 10\ 300 \div (1 + 3\%) \times 3\% = 300(元)$$

2.4.3　进口货物应纳税额的计算

纳税人进口货物,按照组成计税价格和规定的税率计算应纳税额。组成计税价格和应纳税额的计算公式是

$$组成计税价格＝关税完税价格＋关税＋消费税$$
$$应纳税额＝组成计税价格×税率$$

关税完税价格一般为到岸价;进口货物增值税的组成计税价格中包括已纳关税税额;如果进口货物属于消费税应税消费品,其组成计税价格中还要包括已纳消费税税额。

进口属于从价计征的应纳消费税的货物时,组成计税价格的计算公式是

$$组成计税价格＝（关税完税价格＋关税）÷（1－消费税税率）$$

自 2016 年 4 月 8 日起,跨境电子商务零售进口商品按照货物征收进口环节增值税,实际交易价格(包括货物零售价格、运费和保险费)作为完税价格。

跨境电子商务零售进口商品进口环节增值税取消免征税额,暂按法定应纳税额的 70％征收。超过单次限值、累加后超过个人年度限值的单次交易,以及完税价格超过 2 000 元限值的单个不可分割商品,均按照一般贸易方式全额征税。跨境电子商务零售进口商品的单次交易限值为人民币 2 000 元,个人年度交易限值为人民币 20 000 元。

例 2-10　某进出口公司当月进口 50 辆小汽车,每辆到岸价格 8 万元(人民币,下同)。该公司当月销出其中的 40 辆,每辆价税合并销售价为 23.4 万元。假设小轿车关税率为 25％,消费税税率为 5％,要求计算该公司当月应纳增值税。

计算过程如下:

$$进口关税＝8×25％×50＝100（万元）$$
$$组成计税价格＝（8×50＋100）÷（1－5％）＝526.315\ 8（万元）$$
$$进口增值税＝526.315\ 8×17％＝89.473\ 7（万元）$$
$$当月销项税额＝[（23.4×40）÷（1＋17％）]×17％＝136（万元）$$
$$当月应纳增值税税额＝136－89.473\ 7＝46.526\ 3（万元）$$

2.5　征纳管理

2.5.1　税收优惠

1. 增值税的起征点

增值税起征点的适用范围限于个人,纳税人销售额未达到国务院财政、税务主管部门规定的增值税起征点的,免征增值税;达到起征点的,依照规定全额计算缴纳增值税。增值税起征点不适用于登记为一般纳税人的个体工商户。增值税起征点的幅度规定如下。

(1) 按期纳税的,为月销售额 5 000～20 000 元(含本数)。

(2) 按次纳税的,为每次(日)销售额 300～500 元(含本数)。

上述销售额,是指小规模纳税人的销售额。

省、自治区、直辖市财政厅(局)和国家税务局应在规定的幅度内,根据实际情况确定本地区适用的起征点,并报财政部、国家税务总局备案。

增值税小规模纳税人应分别核算销售货物或者加工、修理修配劳务的销售额和销售服务、无形资产的销售额。增值税小规模纳税人销售货物或者加工、修理修配劳务月销售额不超过 3 万元(按季纳税 9 万元),销售服务、无形资产月销售额不超过 3 万元(按季纳税 9 万元)的,自 2018 年 1 月 1 日起至 2020 年 12 月 31 日,可分别享受小微企业暂免征收增值税优惠政策。

2. 原增值税减、免税项目

根据《增值税暂行条例》的规定,下列项目免征增值税。

(1) 农业生产者销售的自产农业产品。农业是指种植业、养殖业、林业、牧业、水产业。农业生产者包括从事农业生产的单位和个人。农产品是指初级农产品,具体范围由财政部、国家税务总局确定。

(2) 避孕药品和用具。

(3) 古旧图书。是指向社会收购的古书和旧书。

(4) 直接用于科学研究、科学试验和教学的进口仪器、设备。

(5) 外国政府、国际组织无偿援助的进口物资和设备。

(6) 由残疾人组织直接进口供残疾人专用的物品。

(7) 销售的自己使用过的物品。自己使用过的物品是指其他个人自己使用过的物品。

除上述规定外,增值税的免税、减税项目由国务院规定。任何地区、部门均不得规定免税、减税项目。纳税人兼营免税、减税项目的,应当分别核算免税、减税项目的销售额;未分别核算销售额的,不得免税、减税。纳税人销售货物或者应税劳务适用免税规定的,可以放弃免税,依照规定缴纳增值税。放弃免税后,36 个月内不得再申请免税。

3. 营改增试点(过渡政策)免征增值税

纳税人发生应税行为适用免税、减税规定的,可以放弃免税、减税,依照规定缴纳增值税。放弃免税、减税后,36 个月内不得再申请免税、减税。

纳税人发生应税行为同时适用免税和零税率规定的,纳税人可以选择适用免税或者零税率。

(1) 托儿所、幼儿园提供的保育和教育服务。

公办托儿所、幼儿园免征增值税的收入是指,在省级财政部门和价格主管部门审核报省级人民政府批准的收费标准以内收取的教育费、保育费。

民办托儿所、幼儿园免征增值税的收入是指,在报经当地有关部门备案并公示的收费标准范围内收取的教育费、保育费。

超过规定收费标准的收费,以开办实验班、特色班和兴趣班等为由另外收取的费用以及与幼儿入园挂钩的赞助费、支教费等超过规定范围的收入,不属于免征增值税的收入。

(2) 养老机构提供的养老服务。

（3）残疾人福利机构提供的育养服务。

（4）婚姻介绍服务。

（5）殡葬服务。

（6）残疾人员本人为社会提供的服务。

（7）医疗机构提供的医疗服务。

（8）从事学历教育的学校提供的教育服务。职业培训机构不属于学历教育机构。提供教育服务免征增值税的收入，是指对列入规定招生计划的在籍学生提供学历教育服务取得的收入，具体包括：经有关部门审核批准并按规定标准收取的学费、住宿费、课本费、作业本费、考试报名费收入，以及学校食堂提供餐饮服务取得的伙食费收入。除此之外的收入，包括学校以各种名义收取的赞助费、择校费等，不属于免征增值税的范围。

（9）学生勤工俭学提供的服务。

（10）农业机耕、排灌、病虫害防治、植物保护、农牧保险以及相关技术培训业务，家禽、牲畜、水生动物的配种和疾病防治。

（11）纪念馆、博物馆、文化馆、文物保护单位管理机构、美术馆、展览馆、书画院、图书馆在自己的场所提供文化体育服务取得的第一道门票收入。

（12）寺院、宫观、清真寺和教堂举办文化、宗教活动的门票收入。

（13）行政单位之外的其他单位收取的符合规定条件的政府性基金和行政事业性收费。

（14）个人转让著作权。

（15）个人销售自建自用住房。

（16）2018年12月31日前，公共租赁住房经营管理单位出租公共租赁住房。

（17）台湾航运公司、航空公司从事海峡两岸海上直航、空中直航业务在大陆取得的运输收入。

（18）纳税人提供的直接或者间接国际货物运输代理服务。

（19）以下利息收入：

① 2016年12月31日前金融机构农户小额贷款，小额贷款是指单笔且该农户贷款余额总额在10万元（含本数）以下的贷款；

② 国家助学贷款；

③ 国债、地方政府债；

④ 人民银行对金融机构的贷款；

⑤ 住房公积金管理中心用住房公积金在指定的委托银行发放的个人住房贷款。

（20）被撤销金融机构以货物、不动产、无形资产、有价证券、票据等财产清偿债务。

（21）保险公司开办的一年期以上人身保险产品取得的保费收入。一年期以上人身保险，是指保险期间为一年期及以上返还本利的人寿保险、养老年金保险，以及保险期间为一年期及以上的健康保险。

（22）个人从事金融商品转让业务的转让收入。

（23）金融同业往来利息收入，包括以下方面。

① 金融机构与人民银行所发生的资金往来业务。包括人民银行对一般金融机构贷款，以及人民银行对商业银行的再贴现等。

② 银行联行往来业务。同一银行系统内部不同行、处之间所发生的资金账务往来业务。

③ 金融机构间的资金往来业务。其是指经人民银行批准,进入全国银行间同业拆借市场的金融机构之间通过全国统一的同业拆借网络进行的短期(1年以下,含1年)无担保资金融通行为。

④ 金融机构之间开展的转贴现业务。

(24) 纳税人提供技术转让、技术开发和与之相关的技术咨询、技术服务。

(25) 政府举办的从事学历教育的高等、中等和初等学校(不含下属单位),举办进修班、培训班取得的全部归该学校所有的收入。

举办进修班、培训班取得的收入进入该学校下属部门自行开设账户的,不予免征增值税。

(26) 政府举办的职业学校设立的主要为在校学生提供实习场所、并由学校出资自办、由学校负责经营管理、经营收入归学校所有的企业,从事《销售服务、无形资产或者不动产注释》中"现代服务"(不含融资租赁服务、广告服务和其他现代服务)、"生活服务"(不含文化体育服务、其他生活服务和桑拿、氧吧)业务活动取得的收入。

(27) 家政服务企业由员工制家政服务员提供家政服务取得的收入。

(28) 福利彩票、体育彩票的发行收入。

(29) 军队空余房产租赁收入。

(30) 将土地使用权转让给农业生产者用于农业生产。

(31) 涉及家庭财产分割的个人无偿转让不动产、土地使用权。

(32) 土地所有者出让土地使用权和土地使用者将土地使用权归还给土地所有者。

(33) 县级以上地方人民政府或自然资源行政主管部门出让、转让或收回自然资源使用权(不含土地使用权)。

4. 个人住房销售优惠政策

个人将购买不足2年的住房对外销售的,按照5%的征收率全额缴纳增值税;个人将购买2年以上(含2年)的住房对外销售的,免征增值税。上述政策适用于北京市、上海市、广州市和深圳市之外的地区。

个人将购买不足2年的住房对外销售的,按照5%的征收率全额缴纳增值税;个人将购买2年以上(含2年)的非普通住房对外销售的,以销售收入减去购买住房价款后的差额按照5%的征收率缴纳增值税;个人将购买2年以上(含2年)的普通住房对外销售的,免征增值税。上述政策仅适用于北京市、上海市、广州市和深圳市。

2.5.2　增值税出口退(免)税

1. 出口退(免)税政策形式

(1) 出口免税并退税

出口免税是指对货物在出口环节不征增值税、消费税,这是把货物出口环节与出口前的销售环节都同样视为一个征税环节;出口退税是指对货物在出口前实际承担的税收负担,按规定的退税率计算后予以退还。

(2) 出口免税不退税

出口免税是指对货物在出口环节不征增值税、消费税;出口不退税是指适用这个政策的出口货物因在前一道生产、销售环节或进口环节是免税的,因此出口时该货物本身就不含税,也无须退税。

(3) 出口不免税不退税

出口不免税是指对国家限制或禁止出口的某些货物的出口环节视同内销环节,照常征税;出口不退税是指对这些货物出口不退还出口前其所负担的税款。适用这个政策的主要是:税法列举限制或禁止出口的货物,如天然牛黄、麝香、铜及铜基合金、白银等。

2. 出口退(免)税的"出口货物"必备条件

(1) 属于增值税、消费税征税范围内的货物。
(2) 经中华人民共和国海关报关离境的货物。
(3) 财务会计上作对外销售处理的货物。
(4) 出口结汇(部分货物除外)并已核销的货物。

3. 出口货物适用的退税率

出口货物的退税率,是出口货物的实际退税额与退税计税依据的比例。税法对出口货物适用的退税率做出了具体规定。出口企业应将不同税率的货物分开核算和申报,凡划分不清适用退税率的,一律从低适用退税率计算退(免)税。

4. 出口货物应退增值税的计算方法

出口货物只有在适用既免税又退税的政策时,才会涉及如何计算退税的问题。我国现行出口货物退(免)税计算办法有两种:一种是"免、抵、退"办法,主要适用于自营和委托出口自产货物生产的企业;另一种是"先征后退"办法,主要适用于收购货物出口的外(工)贸企业。增值税小规模纳税人出口自产货物实行免征增值税的办法。在此主要介绍"免、抵、退"办法。

5. "免、抵、退"税的计算方法

实行"免、抵、退"税管理办法的"免"税,是指对生产企业的出口自产货物,免征本企业生产销售环节的增值税;"抵"税,是指生产企业出口自产货物所耗用的原材料、零部件、燃料、动力等所含应予退还的进项税额,抵顶内销货物的应纳税额;"退"税,是指生产企业出口的自产货物在当月内应抵顶的进项税额大于应纳税额时对未抵顶完的部分予以退税。实行"免、抵、退"方法的计算过程如下。

第一步,计算当期应纳税额。

$$\begin{matrix}当期应\\纳税额\end{matrix}=\begin{matrix}当期内销货物\\的销项税额\end{matrix}-\left(\begin{matrix}当期进项\\税额\end{matrix}-\begin{matrix}当期免抵退税不得\\免征和抵扣税额\end{matrix}\right)-\begin{matrix}上期留抵\\税额\end{matrix}$$

当期免抵退税不得免征和抵扣税额是指在征税率不等于退税率的情况下,征税率大于退税率所形成的征税额。即:

$$\begin{matrix}当期免抵退税不得\\免征和抵扣税额\end{matrix}=\begin{matrix}出口货物\\离岸价\end{matrix}\times\begin{matrix}外汇人民币\\牌价\end{matrix}\times\left(\begin{matrix}出口货物\\征税率\end{matrix}-\begin{matrix}出口货物\\退税率\end{matrix}\right)-\begin{matrix}免抵退税不得免征\\和抵扣税额抵减额\end{matrix}$$

其中,$\begin{matrix}免抵退税不得免征\\和抵扣税额抵减额\end{matrix}=\begin{matrix}免税购进原\\材料价格\end{matrix}\times(出口货物征税率-出口货物退税率)$

当应纳税额>0 的时候,就应当缴纳增值税,不能退税。

当应纳税额<0 的时候,继续以下的计算。

第二步,计算免抵退税额。

免抵退税额=出口货物离岸价×外汇人民币牌价×出口货物退税率-免抵退税抵减额

其中,免抵退税抵减额=免税购进原材料价格×出口货物退税率

第三步,计算当期应退税额和免抵税额。

一种情况是,当期期末留抵税额≤当期免抵退税额时,则:

当期应退税额=当期期末留抵税额

当期免抵税额=当期免抵退税额-当期应退税额

另一种情况是,当期期末留抵税额>当期免抵退税额时,则:

当期应退税额=当期免抵退税额

当期免抵税额=0

期末留抵税额=当期期末留抵税额-当期免抵退税额

(当期期末留抵税额就是应纳税额为负数的数额,根据当期《增值税纳税申报表》中"期末留抵税额"确定。)

例 2-11 某自营出口的生产企业为增值税一般纳税人,7月末留抵税额 6 万元,出口货物的征税率17%,退税率13%,8月有关业务如下:①购进原材料一批,取得的增值税专用发票注明的价款 400 万元,准予抵扣的进项税额 68 万元通过认证;②内销货物不含税销售额 200 万元,收款 234 万元存入银行;③出口货物的销售额折合人民币 400 万元。计算企业 8 月份应免抵退税额。计算过程如下:

(1) 8月免抵退税不得免征和抵扣税额=400×(17%-13%)=16(万元)

(2) 8月应纳税额=200×17%-(68-16)-6=-24(万元)

(3) 出口货物免抵退税额=400×13%=52(万元)

(4) 按规定可知,当期期末留抵税额 24 万元小于当期免抵退税额 52 万元

当期应退税额=当期期末留抵税额,即:8 月份应退税额=24(万元)

当期免抵税额=当期免抵退税额-当期应退税额,即:8 月份免抵税额=52-24=28(万元)

2.5.3 纳税义务发生时间

下面介绍增值税纳税义务的发生时间。

（1）发生应税销售行为，为收讫销售款项或者取得索取销售款项凭据的当天；先开具发票的，为开具发票的当天。按销售结算方式的不同，具体如下。

① 采取直接收款方式销售货物，不论货物是否发出，均为收到销售款或者取得索取销售款凭据的当天。

② 采取托收承付和委托银行收款方式销售货物，为发出货物并办妥托收手续的当天。

③ 采取赊销和分期收款方式销售货物，为书面合同约定的收款日期的当天，无书面合同的或者书面合同没有约定收款日期的，为货物发出的当天。

④ 采取预收货款方式销售货物，为货物发出的当天，但生产销售生产工期超过12个月的大型机械设备、船舶、飞机等货物，为收到预收款或者书面合同约定的收款日期的当天。

⑤ 委托其他纳税人代销货物，为收到代销单位的代销清单或者收到全部或者部分货款的当天。未收到代销清单及货款的，为发出代销货物满180天的当天。

⑥ 销售应税劳务，为提供劳务同时收讫销售款或者取得索取销售款的凭据的当天。

⑦ 纳税人发生视同销售货物行为第三至八项，为货物移送的当天。

收讫销售款项，是指纳税人销售服务、无形资产、不动产过程中或者完成后收到款项。

取得索取销售款项凭据的当天，是指书面合同确定的付款日期；未签订书面合同或者书面合同未确定付款日期的，为服务、无形资产转让完成的当天或者不动产权属变更的当天。

（2）进口货物，为报关进口的当天。

（3）纳税人提供建筑服务、租赁服务采取预收款方式的，其纳税义务发生时间为收到预收款的当天。

自2017年7月1日起，纳税人提供建筑服务取得预收款，不再发生纳税义务，但应在收到预收款时，以取得的预收款扣除支付的分包款后的余额，按照规定的预征率（适用一般计税方法计税的项目预征率为2%，适用简易计税方法计税的项目预征率为3%）预缴增值税。

（4）纳税人从事金融商品转让的，为金融商品所有权转移的当天。

（5）纳税人发生视同销售服务、无形资产或者不动产情形的，其纳税义务发生时间为服务、无形资产转让完成的当天或者不动产权属变更的当天。

（6）增值税扣缴义务发生时间为纳税人增值税纳税义务发生的当天。

2.5.4 纳税期限

增值税的纳税期限分别为1日、3日、5日、10日、15日、1个月或者1个季度。纳税人的具体纳税期限，由主管税务机关根据纳税人应纳税额的大小分别核定；不能按照固定期限纳税的，可以按次纳税。其中以1个季度为纳税期限的规定适用于小规模纳税人、银行、财务公司、信托投资公司、信用社，以及财政部和国家税务总局规定的其他纳税人。

纳税人以 1 个月或者 1 个季度为 1 个纳税期的,自期满之日起 15 日内申报纳税;以 1 日、3 日、5 日、10 日或者 15 日为 1 个纳税期的,自期满之日起 5 日内预缴税款,于次月 1 日起 15 日内申报纳税并结清上月应纳税款。

扣缴义务人解缴税款的期限,依照上述规定执行。

纳税人进口货物,应当自海关填发海关进口增值税专用缴款书之日起 15 日内缴纳税款。纳税人出口货物适用退(免)税规定的,应当向海关办理出口手续,凭出口报关单等有关凭证,在规定的出口退(免)税申报期内按月向主管税务机关申报办理该项出口货物的退(免)税。出口货物办理退税后发生退货或者退关的,纳税人应当依法补缴已退的税款。

2.5.5　纳税地点

考虑纳税人的经营特点和保证按期申报纳税的要求,税法还具体规定了增值税的纳税地点。

(1) 固定业户应当向其机构所在地或者居住地的主管税务机关申报纳税。总机构和分支机构不在同一县(市)的,应当分别向各自所在地的主管税务机关申报纳税;经国务院财政、税务主管部门或者其授权的财政、税务机关批准,可以由总机构汇总向总机构所在地的主管税务机关申报纳税。

(2) 固定业户到外县(市)销售货物或者应税劳务,应当向其机构所在地的主管税务机关报告外出经营事项,并向其机构所在地的主管税务机关申报纳税;未报告的,应当向销售地或者劳务发生地的主管税务机关申报纳税;未向销售地或者劳务发生地的主管税务机关申报纳税的,由其机构所在地的主管税务机关补征税款。

(3) 非固定业户销售货物、应税劳务或者应税行为,应当向销售地、劳务发生地或者应税行为发生地的主管税务机关申报纳税;未申报纳税的,由其机构所在地或者居住地的主管税务机关补征税款。

(4) 其他个人提供建筑服务,销售或者租赁不动产,转让自然资源使用权,应向建筑服务发生地、不动产所在地、自然资源所在地主管税务机关申报纳税。

(5) 进口货物,应当向报关地海关申报纳税。

扣缴义务人应当向其机构所在地或者居住地的主管税务机关申报缴纳其扣缴的税款。

2.5.6　增值税专用发票的使用范围

纳税人发生应税销售行为,应当向索取增值税专用发票的购买方开具增值税专用发票,并在增值税专用发票上分别注明销售额和销项税额。属于下列情形之一的,不得开具增值税专用发票:

(1) 应税销售行为的购买方为消费者个人的;

（2）发生应税销售行为适用免税规定的。

2.5.7　纳税申报

为保障全面推开营业税改征增值税改革试点工作顺利实施，自 2016 年 6 月 1 日起施行新的增值税纳税申报表进行纳税申报。

1. 增值税一般纳税人（以下简称一般纳税人）纳税申报表及其附列资料

（1）《增值税纳税申报表（一般纳税人适用）》。

（2）《增值税纳税申报表附列资料（一）》（本期销售情况明细）。

（3）《增值税纳税申报表附列资料（二）》（本期进项税额明细）。

（4）《增值税纳税申报表附列资料（三）》（服务、不动产和无形资产扣除项目明细）。

一般纳税人销售服务、不动产和无形资产，在确定服务、不动产和无形资产销售额时，按照有关规定可以从取得的全部价款和价外费用中扣除价款的，需填报《增值税纳税申报表附列资料（三）》。其他情况不填写该附列资料。

（5）《增值税纳税申报表附列资料（四）》（税额抵减情况表）。

（6）《增值税纳税申报表附列资料（五）》（不动产分期抵扣计算表）。

（7）《固定资产（不含不动产）进项税额抵扣情况表》，自 2018 年 2 月 1 日起废止此表。

（8）《本期抵扣进项税额结构明细表》，自 2018 年 2 月 1 日起废止此表。

（9）《增值税减免税申报明细表》。

2. 增值税小规模纳税人（以下简称小规模纳税人）纳税申报表及其附列资料

（1）《增值税纳税申报表（小规模纳税人适用）》。

（2）《增值税纳税申报表（小规模纳税人适用）附列资料》。

小规模纳税人销售服务，在确定服务销售额时，按照有关规定可以从取得的全部价款和价外费用中扣除价款的，需填报《增值税纳税申报表（小规模纳税人适用）附列资料》。其他情况不填写该附列资料。

（3）《增值税减免税申报明细表》。

2.6　综合案例

2.6.1　案例介绍

甲、乙、丙三家企业均为增值税一般纳税人，甲是生产企业，乙是商业企业，丙是交通运输企业，2017 年 8 月各企业经营情况如下。

(1) 乙企业从甲企业购进商品,取得增值税专用发票,注明价款 210 万元;货物由丙企业负责运输,运费由甲企业负担,丙企业收取运费价税合计金额 7.77 万元,并给甲企业开具了增值税专用发票。

(2) 乙企业销售一批代销货物,开具普通发票,注明金额 152.1 万元,向购买方收取价外费用 5 万元,向委托方收取代销手续费 3 万元(不含税)。

(3) 甲企业 1 年前销售给乙企业一批自产产品价税合计 21.4 万元,合同规定,货到付款,因乙企业资金紧张,一直拖欠货款。经双方协商,乙企业以总价值(含增值税)为 18.72 万元的货物抵偿债务,并开具了增值税专用发票,注明价款 16 万元、增值税 2.72 万元;甲企业将其销售给丙企业,取得含税销售收入 20 万元。

(4) 甲企业从某农场购进免税农产品,收购凭证上注明支付货款 20 万元,支付丙企业不含税运费 3 万元,取得增值税专用发票。将收购农产品的 10% 作为职工福利,其余作为生产材料加工食品,所加工的食品在企业非独立核算门市部销售,并取得含税销售收入 25.74 万元。

(5) 甲企业销售使用过的一台设备(2006 年购入),取得销售收入 28 万元。

(6) 乙企业以库存的货物向甲企业投资,共担风险。经税务机关核定,库存货物含税价 93.6 万元,已向甲企业开具库存货物的增值税专用发票。

(7) 丙企业本月取得运输收入 62 万元(不含税);出租车辆取得不含税租金收入 42 万元。

(8) 丙企业本月进口一辆货车自用,海关确定的完税价格 56 万元,关税税率为 10%。本月取得的相关发票均在本月认证并抵扣。

根据上述资料,分别计算甲、乙、丙企业应纳增值税税额。

2.6.2　案例解析

业务(1):

乙企业购进业务的进项税额 $= 210 \times 17\% = 35.7$(万元)

甲企业支付运费的进项税额 $= 7.77 \div (1 + 11\%) \times 11\% = 0.77$(万元)

甲企业销售货物销项税额 $= 210 \times 17\% = 35.7$(万元)

丙企业运输服务销项税额 $= 7.77 \div (1 + 11\%) \times 11\% = 0.77$(万元)

业务(2):

乙企业代销货物销项税额 $= (152.1 + 5) \div (1 + 17\%) \times 17\% = 22.83$(万元)

乙企业手续费销项税额 $= 3 \times 6\% = 0.18$(万元)

业务(3):

乙企业销项税额 $= 2.72$(万元)

甲企业进项税额 $= 2.72$(万元)

甲企业销项税额 $= 20 \div (1 + 17\%) \times 17\% = 2.91$(万元)

业务(4):

甲企业可以抵扣的进项税额 $= (20 \times 13\% + 3 \times 11\%) \times (1 - 10\%) = 2.64$(万元)

甲企业销售货物的销项税额 $= 25.74 \div (1 + 17\%) \times 17\% = 3.74$(万元)

丙企业运输服务销项税额 $= 3 \times 11\% = 0.33$(万元)

业务(5)：简易计税方法计税

　　甲企业应纳增值税 $= 28 \div (1 + 3\%) \times 2\% = 0.54$(万元)

业务(6)：

　　乙企业投资的销项税额 $= 93.6 \div (1 + 17\%) \times 17\% = 13.6$(万元)

　　甲企业接受投资的进项税额 $= 93.6 \div (1 + 17\%) \times 17\% = 13.6$(万元)

业务(7)：

　　丙企业运输和出租服务销项税额 $= 62 \times 11\% + 42 \times 17\% = 13.96$(万元)

业务(8)：

　　　丙企业的进口关税 $= 56 \times 10\% = 5.6$(万元)

　　　进口增值税进项税额 $= 56 \times (1 + 10\%) \times 17\% = 10.47$(万元)

甲企业：

　　　　销项税额 $= 35.7 + 2.91 + 3.74 = 42.35$(万元)

　　　　进项税额 $= 0.77 + 2.72 + 2.64 + 13.6 = 19.73$(万元)

　　　　简易计税方法计算的应纳税额 $= 0.54$(万元)

　　　　应纳增值税 $= 42.35 - 19.73 + 0.54 = 23.16$(万元)

乙企业：

　　　　销项税额 $= 22.83 + 0.18 + 2.72 + 13.6 = 39.33$(万元)

　　　　进项税额 $= 35.7$(万元)

　　　　应纳增值税 $= 39.33 - 35.7 = 3.63$(万元)

丙企业：

　　　　销项税额 $= 0.77 + 0.33 + 13.96 = 15.06$(万元)

　　　　进项税额 $= 10.47$ 万元

　　　　应纳增值税 $= 15.06 - 10.47 = 4.59$(万元)

习题和实训 2

一、判断题

1. 参照国际惯例,我国税法将增值税纳税人划分为一般纳税人和小规模纳税人两种。　　　　　　　　　　　　　　　　　　　　　　　　　　　　　　　　　(　　)

2. 一般纳税人和小规模纳税人销售农机、农膜、化肥,按适用 13% 的低税率。(　　)

3. 对增值税一般纳税人因销售货物向购买方收取的价外费用和逾期包装物押金,在征税时,一律视为含税收入,将其换算为不含税收入后并入销售额,据以计税。(　　)

4. 纳税人将购买的货物无偿赠送他人,因该货物购买时已支付增值税,赠送他人时可不再计入销售额征税。　　　　　　　　　　　　　　　　　　　　　　　(　　)

5. 对于属于一般纳税人的销售方来讲,在没有抵扣其进项税额前,销售方收取的销项税额还不是其应纳增值税税额。　　　　　　　　　　　　　　　　　　　(　　)

6. 纳税人兼营不同税率的货物或者应税劳务,应当分别核算不同税率货物或者应税

劳务的销售额;未分别核算销售额的,从高适用税率。　　　　　　　　(　　)

7. 单位将不动产无偿赠与他人,其纳税义务发生时间为不动产所有权转移的当天。

　　　　　　　　　　　　　　　　　　　　　　　　　　　　　　(　　)

8. 纳税人为鼓励购货方及早偿还货款,协议许诺给予购货方的销售折扣,可以从销售额中减除,扣减折扣发生期的销项税额。　　　　　　　　　　　(　　)

9. 已抵扣进项税额的购进货物,如果因自然灾害而造成损失,应将损失货物的进项税额从当期发生的进项税额中扣减。　　　　　　　　　　　　　(　　)

10. 将自产、委托加工或购买的货物用于集体福利,均视同销售,征收增值税。

　　　　　　　　　　　　　　　　　　　　　　　　　　　　　　(　　)

二、单项选择题

1. 增值税是一种(　　)。
   A. 流转税　　　　B. 所得税　　　　C. 资源税　　　　D. 行为税

2. 造成法定增值额与理论增值额不一致的原因主要是(　　)。
   A. 各国收入的确认方法不同
   B. 各国增值额的计算方法不同
   C. 各国对外购固定资产的处理办法不同
   D. 各国对外购流动资产的处理办法不同

3. (　　)是指计算增值税时,允许纳税人将纳税期内购入的固定资产价款全部一次性扣除。
   A. 生产型增值税　　B. 收入型增值税　　C. 利润型增值税　　D. 消费型增值税

4. 目前小规模纳税人适用的征收率为(　　)。
   A. 13%　　　　　B. 3%　　　　　C. 5%　　　　　D. 4%

5. 某酒厂在销售自产白酒的同时提供运输劳务,这种行为属于(　　)征收增值税。
   A. 视同销售行为　B. 混合销售行为　C. 兼营行为　　　D. 混业经营

6. 下列应并入销售额计算增值税的是(　　)。
   A. 销项税额
   B. 未逾期的包装物押金
   C. 返还利润
   D. 销售额在同一张发票上分别注明的折扣额

7. 可以从销项税额中抵扣的进项税额是(　　)。
   A. 用于个人消费的购进货物所包含的增值税税额
   B. 从海关取得的完税凭证上注明的增值税税额
   C. 用于免税项目的购进货物所包含的增值税税额
   D. 非正常损失的购进货物所包含的增值税税额

8. 增值税纳税人进口货物的组成计税价格不包括(　　)。
   A. 关税完税价格　B. 关税　　　　　C. 消费税　　　　D. 增值税

9. 根据税法规定,纳税人采取赊销销售货物,增值税的纳税义务发生时间为(　　)。
   A. 发出货物的当天　　　　　　　B. 书面合同约定的收款日期的当天
   C. 收到货物的当天　　　　　　　D. 签订合同的当天

10. 增值税纳税人以1个月为一期纳税的,自期满之日起( )内申报纳税。

    A. 15日   B. 10日   C. 7日   D. 5日

三、多项选择题

1. 下列关于增值额的说法,正确的是( )。

    A. 增值额是货物或劳务价值中的 $V+M$ 部分

    B. 据以征税的增值额是理论上的增值额

    C. 增值税一般不直接以增值额作为计税依据

    D. 每一生产流通环节征收的增值税之和就是按货物最终销售额征收的增值税

2. 增值税的征税范围包括( )。

    A. 销售货物   B. 销售不动产

    C. 进口货物   D. 提供加工修理修配劳务

3. 适用于13%增值税税率的货物有( )。

    A. 食用植物油   B. 图书   C. 化肥   D. 天然气

4. 应当征收增值税的有( )。

    A. 进口货物   B. 销售货物   C. 提供修理修配劳务

    D. 将自产、委托加工的货物用于集体福利

5. 在计算增值税销项税额时,销售额为纳税人向购买方收取的全部价款和价外费用。其中,价外费用包括( )。

    A. 手续费   B. 补贴   C. 基金   D. 包装物押金

6. 能够从销项税额中抵扣的进项税额有( )。

    A. 从小规模纳税人处取得的普通发票上注明的增值税税额

    B. 从海关取得的海关进口增值税专用缴款书上注明的增值税税额

    C. 从销售方取得的增值税专用发票上注明的增值税税额

    D. 用于免征税项目的购进货物所包含的进项税额

7. 下列说法正确的是( )。

    A. 纳税人为销售货物而出租出借包装物收取的押金,单独记账核算的,不并入销售额征税

    B. 因逾期未收回包装物而不再退还押金的,应按所包装货物的适用税率征收增值税

    C. 纳税人采取折扣方式销售货物,如果销售额和折扣额在同一张发票上分别注明的,可以按折扣后的销售额征收增值税

    D. 纳税人采取以旧换新方式销售货物的,应按新货的同期销售价格确定销售额

8. 在计算增值税时,进口货物的组成计税价格包括( )。

    A. 关税完税价格   B. 增值税   C. 消费税   D. 关税

9. 一般纳税人甲2016年6月发生两笔业务:将自产白酒5吨销售给小规模纳税人,价税合计11 700元;购进一台机器设备,原价3 000元,增值税税款为510元。6月份应纳增值税税额,说法正确的有( )。

    A. 本月销项税额1 190元   B. 本月销项税额1 700元

    C. 本月进项税额510元   D. 本月应纳税额1 700元

10. 下列有关增值税纳税义务发生时间的表述中,符合我国税法规定的有(　　)。

A. 采取托收承付方式销售货物,为发出货物并办妥托收手续的当天

B. 采取预收货款方式销售货物,为货物发出的当天

C. 采取分期收款方式销售货物,为实际收到货款的当天

D. 委托其他纳税人代销货物,为收到代销单位销售的代销清单的当天

四、名词解释

生产型增值税　消费型增值税　混合销售行为　应税销售额　销项税额　进项税额

五、简答题

1. 增值税包括几种类型? 我国采用哪种类型? 增值税的特点有哪些?

2. 增值税纳税人如何分类? 小规模纳税人的判定标准有哪些?

3. 增值税的征税范围如何确定?

4. 增值税的税率和征收率分别是多少? 适用范围是什么?

5. 应税销售额如何确定?

6. 允许从销项税额中抵扣的进项税额包括哪些内容? 不得从销项税额中抵扣的进项税额包括哪些内容?

7. 应纳增值税如何计算?

六、计算题

1. 某时装店系增值税一般纳税人,7月共销售皮衣500件,每件售价1 170元(含增值税),销售时另向消费者收取的价外费用每件34元,当月进项税额80 000元,计算该时装店7月应纳增值税税额。

2. 某粮食白酒企业系增值税一般纳税人,8月销售白酒发生销项税额2 000元,当月购进免税农产品作为原材料,经税务机关批准使用的收购凭证上注明买价10 000元,计算该酒厂8月应纳增值税税额。

3. 某商场系增值税一般纳税人,8月向消费者销售商品取得含税销售额11 700元,当月购进商品8 000元(不含税价),因发生自然灾害商品损失3 000元,已知该商场所有商品均适用17%增值税税率,计算该商场8月份应纳增值税税额。

4. 某饮料厂当月实现不含税销售额60万元,当月从一般纳税人手中购入白糖、果酸等原材料,购货金额为20万元(不含税),从小规模纳税人手中购入柠檬酸5万元,当月该厂还购进一批月饼用于发放职工福利,取得增值税专用发票上注明税款4 800元。请计算该厂当月应纳增值税税额。

5. 某贸易公司从日本进口汽车轮胎900个,海关审定的关税完税价格为每个500元,关税税率为50%,已知增值税税率为17%,计算进口货物应纳增值税税额。

6. 某商贸公司为增值税一般纳税人,7月发生以下业务:

(1) 上月购进并入库的货物一批,本月付款,取得增值税专用发票上注明价款80万元,税金13.6万元。

(2) 销售一批小型农用机械,开具普通发票上注明含税销售额300万元,上月已收预付款60万元,本月发货并办妥银行托收手续,但货款未到。

(3) 销售空调机10台,开具的增值税专用发票上注明价款3万元。

（4）向某商场销售 50 台电视机，双方约定由商贸公司送货，由商场支付运费。商场支付货款 10 万元（不含税）。

要求：请根据上述资料计算该商贸公司当月应纳增值税。

7. 某自营出口的生产企业为增值税一般纳税人，2017 年 9 月的有关业务如下。

（1）购进原材料一批，取得增值税专用发票注明的价款 300 万元，准予抵扣的进项税额 51 万元通过认证。

（2）内销货物不含税销售额 100 万元，收款 117 万元存入银行。

（3）出口货物的销售额折合人民币 280 万元。

已知 8 月末留抵税额 5 万元，出口货物的征税率 17%，退税率 13%，要求计算该企业 9 月份应免抵退税额是多少？

8. 某旅行社 2016 年 5 月份组织团体旅游，收取旅游费共计 300 000 元。其中组团境内旅游收入 140 000 元，替旅游者支付给其他单位餐费、住宿费、交通费、门票共计 60 000 元；组团境外旅游收入 160 000 元，付给境外接团企业费用 100 000 元，允许扣减销售额的项目均有合法的扣减凭证。上述收入均含增值税。当月允许抵扣的进项税额为 80 000 元。请计算该旅行社本月应纳增值税税额。

9. 某银行 2016 年 6 月，取得贷款利息收入 25 689 万元，金融机构往来收入 36 899 万元，出售支票、汇票收入 12 万元，代转账手续费收入 135 万元，允许扣减销售额的项目均有合法的扣减凭证。上述收入均含增值税。当月允许抵扣的进项税额为 250 000 元。请计算该银行应缴纳的增值税。

10. 某建筑装饰公司 2016 年 6 月共取得如下收入：装饰业务收入 58 000 元，设备租赁业务收入 4 000 元，另完成一项装修工程获装修款 500 000 元（含装饰材料销售额），所属的汽车运输部门取得运输收入 100 000 元，上述收入均含增值税。当月允许抵扣的进项税额为 50 000 元。计算该装饰公司应纳增值税。

七、综合实训题

实训一

1. 实训目的：熟悉增值税的计算和申报表的填制。

2. 实训方式：模拟企业进行纳税申报表的填制。

3. 实训要求：（1）计算该厂当月销项税额、进项税额、应纳增值税税额；（2）填写增值税纳税申报表（本年累计数略）和附列资料表。

4. 实训准备：增值税申报表（一般纳税人）和附列资料表。

5. 实训资料：光华汽车制造有限责任公司为增值税一般纳税人，法人代表为张明亮，经营地址为××市中山大道 16 号，开户银行是中国工商银行××市支行，账号为 3121000220621，税务登记号为 35010160023398；该厂生产的汽车出厂单价为 10 万元（不含增值税），允许抵扣的增值税专用发票当日通过认证，2016 年 6 月该厂发生如下经济业务。

（1）向外地特约经销点销售汽车 10 辆。

（2）捐赠给甲公司（增值税一般纳税人）汽车 8 辆，并根据甲公司的要求开具了增值税专用发票，为该业务支付运费 1.11 万元（含税），运输单位开具的专用发票抬头为甲公司,专用发票已经由该厂转交给甲公司。

(3) 以价值 200 万元的 20 辆汽车,向某汽车配件厂换取等值的专用配件,双方均已收到货物,并且相互开具增值税专用发票。

(4) 向某商贸公司销售汽车 50 辆,该商贸公司当月付清货款后,该厂给予了 10% 的销售折扣。

(5) 购进办公用品一批,取得增值税专用发票上注明价款为 3 万元。

(6) 购进专用汽车检测设备一台,取得增值税专用发票上注明价款为 150 万元。

(7) 为职工食堂购进一批用具,取得增值税专用发票上注明价款 2 万元。

(8) 1 月初留抵进项税额 5 万元。

实训二

1. 实训目的:熟悉增值税的计算和申报表的填制。

2. 实训方式:模拟企业进行纳税申报表的填制。

3. 实训要求:(1)计算该厂当月销项税额、进项税额、应纳增值税税额;(2)填写增值税纳税申报表(本年累计数略)和附列资料表。

4. 实训准备:增值税申报表(一般纳税人)和附列资料表。

5. 实训资料:某公司为增值税一般纳税人,主要生产民用煤气、液化气、焦油、焦炭等制品。原材料为煤炭。2017 年 12 月有关资料如下。

(1) 上期未抵扣完的增值税为 2 万元。

(2) 5 日购进原料,取得税控系统开具的增值税专用发票,该发票已经通过税务机关的认证,发票上注明价款 60 万元,税款 7.8 万元;取得运输部门开具的专用发票一张,注明金额 2 万元(不含税)。原料已经验收入库,货款及运费已付清。

(3) 10 日从小规模纳税人处购进原料煤,取得税务部门代开的增值税专用发票,发票上注明价款 1.4 万元,税款 420 元;取得运输部门开具的专用发票一张,注明金额 500 元(不含税)。原料已经验收入库,货款及运费已付清。

(4) 13 日销售焦炭(税率 17%),并通过防伪税控系统开具增值税专用发票,价款 35 万元。

(5) 18 日购进生产用零配件,取得税控系统开具的增值税专用发票,该发票已经通过税务机关的认证,发票上注明价款 1 万元,税款 1 700 元,货物已经验收入库,货款已付清。

(6) 28 日因管理不善,仓库中的原材料煤发生非正常损失,价款 9.69 万元(不含税)。

(7) 10 日采取分期收款方式销售焦油(税率 17%),价款 20 万元,合同约定分四次收取。本月 28 日收取 5 万元。并通过防伪税控系统开具增值税专用发票,价款 5 万元。

(8) 29 日购进原料,取得税控系统开具的增值税专用发票,该发票已经通过税务机关的认证,发票上注明价款 60 万元,税款 7.8 万元;取得运输部门开具的专用发票一张,运费 2 万元(不含税)。原料已经验收入库,款项已付清。

(9) 生产用电 19.25 万元(不含税,税率 17%),2 月 29 日取得税控系统开具的增值税专用发票,该发票已经通过税务机关的认证,货款已付清。

(10) 销售煤气价款 135 万元(不含税),款项已收取,开具普通发票。

(11) 2 月 30 日本单位职工使用煤气 3 750 元(含税),没有开具发票。

第 3 章

消 费 税 法

【内容摘要】 本章是最重要的内容之一。主要介绍我国消费税法律制度,要求学生了解消费税纳税人、税目、税率、计税依据、应纳税额的计算及征纳管理等内容;掌握消费税纳税人、计税依据、应纳税额的计算;重点掌握应纳税额计算。本章难点是计税依据的确定。学生可以通过本章学习,掌握办理有关消费税事宜的基本技能。

3.1 消费税法的概述

消费税法是指国家制定的用以调整消费税征收与缴纳之间权利与义务关系的法律规范。现行消费税的基本规范,是 2008 年国务院修订并颁布的《中华人民共和国消费税暂行条例》(以下简称《条例》)及其实施细则。我国消费税是对在中华人民共和国境内生产、委托加工和进口条例规定的消费品的单位和个人,以及国务院确定的销售条例规定的消费品的其他单位和个人,按条例规定的应税消费品的销售额或销售数量所征收的一种税,目的是调节产品结构,引导消费方向,保证国家财政收入。

与其他流转税相比,消费税主要具有以下特点。

(1) 征税项目具有选择性。为了配合国家的经济政策,我国消费税在对货物普遍征收增值税的基础上,只选择少数特定消费品交叉征税,实行双重调节,使消费税的个别调节与增值税的普遍调节得到合理有效的配置。

(2) 计税方法具有多样性。消费税的计税方法比较灵活,采用从价定率、从量定额或从价定率和从量定额相结合的计税方法,符合国际惯例,计税准确、方便。

(3) 纳税环节具有单一性。我国消费税除个别品目确定在零售和进口环节征税外,其余品目均以生产销售环节为纳税环节,既可减少纳税人数量,又可节约征收费用,能够更加直接地发挥消费税的双重调节作用。

(4) 消费税是价内税。消费税的税金包含在计税价格当中,计算简便,易于征收。

(5) 税收负担具有转嫁性。凡列入消费税征税范围的消费品,一般都是高价高税产品。消费品中所含的消费税款最终都要转嫁到消费者身上,由消费者负担。

3.2 纳税义务人、征税对象、税目和税率

3.2.1 纳税义务人

在中华人民共和国境内生产、委托加工和进口条例规定的消费品的单位和个人,以及国务院确定的销售条例规定的消费品的其他单位和个人,为消费税的纳税人。单位是指企业、行政单位、事业单位、军事单位、社会团体及其他单位。个人是指个体工商户及其他个人。

在中华人民共和国境内,是指生产、委托加工和进口属于应当缴纳消费税的消费品的起运地或者所在地在境内。

3.2.2 消费税征税对象

消费税征税对象,是在我国境内生产、委托加工和进口的应税消费品,以及国务院确定的销售的应税消费品。征税范围包括以下方面。

(1) 生产销售的应税消费品。生产应税消费品销售是消费税征收的主要环节,生产的应税消费品于纳税人销售时纳税。在生产销售环节征税后无论货物在流通环节再转销多少次,均不再缴纳消费税。销售是指有偿转让应税消费品的所有权。有偿是指从购买方取得货币、货物或者其他经济利益。

(2) 自产自用的应税消费品(用于连续生产应税消费品的除外)。纳税人生产应税消费品后可以销售,也可以自产自用。自产自用,是纳税人生产应税消费品后,不是用于直接对外销售,而是用于自己连续生产应税消费品,或用于其他方面。用于连续生产应税消费品,是指纳税人将自产自用的应税消费品作为直接材料生产最终应税消费品,自产自用应税消费品构成最终应税消费品的实体,不属于消费税征税范围。用于其他方面,是指纳税人将自产自用的应税消费品用于生产非应税消费品、在建工程、管理部门、非生产机构、提供劳务、馈赠、赞助、集资、广告、样品、职工福利、奖励等方面,应当在移送使用时缴纳消费税。

(3) 委托加工的应税消费品。是指由委托方提供原料和主要材料,受托方只收取加工费和代垫部分辅助材料加工的应税消费品。对于由受托方提供原材料生产的应税消费品,或者受托方先将原材料卖给委托方,然后再接受加工的应税消费品,以及由受托方以委托方名义购进原材料生产的应税消费品,不论在财务上是否作销售处理,都不得作为委托加工应税消费品,而应当按照销售自制应税消费品缴纳消费税。

委托加工的应税消费品,除受托方为个人外,由受托方向机构所在地或者居住地的主管税务机关解缴消费税税款。委托加工的应税消费品直接出售的,不再缴纳消费税。委托个人加工的应税消费品,由委托方收回后缴纳消费税。

(4) 进口的应税消费品。纳税人进口应税消费品的,在进口环节缴纳消费税,为了减

少征税成本,进口环节的消费税由海关代征。

(5) 零售的应税消费品。如金银首饰、钻石及钻石饰品由零售环节征税。自 2016 年 12 月 1 日起,对超豪华小汽车,在生产(进口)环节按现行税率征收消费税基础上,加征零售环节消费税。

(6) 批发的应税消费品。如 2009 年 5 月 1 日起,卷烟批发环节开始缴纳消费税。

3.2.3　税目

消费税按产品类别设置,共 15 个税目,有的税目还进一步划分为若干子目。

(1) 烟。无论使用何种辅料,凡是以烟叶为原料加工生产的产品,均属于烟。包括卷烟、雪茄烟和烟丝。每标准条(200 支,下同)卷烟调拨价格在 70 元(不含增值税)以上(含 70 元)的为甲类卷烟,调拨价格在 70 元(不含增值税)以下的为乙类卷烟。

(2) 酒。酒是酒精度在 1 度以上的各种酒类饮料,包括白酒、黄酒、啤酒和其他酒。啤酒每吨出厂价(含包装物及包装物押金)在 3 000 元(含 3 000 元,不含增值税)以上的为甲类啤酒,每吨出厂价(含包装物及包装物押金)在 3 000 元以下的为乙类啤酒。

(3) 高档化妆品。自 2016 年 10 月 1 日起,征收范围包括高档美容、修饰类化妆品、高档护肤类化妆品和成套化妆品。高档化妆品是指生产(进口)环节销售(完税)价格(不含增值税)在 10 元/毫升(克)或 15 元/片(张)及以上的美容、修饰类化妆品和护肤类化妆品。税率调整为 15%。

(4) 贵重首饰及珠宝玉石。包括金、银、珠宝首饰及珠宝玉石。

(5) 鞭炮、焰火。体育上用的发令纸、鞭炮药引线不按此征税。

(6) 成品油。包括汽油、柴油、石脑油、溶剂油、航空煤油、润滑油、燃料油七个子目。

① 汽油。指用原油或其他原料加工生产的辛烷值不小于 66 的可用作汽油发动机燃料的各种轻质油。含铅汽油是指铅含量每升超过 0.013 克的汽油。汽油分为车用汽油和航空汽油。以汽油、汽油组分调和生产的甲醇汽油、乙醇汽油也属于本税目征收的范围。

② 柴油。指用原油或其他原料加工生产的倾点或凝点在 -50 至 30 的可用作柴油发动机燃料的各种轻质油和以柴油组分为主,经调和精制可用作柴油发动机燃料的非标油。以柴油、柴油组分调和生产的生物柴油也属于本税目征收范围。

③ 石脑油。又叫化工轻油,是以原油或其他原料加工生产的用于化工原料的轻质油。石脑油的征收范围包括除汽油、柴油、航空煤油、溶剂油以外的各种轻质油。非标汽油、重整生成油、拔头油、戊烷原料油、轻裂解料(减压柴油 VGO 和常压柴油 AGO)、重裂解料、加氢裂化尾油、芳烃抽余油均属轻质油,属于石脑油征收范围。

④ 溶剂油。是用原油或其他原料加工生产的用于涂料、油漆、食用油、印刷油墨、皮革、农药、橡胶、化妆品生产和机械清洗、胶粘行业的轻质油。橡胶填充油、溶剂油原料,属于溶剂油征收范围。

⑤ 航空煤油。也叫喷气燃料,是用原油或其他原料加工生产的用作喷气发动机和喷气推进系统燃料的各种轻质油。

⑥ 润滑油。是用原油或其他原料加工生产的用于内燃机、机械加工过程的润滑产品。润滑油分为矿物性润滑油、植物性润滑油、动物性润滑油和化工原料合成润滑油。润滑油的征收范围包括矿物性润滑油、矿物性润滑油基础油、植物性润滑油、动物性润滑油和化工原料合成润滑油。以植物性、动物性和矿物性基础油(或矿物性润滑油)混合掺配而成的"混合性"润滑油,不论矿物性基础油(或矿物性润滑油)所占比例高低,均属于润滑油的征收范围。

⑦ 燃料油。也称重油、渣油,是用原油或其他原料加工生产,主要用作电厂发电、锅炉用燃料、加热炉燃料、冶金和其他工业炉燃料。腊油、船用重油、常压重油、减压重油、180CTS 燃料油、7 号燃料油、糠醛油、工业燃料、4～6 号燃料油等油品的主要用途是作为燃料燃烧,属于燃料油征收范围。

(7) 摩托车。包括轻便摩托车和摩托车两种。

(8) 小汽车。汽车是指由动力驱动,具有四个或四个以上车轮的非轨道承载的车辆。本税目征收范围包括含驾驶员座位在内最多不超过 9 个座位(含)的,在设计和技术特性上用于载运乘客和货物的各类乘用车和含驾驶员座位在内的座位数在 10 至 23 座(含23 座)的在设计和技术特性上用于载运乘客和货物的各类中轻型商用客车。自 2016 年12 月 1 日起,增设"超豪华小汽车"子税目。征收范围为每辆零售价格 130 万元(不含增值税)及以上的乘用车和中轻型商用客车。电动汽车不属于本税目征收范围。

(9) 高尔夫球及球具。是指从事高尔夫球运动所需的各种专用装备,包括高尔夫球、高尔夫球杆及高尔夫球包(袋)等。高尔夫球杆的杆头、杆身和握把属于本税目的征收范围。高尔夫球是指重量不超过 45.93 克、直径不超过 42.67 毫米的高尔夫球运动比赛、练习用球;高尔夫球杆是指被设计用来打高尔夫球的工具,由杆头、杆身和握把三部分组成;高尔夫球包(袋)是指专用于盛装高尔夫球及球杆的包(袋)。

(10) 高档手表。是指销售价格(不含增值税)每只在 10 000 元(含)以上的各类手表。

(11) 游艇。是指长度大于 8 米小于 90 米,船体由玻璃钢、钢、铝合金、塑料等多种材料制作,可以在水上移动的水上浮载体。按照动力划分,游艇分为无动力艇、帆艇和机动艇。本税目征收范围包括艇身长度大于 8 米(含)小于 90 米(含),内置发动机,可以在水上移动,一般为私人或团体购置,主要用于水上运动和休闲娱乐等非牟利活动的各类机动艇。

(12) 木制一次性筷子。又称卫生筷子,是指以木材为原料经过锯段、浸泡、旋切、刨切、烘干、筛选、打磨、倒角、包装等环节加工而成的各类一次性筷子。本税目征收范围包括各种规格的木制一次性筷子。未经打磨、倒角的木制一次性筷子属于本税目征税范围。

(13) 实木地板。指以木材为原料,经锯割、干燥、刨光、截断、开榫、涂漆等工序加工而成的块状或条状的地面装饰材料。实木地板按生产工艺不同,可分为独板(块)实木地板、实木指接地板、实木复合地板(三层实木复合地板和多层实木复合地板)三类;按表面处理状态不同,可分为未涂饰地板(白坯板、素板)和漆饰地板两类。本税目征收范围包括各类规格的实木地板,实木指接地板,实木复合地板及用于装饰墙壁、天棚的侧端面为榫、槽的实木装饰板。未经涂饰的素板属于本税目征税范围。

(14) 电池。是一种将化学能、光能等直接转换为电能的装置,一般由电极、电解质、容器、极端,通常还有隔离层组成的基本功能单元,以及用一个或多个基本功能单元装配成的电池组。

（15）涂料。是指涂于物体表面能形成具有保护、装饰或特殊性能的固态涂膜的一类液体或固体材料之总称。

3.2.4　税率

消费税采用比例税率和定额税率两种形式,以适应不同应税消费品的需要。比如黄酒、啤酒、成品油采用定额税率形式;贵重首饰及珠宝玉石、鞭炮、焰火、摩托车和小汽车等采用比例税率形式;而卷烟、白酒则同时采用比例税率和定额税率两种形式。具体税率见表3-1。

表 3-1　消费税税目税率表

税　　目	税　　率
一、烟 　　1. 卷烟 　　　工业（生产环节） 　　　（1）甲类卷烟 　　　（2）乙类卷烟 　　　商业批发（批发环节） 　　2. 雪茄烟（生产环节） 　　3. 烟丝（生产环节）	 56%加 0.003 元/支 36%加 0.003 元/支 11%加 0.005 元/支（2015 年 5 月 10 日起） 25% 30%
二、酒 　　1. 白酒 　　2. 黄酒 　　3. 啤酒 　　　（1）甲类啤酒 　　　（2）乙类啤酒 　　4. 其他酒	 20%加 0.5 元/500 克（或者 500 毫升） 240 元/吨 250 元/吨 220 元/吨 10%
三、高档化妆品	15%
四、贵重首饰及珠宝玉石 　　1. 金银首饰、铂金首饰和钻石及钻石饰品 　　2. 其他贵重首饰和珠宝玉石	 5% 10%
五、鞭炮、焰火	15%
六、成品油 　　1. 汽油 　　2. 石脑油 　　3. 溶剂油 　　4. 润滑油 　　5. 柴油 　　6. 航空煤油 　　7. 燃料油	2015 年 1 月 13 日起 1.52 元/升 1.52 元/升 1.52 元/升 1.52 元/升 1.2 元/升 1.2 元/升 1.2 元/升

续表

税　　目	税　　率
七、摩托车	
1.气缸容量(排气量,下同)250毫升的	3%
2.气缸容量在250毫升以上的	10%
八、小汽车	
1.乘用车[生产(进口)环节]	
(1)气缸容量(排气量,下同)在1.0升(含1.0升)以下的	1%
(2)气缸容量在1.0升以上至1.5升(含1.5升)的	3%
(3)气缸容量在1.5升以上至2.0升(含2.0升)的	5%
(4)气缸容量在2.0升以上至2.5升(含2.5升)的	9%
(5)气缸容量在2.5升以上至3.0升(含3.0升)的	12%
(6)气缸容量在3.0升以上至4.0升(含4.0升)的	25%
(7)气缸容量在4.0升以上的	40%
2.中轻型商用客车[生产(进口)环节]	5%
3.超豪华小汽车(零售环节)	10%
九、高尔夫球及球具	10%
十、高档手表	20%
十一、游艇	10%
十二、木制一次性筷子	5%
十三、实木地板	5%
十四、电池(自2015年2月1日起征收)	4%
十五、涂料(自2015年2月1日起征收)	4%

3.3　计税依据和应纳税额的计算

3.3.1　计税依据

　　消费税实行从价定率、从量定额,或者从价定率和从量定额复合计税(以下简称复合计税)的办法计算应纳税额。从价定率征收的消费税,其计税依据为应税消费品的销售金额;从量定额征收的消费税,其计税依据为应税消费品的销售数量。

　　纳税人销售的应税消费品,以人民币计算销售额。纳税人以人民币以外的货币结算销售额的,应当折合成人民币计算。

1.从量定额的销售数量的确定

　　销售数量是指应税消费品的数量。具体如下。

　　(1)销售应税消费品的,为应税消费品的销售数量。

　　(2)自产自用应税消费品的,为应税消费品的移送使用数量。

（3）委托加工应税消费品的,为纳税人收回的应税消费品数量。

（4）进口的应税消费品,为海关核定的应税消费品进口征税数量。

2. 从价定率应税消费品的计税依据

（1）销售应税消费品的计税依据为销售额

销售额为纳税人销售应税消费品向购买方收取的全部价款和价外费用,不包括应向购货方收取的增值税税款。如果纳税人应税消费品的销售额中未扣除增值税税款或者因不得开具增值税专用发票而发生价款和增值税税款合并收取的,在计算消费税时,应当换算为不含增值税税款的销售额。其换算公式为

$$应税消费品的销售额＝含增值税的销售额÷(1＋增值税税率或者征收率)$$

价外费用,是指价外向购买方收取的手续费、补贴、基金、集资费、返还利润、奖励费、违约金、滞纳金、延期付款利息、赔偿金、代收款项、代垫款项、包装费、包装物租金、储备费、优质费、运输装卸费,以及其他各种性质的价外收费。但承运部门的运输费用发票开具给购买方的,纳税人将该项发票转交给购买方的代垫运输费用;代为收取的由国务院或者财政部批准设立的政府性基金,由国务院或者省级人民政府及其财政、价格主管部门批准设立的行政事业性收费、收取时开具省级以上财政部门印制的财政票据、所收款项全额上缴财政的政府性基金或者行政事业性收费,不属于价外费用

应税消费品连同包装物销售的,无论包装物是否单独计价,以及在会计上如何核算,均应并入应税消费品的销售额中缴纳消费税。如果包装物不作价随同产品销售,而是收取押金,此项押金则不应并入应税消费品的销售额中征税。但对因逾期未收回的包装物不再退还的或者已收取的时间超过 12 个月的押金,应并入应税消费品的销售额,按照应税消费品的适用税率缴纳消费税。

对既作价随同应税消费品销售,又另外收取押金的包装物的押金,凡纳税人在规定的期限内没有退还的,均应并入应税消费品的销售额,按照应税消费品的适用税率缴纳消费税。

白酒生产企业向商业销售单位收取的"品牌使用费",是随着应税白酒的销售而向购货方收取的,属于应税白酒销售价款的组成部分,应并入销售额缴纳消费税。

例 3-1　某化学用品厂为增值税一般纳税人,5 月 10 日向某商场销售一批高档化妆品,开具增值税专用发票,价款 20 万元,增值税 3.4 万元。15 日销售给某单位高档化妆品一批,开具普通发票,金额 1.17 万元。消费税计税依据为

$$20＋1.17÷(1＋17\%)＝21(万元)$$

（2）自产自用应税消费品的计税依据

纳税人自产自用的应税消费品,用于连续生产应税消费品的不纳税。凡用于其他方面的,于移送使用时纳税。例如:卷烟厂生产出烟丝,烟丝是应税消费品,卷烟厂用生产出的烟丝连续生产卷烟,这样,用于连续生产卷烟的烟丝就不缴纳消费税,只对生产的卷烟征收消费税。

纳税人自产自用的应税消费品,用于其他方面应当纳税的,按照纳税人生产的同类消费品的销售价格计算纳税;没有同类消费品销售价格的,按照组成计税价格计算纳税。

实行从价定率办法计算纳税的组成计税价格计算公式:

组成计税价格＝(成本＋利润)÷(1－比例税率)

实行复合计税办法计算纳税的组成计税价格计算公式：

组成计税价格＝(成本＋利润＋自产自用数量×定额税率)÷(1－比例税率)

同类消费品的销售价格，是指纳税人或者代收代缴义务人当月销售的同类消费品的销售价格，如果当月同类消费品各期销售的价格高低不同，应按销售数量加权平均计算。但销售的应税消费品有下列情况之一的，不得列入加权平均计算：①销售价格明显偏低并无正当理由的；②无销售价格的。

如果当月无销售或者当月未销售完结的，应按照同类消费品上月或者最近月份的销售价格计算纳税。

公式中的成本，是指应税消费品的产品生产成本。利润，是指根据应税消费品的全国平均成本利润率计算的利润。应税消费品全国平均成本利润率由国家税务总局确定，详见表 3-2 所示。

表 3-2　应税消费品全国平均成本利润率

序号	应税消费品	成本利润率/%	序号	应税消费品	成本利润率/%
1	甲类卷烟	10	11	摩托车	6
2	乙类卷烟	5	12	乘用车	8
3	雪茄烟	5	13	中轻型商用客车	5
4	烟丝	5	14	高尔夫球及球具	10
5	粮食白酒	10	15	高档手表	20
6	薯类白酒	5	16	游艇	10
7	其他酒	5	17	木制一次性筷子	5
8	化妆品	5	18	实木地板	5
9	鞭炮、焰火	5	19	电池	4
10	贵重首饰及珠宝玉石	6	20	涂料	7

例 3-2　某化学用品厂将自己生产的一批高档化妆品发给职工，高档化妆品的成本为 9 100 元，如果该批产品为新产品，没有同类产品销售价格，则采用组成计税价格：

$$9\,100×(1+5\%)÷(1-15\%)=11\,241.18(元)$$

(3) 委托加工应税消费品的计税依据

委托加工的应税消费品，按照受托方的同类消费品的销售价格计算纳税；没有同类消费品销售价格的，按照组成计税价格计算纳税。

实行从价定率办法计算纳税的组成计税价格计算公式：

组成计税价格＝(材料成本＋加工费)÷(1－比例税率)

实行复合计税办法计算纳税的组成计税价格计算公式：

组成计税价格＝(材料成本＋加工费＋委托加工数量×定额税率)÷(1－比例税率)

公式中的加工费,是指受托方加工应税消费品向委托方所收取的全部费用(包括代垫辅助材料的实际成本)。"材料成本",是指委托方所提供加工材料的实际成本,委托加工应税消费品的纳税人,必须在委托加工合同上如实注明(或以其他方式提供)材料成本,凡未提供材料成本的,受托方所在地主管税务机关有权核定其材料成本。

委托加工的应税消费品,受托方在交货时已代收代缴消费税。自 2012 年 9 月 1 日起,委托方将收回的应税消费品,以不高于受托方的计税价格出售的,为直接出售,不再缴纳消费税;委托方以高于受托方的计税价格出售的,不属于直接出售,需按照规定申报缴纳消费税,在计税时准予扣除受托方已代收代缴的消费税。

例 3-3 某企业提供原材料 75 万元,并支付加工费 10 万元,委托鞭炮厂加工一批鞭炮。如果鞭炮厂没有同类鞭炮的销售价格,则计税依据采用组成计税价格,计算如下:

$$(75+10) \div (1-15\%) = 100(万元)$$

(4) 进口应税消费品的计税依据

进口应税消费品,于报关进口时缴纳消费税;进口应税消费品的消费税由海关代征。进口的应税消费品,按照组成计税价格计算纳税。

实行从价定率办法计算纳税的组成计税价格计算公式:

$$组成计税价格 = (关税完税价格 + 关税) \div (1 - 消费税比例税率)$$

实行复合计税办法计算纳税的组成计税价格计算公式:

$$组成计税价格 = \frac{关税完税价格 + 关税 + 进口数量 \times 消费税定额税率}{1 - 消费税比例税率}$$

关税完税价格,是指海关核定的关税计税价格。

(5) 纳税人用于换取生产资料和消费资料,投资入股和抵偿债务等方面的应税消费品,应当以纳税人同类应税消费品的最高销售价格作为计税依据计征消费税。

例 3-4 某企业进口卷烟 500 000 支,关税完税价格 10 万元,关税 2 万元,适用消费税率 36%,则进口卷烟组成计税价格为

$$(100\ 000 + 20\ 000 + 500\ 000 \times 0.003) \div (1 - 36\%) = 189\ 843.75(元)$$

3. 计税依据的特殊规定

(1) 应税消费品的计税价格的核定权限规定如下。

① 卷烟、白酒和小汽车的计税价格由国家税务总局核定,送财政部备案。

② 其他应税消费品的计税价格由省、自治区和直辖市国家税务局核定。

③ 进口的应税消费品的计税价格由海关核定。

(2) 通过非独立核算门市部销售自产应税消费品时,应按门市部对外销售额或销售数量计征消费税。

(3) 纳税人兼营不同税率的应税消费品,指纳税人生产销售两种以上税率的应税消费品,应当分别核算不同税率应税消费品的销售额、销售数量。未分别核算销售额、销售数量,或者将不同税率的应税消费品组成成套消费品销售的,从高适用税率。纳税人兼营不同税率的应当缴纳消费税的消费品,是指纳税人生产销售两种税率以上的应税消费品。纳税人将自产的应税消费品与外购或自产的非应税消费品组成套装销售的,应以套装产

品的销售额(不含增值税)作为计税依据计征消费税。

例 3-5　某酒厂既生产税率为 20% 的白酒,又生产税率为 10% 的其他酒,如汽酒、药酒等,还生产白酒与其他小瓶装礼品套酒,该厂对白酒、其他酒、礼品套酒的销售额没有分别核算。请问酒厂如何进行税务处理?

按税法规定,该厂应分别计算不同税率酒的销售额,然后按各自适用的税率计税。但该厂没有分别核算,而是将两类酒及礼品套酒取得的销售额混在一起计税。这样,混在一起的销售额就必须都按高税率 20% 计算应纳消费税额,而不能以 10% 的低税率计算应纳税额。

3.3.2　应纳税额的计算

消费税实行从价定率、从量定额和复合计税办法计算应纳税额。

应纳税额的计算公式:

实行从价定率办法计算的应纳税额＝销售额×比例税率

实行从量定额办法计算的应纳税额＝销售数量×定额税率

实行复合计税办法计算的应纳税额＝销售额×比例税率＋销售数量×定额税率

国内汽车生产企业直接销售给消费者的超豪华小汽车,消费税应纳税额计算公式:

$$应纳税额＝销售额×(生产环节税率＋零售环节税率)$$

1. 外购或委托加工收回已税消费品的已纳税款的扣除

在计算应纳税额时,应注意外购或委托加工收回已税消费品的已纳税款的扣除问题。

某些应税消费品是用外购或委托加工收回的已缴纳消费税的应税消费品连续生产出来的,在对这些连续生产的应税消费品计税时,准予从消费税应纳税额中按当期生产领用数量计算扣除原料已纳的消费税税款。扣除范围如下。

(1) 以外购或委托加工收回的已税烟丝生产的卷烟。

(2) 以外购或委托加工收回的已税化妆品生产的化妆品。

(3) 以外购或委托加工收回的已税珠宝玉石生产的贵重首饰珠宝玉石。

(4) 以外购或委托加工收回的已税鞭炮、焰火生产的鞭炮、焰火。

(5) 以外购或委托加工收回的已税摩托车生产的摩托车(如用外购两轮摩托车改装成三轮摩托车)。

(6) 以外购或委托加工收回的已税杆头、杆身和握把为原料生产的高尔夫球杆。

(7) 以外购或委托加工收回的已税木制一次性筷子为原料生产的木制一次性筷子。

(8) 以外购或委托加工收回的已税实木地板为原料生产的实木地板。

(9) 以外购或委托加工收回的已税汽油、柴油、石脑油、润滑油、燃料油等为原料生产的成品油。

2. 当期准予扣除外购应税消费品已纳消费税税款的计算公式

$$当期准予扣除的外购应税消费品已纳税款＝当期准予扣除的外购应税消费品买价×外购应税消费品适用税率$$

$$当期准予扣除的外购应税消费品买价＝期初库存外购应税消费品买价＋当期购进应税消费品买价－期末库存外购应税消费品买价$$

3. 当期准予扣除委托加工收回的应税消费品已纳消费税税款的计算公式

$$\begin{matrix}\text{当期准予扣除的委托} \\ \text{加工应税消费品已纳税款}\end{matrix} = \begin{matrix}\text{期初库存的委托加工} \\ \text{应税消费品已纳税款}\end{matrix} + \begin{matrix}\text{当期收回的委托加工} \\ \text{应税消费品已纳税款}\end{matrix} - \begin{matrix}\text{期末库存的委托加工} \\ \text{应税消费品已纳税款}\end{matrix}$$

需注意的是,纳税人用委托加工收回的已税珠宝玉石生产的在销售环节征收消费税的金银首饰,在计税时一律不得扣除委托加工收回的珠宝玉石的已纳消费税税款。

4. 已缴纳的消费税税款的退还

纳税人销售的应税消费品,如因质量等原因由购买者退回时,经机构所在地或者居住地主管税务机关审核批准后,可退还已缴纳的消费税税款。

例 3-6　某酒厂为一般纳税人,9 月份发生以下业务:销售粮食白酒取得销售额 58 000 元,代垫运费 400 元,运输部门将发票开给购货方;采取委托收款方式销售粮食白酒 100 000 元,货已发出,并办妥托收手续,货款尚未收到;用粮食白酒和其他果酒做成礼品盒分送给关系单位,价值 16 000 元;工厂春节招待会用粮食白酒价值 10 000 元;销售黄酒 1 吨,销售额 3 000 元;广告样品用酒有粮食白酒、果酒,未单独核算,总计价值 4 000 元;收回委托加工的药酒取得专用发票上注明的加工费 80 000 元,加工单位代收代缴的消费税 18 000 元,收回后直接售出,开具专用发票上注明的销售额为 300 000 元;本月购进粮食等原料货款已付,货到入库,收到的增值税专用发票上注明的销售额 120 000 元、税金 15 600 元;支付生产用水电费,取得专用发票上注明的销售额 8 000 元、税金 480 元;销售货物支付运输费用取得运输部门的发票上注明的运费 2 000 元、装卸费用 500 元、公路建设基金 100 元。本月销售的白酒共计 180 000 斤,以上销售额均不含增值税。则酒厂应纳消费税计算如下:

$$\begin{aligned}\text{应纳消费税额} &= (58\,000 + 100\,000 + 16\,000 + 10\,000 + 4\,000) \times 20\% \\ &\quad + 0.5 \times 180\,000 + 1 \times 240 = 127\,840\,(\text{元})\end{aligned}$$

3.4　征纳管理

3.4.1　出口应税消费品退(免)税

1. 出口应税消费品退(免)消费税政策

(1) 出口免税并退税。适用这个政策的是:有出口经营权的外贸企业购进应税消费品直接出口,以及受其他外贸企业委托代理出口应税消费品。

(2) 出口免税但不退税。适用这个政策的是:有出口经营权的生产性自营出口或生产企业委托外贸企业代理出口自产的应税消费品,依据其实际出口数量免征消费税,不予办理退还消费税。免征消费税是指对生产性企业按其实际出口数量免征生产环节的消费税。不予办理退还消费税,是指因已免征生产环节的消费税,该应税消费品出口时,已不含有消费税,所以也无须再办理退还消费税了。

(3) 出口不免税也不退税。适用这个政策的是:除生产企业、外贸企业外的其他企业,具体是指一般商贸企业,这类企业委托外贸企业代理出口应税消费品一律不予退(免)税。

2. 出口应税消费品退税率

计算出口应税消费品应退消费税的税率或单位税额,按照《消费税暂行条例》所附《消费税税目税率(税额)表》执行。这是退(免)消费税与退(免)增值税的一个重要区别。当出口的货物是应税消费品时,其退还增值税要按规定的退税率计算,而其退还消费税则按应税消费品所适用的消费税税率计算。企业应将不同消费税税率的出口应税消费品分开核算和申报,凡划分不清适用税率的,一律从低适用税率计算应退消费税税额。

3. 出口应税消费品应退税额的计算

外贸企业从生产企业购进货物直接出口或受其他外贸企业委托代理出口应税消费品的消费税税额分以下情况计算。

(1) 属于从价定率计征消费税的应税消费品,应依照外贸企业从工厂购进时征收消费税的价格计算应退消费税税额。其计算公式为

$$应退消费税税额=出口货物的工厂(不含增值税)销售额×税率$$

(2) 属于从量定额计征消费税的应税消费品,应依照货物购进和报关出口的数量计算应退消费税税额。其计算公式为

$$应退消费税税额=出口数量×税率$$

(3) 属于复合计征消费税的应税消费品,应退消费税税额计算公式为

$$应退消费税税额=出口货物的工厂(不含增值税)销售额×税率$$
$$+出口数量×税率$$

出口的应税消费品办理退税后,发生退关或者国外退货进口时予以免税的,报关出口者必须及时向其机构所在地或者居住地主管税务机关申报补缴已退的消费税税款。

纳税人直接出口的应税消费品办理免税后,发生退关或者国外退货,进口时已予以免税的,经机构所在地或者居住地主管税务机关批准,可暂不办理补税,待其转为国内销售时,再申报补缴消费税。

3.4.2　纳税义务发生时间

消费税纳税义务发生的时间,根据货款结算方式或行为发生时间分别确定。

(1) 纳税人销售应税消费品的,按不同的销售结算方式如下。

① 采取赊销和分期收款结算方式的,为书面合同约定的收款日期的当天,书面合同没有约定收款日期或者无书面合同的,为发出应税消费品的当天;

② 采取预收货款结算方式的,为发出应税消费品的当天;

③ 采取托收承付和委托银行收款方式的,为发出应税消费品并办妥托收手续的

当天;

④ 采取其他结算方式的,为收讫销售款或者取得索取销售款凭据的当天。

(2) 纳税人自产自用应税消费品的,为移送使用的当天。

(3) 纳税人委托加工应税消费品的,为纳税人提货的当天。

(4) 纳税人进口应税消费品的,为报关进口的当天。

3.4.3　纳税期限

消费税的纳税期限分别为 1 日、3 日、5 日、10 日、15 日、1 个月或者 1 个季度。纳税人的具体纳税期限,由主管税务机关根据纳税人应纳税额的大小分别核定;不能按照固定期限纳税的,可以按次纳税。

纳税人以 1 个月或者 1 个季度为 1 个纳税期的,自期满之日起 15 日内申报纳税;以 1 日、3 日、5 日、10 日或者 15 日为 1 个纳税期的,自期满之日起 5 日内预缴税款,于次月 1 日起 15 日内申报纳税并结清上月应纳税款。

纳税人进口应税消费品的,应当自海关填发海关进口消费税专用缴款书之日起 15 日内缴纳税款。

3.4.4　纳税地点

纳税人销售的应税消费品,以及自产自用的应税消费品,除国务院财政、税务主管部门另有规定外,应当向纳税人机构所在地或者居住地的主管税务机关申报纳税。纳税人到外县(市)销售或者委托外县(市)代销自产应税消费品的,于应税消费品销售后,向机构所在地或者居住地主管税务机关申报纳税。

纳税人的总机构与分支机构不在同一县(市)的,应当分别向各自机构所在地的主管税务机关申报纳税;经财政部、国家税务总局或者其授权的财政、税务机关批准,可以由总机构汇总向总机构所在地的主管税务机关申报纳税。

委托加工的应税消费品,除受托方为个人外,由受托方向机构所在地或者居住地的主管税务机关解缴消费税税款。

进口的应税消费品,由进口人或者其代理人向报关地海关申报纳税。

3.4.5　纳税申报

消费税纳税人应按有关规定及时办理纳税申报,并如实填写《消费税纳税申报表》。申报表分为《成品油消费税申报表》《酒类应税消费品消费税申报表》《小汽车消费税申报表》《烟类应税消费品消费税申报表》《卷烟批发环节消费税纳税申报表》《成品油消费税纳税申报表》《电池消费税纳税申报表》《涂料消费税纳税申报表》《其他应税消费品消费税申报表》几种。

3.5　综合案例

3.5.1　案例介绍

某卷烟厂为增值税一般纳税人,2016 年 1 月份发生如下经济业务。

(1) 已知甲种卷烟成本利润率为 10%,乙种卷烟成本利润率为 5%,烟丝消费税税率为 30%,卷烟消费税定额税率为每支 0.003 元,甲种卷烟比例税率为 56%,乙种卷烟比例税率为 36%。卷烟每箱 50 000 支。

(2) 购进机器设备一台,取得的增值税专用发票注明的价款为 300 000 元,增值税 51 000 元,款项已付,支付安装费 30 000 元,设备已投入使用。

(3) 购进 A 种烟丝一批,取得增值税专用发票注明的价款为 100 000 元,增值税 17 000 元,A 种烟丝本月有一半被生产甲、乙两种卷烟所耗用。

(4) 购进 B 种烟丝一批,取得的增值税专用发票注明的价款为 40 000 元,增值税 6 800 元,款项已付,材料尚未入库。

(5) 接受某公司投资转入材料一批,取得的增值税专用发票注明的价款为 100 000 元,增值税 17 000 元,材料已验收入库。

(6) 上月购入的 A 种烟丝因火灾损失 30 000 元,等待处理。

(7) 以自己生产的乙种卷烟 2 箱,10 000 元(成本价),赠送友好单位。

(8) 销售自己生产的甲种卷烟 6 箱,价款共 150 000 元,增值税款 25 500 元。

要求:确定卷烟厂应缴纳多少消费税。

3.5.2　案例解析

(1) 销售甲种卷烟应纳消费税
$$150\,000 \times 56\% + 50\,000 \times 6 \times 0.003 = 84\,900(元)$$

(2) 赠送乙种卷烟应纳消费税

定额消费税 $= 50\,000 \times 2 \times 0.003 = 300(元)$

赠送乙种卷烟组成计税价格 $= \dfrac{[10\,000 \times (1 + 5\%) + 50\,000 \times 2 \times 0.003]}{1 - 36\%}$

$$= 16\,875(元)$$

应纳消费税 $= 16\,875 \times 36\% + 50\,000 \times 2 \times 0.003 = 6\,375(元)$

(3) 允许扣减的已领用外购 A 种烟丝已纳消费税
$$100\,000 \times 30\% \times 50\% = 15\,000(元)$$

本月应纳消费税合计 $= 84\,900 + 6\,375 - 15\,000 = 76\,275(元)$

习题和实训 3

一、判断题

1. 在我国境内从事生产、委托加工和进口应税消费品的(除外商投资企业和外国企业外)单位和个人,为消费税纳税义务人。　　　　　　　　　　　　　　　(　　)

2. 应税消费品的销售额为向购买方收取的全部价款。　　　　　　　　　　(　　)

3. 实行从价定率办法计算应纳税额的应税消费品连同包装物销售的,无论包装物是否单独计价,也不论在会计上如何核算,均应并入应税消费品的销售额中征收消费税。
　　　　　　　　　　　　　　　　　　　　　　　　　　　　　　　　(　　)

4. 对税目酒同时采用既从量定额,又从价定率的征税办法征收消费税。(　　)

5. 纳税人自产自用的应税消费品,用于连续生产应税消费品的,不纳消费税。(　　)

6. 纳税人自产自用应税消费品,用于其他方面的,于移送使用时征收消费税。(　　)

7. 工业企业购进两轮摩托车,改装成三轮摩托车出售,计征消费税时,允许扣除两轮摩托车已纳消费税。　　　　　　　　　　　　　　　　　　　　　　　　(　　)

8. 进口应税消费品时,海关代征消费税的组成计税价格＝(货价＋关税)÷(1－消费税税率)。　　　　　　　　　　　　　　　　　　　　　　　　　　　　　(　　)

9. 纳税人除受托者为个人外,一律于由受托方在向委托方交货时代收代缴消费税。
　　　　　　　　　　　　　　　　　　　　　　　　　　　　　　　　(　　)

10. 纳税人用委托加工收回的已税烟丝生产卷烟,可以按生产领用数量扣除委托加工收回的烟丝的已纳消费税税款。　　　　　　　　　　　　　　　　　　(　　)

二、单项选择题

1. 下列纳税人自产自用应税消费品,不需缴纳消费税的有(　　)。

　　A. 原油加工厂生产应税汽油后售出

　　B. 日化厂自产化妆品用于广告样品

　　C. 烟厂自产烟丝用于生产卷烟

　　D. 汽车制造厂自产汽车赞助汽车拉力赛

2. 不需缴纳消费税的应税消费品有(　　)。

　　A. 生产销售的　　　　　　　　　　B. 委托加工的

　　C. 自产自用用于其他方面的　　　　D. 自产自用用于连续加工的

3. 某生产企业将本厂生产的化妆品,作为福利发给本厂职工。该类产品没有同类消费品销售价格,生产成本为 20 000 元,成本利润率为 5%,化妆品适用消费税税率为 30%,则确定的组成计税价格为(　　)。

　　A. 23 068 元　　　B. 21 000 元　　　C. 26 000 元　　　D. 30 000 元

4. 下列外购已税消费品生产应税消费品销售时,准予扣除外购时已纳消费税的有(　　)。

　　A. 外购轮胎生产的小汽车

B. 外购已税汽车生产的汽车

C. 外购已税酒生产的勾兑酒

D. 外购已税两轮摩托车生产的三轮摩托车

5. 应征收消费税的委托加工消费品的组成计税价格不包括(　　)。

A. 材料成本　　　　B. 加工费　　　　C. 增值税　　　　D. 消费税

6. 根据规定,消费税纳税地点的下列表述不正确的是(　　)。

A. 采取分期收款结算方式的,为约定的收款日期的当天

B. 采取预收货款结算方式的,为发出应税消费品的当天

C. 采取托收承付方式的,为发出应税消费品并办妥托收手续的当天

D. 采取委托银行收款方式的,为发出应税消费品并办妥托收手续的当天

7. 纳税人销售消费税应税消费品,采取分期收款结算方式的,其纳税义务的发生时间是(　　)。

A. 书面合同规定的收款日期的当天　　　B. 取得索取销售款凭据的当天

C. 发出应税消费品的当天　　　　　　　D. 收讫销售款的当天

8. 委托加工应税消费品的受托方是(　　)。

A. 代收代缴义务人　　　　　　　　　　B. 纳税义务人

C. 代扣代缴义务人　　　　　　　　　　D. 代征代缴义务人

9. 下列各项中,与我国现行出口应税消费品的退(免)消费税政策不符的是(　　)。

A. 免税但不退税　　　　　　　　　　　B. 免税并退税

C. 不免税但退税　　　　　　　　　　　D. 不免税也不退税

10. 应税消费品纳税环节表述错误的是(　　)。

A. 委托加工环节　　　　　　　　　　　B. 生产销售环节

C. 交付原材料环节　　　　　　　　　　D. 进口环节

三、多项选择题

1. 某日化厂生产的化妆品,用于下列(　　)用途时应征收消费税。

A. 促销的样品　　　B. 职工福利　　　C. 赠送给关系户　　　D. 出厂前抽验品

2. 下列项目中,属于消费税税目的是(　　)。

A. 手表　　　　　　　　　　　　　　　B. 游艇

C. 木制一次性筷子　　　　　　　　　　D. 地板

3. 委托加工应税消费品应纳消费税的组成计税价格应包括(　　)。

A. 受托方代收代缴的消费税　　　　　　B. 加工费用

C. 委托方提供材料的实际成本　　　　　D. 受托方代垫辅料的价格

4. A啤酒厂自产特制啤酒5吨用于某地啤酒节,总成本为20万元,消费税单位税额为每吨220元,则其纳税情况是(　　)(成本利润率为10%)。

A. 消费税220元　　　　　　　　　　　B. 消费税1 100元

C. 计税依据20万元　　　　　　　　　　D. 计税依据5吨

5. 消费税法规定,实行从价定率方法计算应纳消费税的销售额为纳税人销售应税消费品向购买方收取的全部价款和价外费用,其中(　　)款项应并入销售额计算征收消

费税。

    A. 小汽车生产企业在销售小汽车时向购买方收取的增值税

    B. 白酒生产企业在销售白酒时向购买方收取的白酒包装物押金

    C. 白酒生产企业在销售白酒时向商业销售单位收取的品牌使用费

    D. 小汽车生产企业在销售轮胎时向商业销售单位收取的运输装卸费

6. 纳税人将应税消费品连同包装物销售的,包装物的处理符合消费税规定的有(　　)。

    A. 应税消费品连同包装物一同销售,包装物单独计价,不并入应税消费品销售额中征收消费税

    B. 包装物不作价随同销售,而是收取押金,此押金也一律并入应税消费品销售额中征收消费税

    C. 对逾期未收回的包装物不再退还的和已收取一年以上的押金,应计入应税消费品销售额中征收消费税

    D. 收取包装物押金,纳税人在规定的期限内不予退还的,应并入应税消费品销售额中征收消费税

7. 下列货物适用固定税额征收消费税的有(　　)。

    A. 酒   B. 黄酒   C. 汽油   D. 柴油

8. 消费税纳税人的纳税义务发生时间根据不同情况分别确定为(　　)。

    A. 委托加工的应税消费品,其纳税义务发生时间为纳税人提货的当天

    B. 进口的应税消费品,其纳税义务发生时间为报关进口的当天

    C. 采取预收货款结算方式销售应税消费品的,其纳税义务发生时间为收到预收货款的当天

    D. 自产自用的应税消费品,用于生产非应税消费品的,其纳税义务发生时间为移送使用的当天

9. 纳税人自产的应税消费品用于下列项目时,应视同销售计征消费税(　　)。

    A. 用于在建工程   B. 用于赞助

    C. 用于广告   D. 用于连续生产应税消费品

10. 消费税实行出口免税并退税的政策的外贸企业包括(　　)。

    A. 收购应税消费品直接出口   B. 受其他贸易公司委托出口应税消费品

    C. 受生产企业委托出口应税消费品   D. 受其他外贸公司委托出口应税消费品

四、简答题

1. 消费税有哪些特点? 消费税纳税人指的是什么?

2. 消费税的税目包括哪些? 消费税的税率有几种形式?

3. 消费税的计税依据如何确定? 消费税应纳税额如何计算?

4. 消费税征纳管理如何规定?

五、计算题

1. 某汽车厂生产小汽车,当月销售小汽车 10 辆取得销售收入 104 万元,其中以 10.2 万元的单价销售 6 辆;以 10.8 万元销售 2 辆;以 10.6 万元销售 2 辆。本月还用自产

的汽车一辆向某汽车零配件厂换取一批汽车零配件,供生产汽车使用,自产小汽车消费税率为5%。另外,该厂还进口了一辆小轿车供管理部门使用。海关核定的完税价格为50万元,关税税率25%,进口车消费税率40%。(题中销售收入均为不含增值税价)。

2. 某化工厂(增值税一般纳税人)6月销售化妆品收入80万元,销售民用洗涤灵收入10万元。以上收入均不含增值税。化妆品消费税率为30%,试计算该厂应缴纳消费税。

3. 某粮食白酒生产企业2月2日销售50吨粮食白酒,每吨售价10 000元;2月7日销售60吨粮食白酒,每吨售价13 000元;2月12日销售100吨粮食白酒,每吨售价12 000元;2月20日以100吨粮食白酒换取小轿车10辆,价值100万元。粮食白酒比例税率为20%,定额税率每斤0.5元。请计算该企业2月份应纳消费税税额。本题售价不含增值税。

4. 某汽车制造厂是增值税一般纳税人,本月销售汽车取得货款,开具的增值税专用发票上注明价款200万元;销售汽车取得含税收入100万元;以成本价转给统一核算的门市部汽车一批,成本价为60万元,门市部当月全部售出,开具普通发票上注明货款金额74.88万元。已知汽车适用消费税税率为3%,试计算该汽车制造厂本月应纳消费税税额。

六、综合实训题

1. 实训目的:熟悉消费税的计算和申报表的填制。

2. 实训方式:模拟企业进行纳税申报表的填制。

3. 实训要求:(1)计算该厂当月应消费税税额;(2)填写消费税纳税申报表。

4. 实训准备:消费税纳税申报表。

5. 实训资料:

(1)企业概况

建清市凤翔卷烟厂为国有企业(增值税一般纳税人),法定代表人为孙鹏,企业地址在建清市腾飞路168号,电话30202408,开户银行为建设银行惠达分理处,账号0409200401100707878*,纳税人识别号130600001101601。

(2)基本业务

1月该企业发生以下业务。

1月1日,库存材料明细账反映外购A烟丝期初数量5吨,单价每吨8000元,期初余额40 000元。

1月23日,本烟厂外购A烟丝20吨,单价为每吨8100元,取得增值税专用发票注明价款162 000元,税款27 540元。

1月30日,销售卷烟(甲级烟)500箱,每箱不含税售价23 000元,款项已存银行。

1月31日,库存材料明细账反映外购A烟丝期末数量6吨,单价每吨8 035元,期末余额48 210元。(注:该企业采用月末一次加权平均法)

第4章

关 税 法

·【内容摘要】 本章为一般章节。主要介绍我国关税法律制度,使学生了解关税概述,关税的纳税人,征税对象,税率,计税依据及征纳管理;掌握税率的分类,计税依据的确定,以及关税的缴纳、补征、追征、保证措施;重点掌握关税的计算。难点是进口货物关税额的计算。通过本章学习,学生应掌握办理有关关税事宜的基本技能。

4.1 关税法概述

关税法是指国家制定的用以调整关税征收与缴纳之间权利与义务关系的法律规范。现行关税的基本规范是 2003 年 10 月 29 日国务院第二十六次常务会议通过,2004 年 1 月 1 日起正式施行《中华人民共和国进出口关税条例》和 2006 年修订并施行的《中华人民共和国海关审定进出口货物完税价格办法》。

关税是指由海关依法对进出国境或关境的货物、物品征收的一种税。国境是一个主权国家的领土范围。关境是指海关征收关税的领域。一般而言,国境和关境是一致的,商品进出国境也就是进出关境。但是两者也有不一致的情况,当有些国家在国境内设有自由贸易港、自由贸易区或出口加工区时,关境小于国境;当几个国家组成关税同盟时,成员国之间互相取消关税,对外实行共同的关税税则,就成员国讲,其关境大于国境。

4.1.1 关税的特点

(1)纳税上的统一性和一次性。按照全国统一的进出口关税条例和税则征收关税,在征收一次性关税后,货物就可以在整个关境内流通,不再另行征收关税。

(2)征收上的过"关"性。关税的征税对象是准许进出关境的货物和进境物品,凡是准许进出口的货物和进境物品,除另有规定外都要征收关税。

(3)征管上的权威性。关税是由专设的海关机构征收。海关是设在关境内的国家行政管理机关,是贯彻执行本国有关进出口政策、法令和规章的重要工具。其任务是根据有关政策、法令和规章,对进出口货物和进境物品实行监督管理,征收关税、查禁走私货物、临时保管通关货物和统计进出口商品等。

(4)税率上的复式性。同一进口货物实行复式税则制,即一个税目设有两个或两个以上的税率,根据进口货物原产国的不同,分别适用高低不同的税率。复式税则是一个国家对外贸易政策的体现。目前,国际上除极个别国家外,各国关税普遍实行复式税则。

4.1.2　关税的分类

关税的分类是指按一定标准对关税所做的归类。标准不同,所分类别也不同。

1. 按征税的对象不同,可划分为进口税、出口税和过境税

(1) 进口税是指海关对进口货物或物品征收的关税。人们通常所说的关税一般都是指进口税,各种国际性贸易条约、协定中所说的关税也是指进口税。

(2) 出口税是指海关对出口货物和物品征收的关税。

(3) 过境税。过境货物是由境外启运,通过境内继续运往境外的货物。对过境货物所征收的关税称为过境税。我国海关对过境货物过境运输有具体要求:①对同我国签有过境货物协定的国家的过境货物,或属于同我国签有铁路联运协定的国家收发货的,按有关协定准予过境;②对未同我国签有协定国家的过境货物,应当经国家运输主管部门批准,向入境地海关备案后准予过境。

2. 按征税的标准不同,可划分为从价税、从量税、复合税和滑准税

(1) 从价税是指以进(出)口货物的完税价格作为计税依据而征收的关税。

(2) 从量税是指按货物的计量单位(重量、长度、面积、容量、数量等)作为计税依据而征收的关税。

(3) 复合税是指对某种进(出)口货物同时使用从价和从量计征的一种关税。

(4) 滑准税是指根据同一种商品进口价格的不同,分别实施滑准税率而征收的关税。目前我国对新闻纸实行滑准税。实行滑准税时,价格高的税率低,价格低的税率高,其目的是使商品的税后价格能够保持稳定。

3. 按征收关税的目的不同,可划分为财政关税和保护关税

(1) 财政关税即征收关税的目的主要是为了增加财政收入。一般选择那些进口数量、消费数量大的非必需品和本国不能生产或不准备生产而又无替代品的消费品为征税对象。

(2) 保护关税即征收关税的目的主要是为了保护本国工农业生产和本国经济的发展。保护关税主要体现在进口税上。

4.2　纳税义务人、征税对象和税率

4.2.1　纳税义务人

关税的纳税义务人包括进口货物的收货人、出口货物的发货人、进出境物品的所有人。

自 2016 年 4 月 8 日起,购买跨境电子商务零售进口商品的个人,根据规定缴纳关税,电子商务企业、电子商务交易平台企业或物流企业可作为代收代缴义务人。跨境电子商务零售进口商品购买人(订购人)的身份信息应进行认证;未进行认证的,购买人(订购人)身份信息应与付款人一致。

进出口货物的收发货人是指依法取得对外贸易经营权,并进口或者出口货物的法人或其他社会团体。具体包括:①外贸进出口公司;②工贸或农贸结合的进出口公司;③其他经批准经营进出口商品的企业。

进出境物品的所有人包括物品的所有人和推定为所有人的人。具体包括:①携带物品进境的入境人员;②进境邮递物品的收件人;③以其他方式进口物品的收件人。

4.2.2　征税对象、税则

关税的征税对象是指国家准许进出口的货物和进境物品。这里所说的货物是指贸易性商品,所说的物品,包括入境旅客随身携带的行李和物品、个人邮递物品、各种运输工具上的服务人员携带进口的自用物品、馈赠物品,以及以其他方式进入国境的个人物品。

关税税则是指根据国家关税政策和经济政策,通过一定的国家立法程序制定公布实施的、对进出口的应税和免税商品加以系统分类的一览表。关税税则一般包括以下内容:①国家实施的该税则的法令,即该税则实施细则以及使用税则的有关说明;②税则的归类总规则,即说明该税则中的商品归类的原则;③各类、各章和税目的注释,说明它们各自应包括和不应包括的商品,以及对一些商品的形态、功能、用途等方面的说明;④税目表,包括商品分类目录和税率栏两大部分。

4.2.3　税率

1. 进口关税税率

进口关税设置最惠国税率、协定税率、特惠税率、普通税率、关税配额税率等税率。对进口货物在一定期限内可以实行暂定税率。

(1)最惠国税率。原产于共同适用最惠国待遇条款的世界贸易组织成员的进口货物,原产于与中华人民共和国签订含有相互给予最惠国待遇条款的双边贸易协定的国家或者地区的进口货物,以及原产于中华人民共和国境内的进口货物,适用最惠国税率。

(2)协定税率。原产于与中华人民共和国签订含有关税优惠条款的区域性贸易协定的国家或者地区的进口货物,适用协定税率。

(3)特惠税率。原产于与中华人民共和国签订含有特殊关税优惠条款的贸易协定的国家或者地区的进口货物,适用特惠税率。

(4)普通税率。原产于适用上述三种税率所列以外国家或者地区的进口货物,以及原产地不明的进口货物,适用普通税率。

适用最惠国税率的进口货物有暂定税率的,应当适用暂定税率。适用协定税率、特惠税率的进口货物有暂定税率的,应当从低适用税率。适用普通税率的进口货物,不适用暂定税率。

(5) 关税配额税率。按照国家规定实行关税配额管理的进口货物,属于关税配额内的,适用关税配额税率;属于关税配额外的,其税率的适用按照上述四种税率的规定执行。

(6) 其他税率。按照有关法律、行政法规的规定对进口货物采取反倾销、反补贴、保障措施的,其税率的适用按照《中华人民共和国反倾销条例》《中华人民共和国反补贴条例》和《中华人民共和国保障措施条例》的有关规定执行反倾销税率、反补贴税率和保障税率。

任何国家或者地区违反与中华人民共和国签订或者共同参加的贸易协定及相关协定,对中华人民共和国在贸易方面采取禁止、限制、加征关税或者其他影响正常贸易措施的,对原产于该国家或者地区的进口货物可以征收报复性关税,适用报复性关税税率。征收报复性关税的货物、适用国别、税率、期限和征收办法,由国务院关税税则委员会决定并公布。

2. 出口关税税率

出口关税税率是对出口货物征收关税而规定的税率。对出口货物在一定期限内可以实行暂定税率。适用出口税率的出口货物有暂定税率的,应当适用暂定税率。

3. 进境物品的税率

进境物品的关税以及进口环节海关代征税合并为进口税,由海关依法征收。税率为比例税率。为完善进境物品进口税收政策,经国务院批准,对进境物品进口税税目税率进行调整。调整后的税目税率自2016年4月8日起实施,详见表4-1。

表4-1   中华人民共和国进境物品进口税率表

税号	物 品 名 称	税率/%
1	书报、刊物、教育用影视资料;计算机、视频摄录一体机、数字照相机等信息技术产品;食品、饮料;金银;家具;玩具,游戏品、节日或其他娱乐用品	15
2	运动用品(不含高尔夫球及球具)、钓鱼用品;纺织品及其制成品;电视摄像机及其他电器用品;自行车;税目1、3中未包含的其他商品	30
3	烟、酒;贵重首饰及珠宝玉石;高尔夫球及球具;高档手表;化妆品	60

注:税目3所列商品的具体范围与消费税征收范围一致。

4. 跨境电子商务零售进口商品税率

跨境电子商务零售进口商品的单次交易限值为人民币2 000元,个人年度交易限值为人民币20 000元。

在限值以内进口的跨境电子商务零售进口商品,关税税率暂设为0%。

超过单次限值、累加后超过个人年度限值的单次交易,以及完税价格超过2 000元限值的单个不可分割商品,均按照一般贸易方式全额征税。

5. 税率的适用日期

进出口货物,应当适用海关接受该货物申报进口或者出口之日实施的税率。进口货物到达前,经海关核准先行申报的,应当适用装载该货物的运输工具申报进境之日实施的税率。转关运输货物税率的适用日期,由海关总署另行规定。

有下列情形之一,需缴纳税款的,应当适用海关接受申报办理纳税手续之日实施的税率。

(1) 保税货物经批准不复运出境的;

(2) 免税货物经批准转让或者移作他用的;

(3) 暂准进境货物经批准不复运出境,以及暂准出境货物经批准不复运进境的;

(4) 租赁进口货物,分期缴纳税款的。

补征和退还进出口货物关税,应当按照规定确定适用的税率。

因纳税义务人违反规定需要追征税款的,应当适用该行为发生之日实施的税率,行为发生之日不能确定的,适用海关发现该行为之日实施的税率。

4.3　关税完税价格

关税完税价格是指海关在计征关税时使用的计税价格,是实行从价税时关税的计税依据。进出口货物的成交价格以及有关费用以外币计价的,以中国人民银行公布的基准汇率折合为人民币计算完税价格;以基准汇率币种以外的外币计价的,按照国家有关规定套算为人民币计算完税价格。适用汇率的日期由海关总署规定。

4.3.1　进口货物完税价格

进口货物的完税价格由海关以该货物的成交价格为基础审查确定,并应当包括货物运抵中华人民共和国境内输入地点起卸前的运输及其相关费用、保险费。

1. 进口货物的成交价格

进口货物的成交价格,是指卖方向中华人民共和国境内销售该货物时,买方为进口该货物向卖方实付、应付的,并且按照规定调整后的价款总额,包括直接支付的价款和间接支付的价款。

进口货物的成交价格应当符合下列条件。

(1) 对买方处置或者使用进口货物不予限制,但是法律、行政法规规定实施的限制、对货物销售地域的限制和对货物价格无实质性影响的限制除外。

(2) 进口货物的价格不得受到使该货物成交价格无法确定的条件或者因素的影响。

(3) 卖方不得直接或者间接获得因买方销售、处置或者使用进口货物而产生的任何收益,或者虽然有收益但是能够按照规定做出调整。

（4）买卖双方之间没有特殊关系，或者虽然有特殊关系但是按照规定未对成交价格产生影响。

2．应当计入完税价格的调整项目

以成交价格为基础审查确定进口货物的完税价格时，未包括在该货物实付、应付价格中的下列费用或者价值应当计入完税价格。

（1）由买方负担的除购货佣金以外的佣金和经纪费、与该货物视为一体的容器费用、包装材料费用和包装劳务费用。购货佣金，指买方为购买进口货物向自己的采购代理人支付的劳务费用。经纪费，指买方为购买进口货物向代表买卖双方利益的经纪人支付的劳务费用。

（2）与进口货物的生产和向中华人民共和国境内销售有关的、由买方以免费或者以低于成本的方式提供，并可以按适当比例分摊的下列货物或者服务的价值。

① 进口货物包含的材料、部件、零件和类似货物。

② 在生产进口货物过程中使用的工具、模具和类似货物。

③ 在生产进口货物过程中消耗的材料。

④ 在境外进行的为生产进口货物所需的工程设计、技术研发、工艺及制图等相关服务。

在确定应当计入进口货物完税价格的货物价值时，应当按照下列方法计算有关费用。

① 由买方从与其无特殊关系的第三方购买的，应当计入的价值为购入价格。

② 由买方自行生产或者从有特殊关系的第三方获得的，应当计入的价值为生产成本。

③ 由买方租赁获得的，应当计入的价值为买方承担的租赁成本。

④ 生产进口货物过程中使用的工具、模具和类似货物的价值，应当包括其工程设计、技术研发、工艺及制图等费用。

如果货物在被提供给卖方前已经被买方使用过，应当计入的价值为根据国内公认的会计原则对其进行折旧后的价值。

（3）买方需向卖方或者有关方直接或者间接支付的特许权使用费，但是符合下列情形之一的除外：①特许权使用费与该货物无关；②特许权使用费的支付不构成该货物向中华人民共和国境内销售的条件。

（4）卖方直接或者间接从买方对该货物进口后销售、处置或者使用所得中获得的收益。

纳税义务人应当向海关提供上述费用或者价值的客观量化数据资料。纳税义务人不能提供的，海关与纳税义务人进行价格磋商后，按照规定允许的估价方法审查确定完税价格。

3．不计入货物完税价格的调整项目

进口货物的价款中单独列明的下列税收、费用，不计入该货物的完税价格。

（1）厂房、机械或者设备等货物进口后发生的建设、安装、装配、维修或者技术援助费

用,但是保修费用除外。

（2）进口货物运抵中华人民共和国境内输入地点起卸后发生的运输及其相关费用、保险费。

（3）进口关税、进口环节海关代征税及其他国内税。

（4）为在境内复制进口货物而支付的费用。

（5）境内外技术培训及境外考察费用。

同时符合下列条件的利息费用不计入完税价格。

（1）利息费用是买方为购买进口货物而融资所产生的。

（2）有书面融资协议的。

（3）利息费用单独列明的。

（4）纳税义务人可以证明有关利率不高于在融资当时当地此类交易通常应当具有的利率水平,且没有融资安排的相同或者类似进口货物的价格与进口货物的实付、应付价格非常接近的。

4. 可能对进口货物的成交价格产生影响的特殊关系

有下列情形之一的,应当认为买卖双方存在特殊关系。

（1）买卖双方为同一家族成员的;

（2）买卖双方互为商业上的高级职员或者董事的;

（3）一方直接或者间接地受另一方控制的;

（4）买卖双方都直接或者间接地受第三方控制的;

（5）买卖双方共同直接或者间接地控制第三方的;

（6）一方直接或者间接地拥有、控制或者持有对方5%以上（含5%）公开发行的有表决权的股票或者股份的;

（7）一方是另一方的雇员、高级职员或者董事的;

（8）买卖双方是同一合伙的成员的。

买卖双方在经营上相互有联系,一方是另一方的独家代理、独家经销或者独家受让人,如果符合上述规定,也应当视为存在特殊关系。

买卖双方之间存在特殊关系,但是纳税义务人能证明其成交价格与同时或者大约同时发生的下列任何一款价格相近的,应当视为特殊关系未对进口货物的成交价格产生影响。

（1）向境内无特殊关系的买方出售的相同或者类似进口货物的成交价格。

（2）按照倒扣价格估价方法的规定所确定的相同或者类似进口货物的完税价格。

（3）按照计算价格估价方法的规定所确定的相同或者类似进口货物的完税价格。

海关在使用上述价格进行比较时,应当考虑商业水平和进口数量的不同,以及买卖双方有无特殊关系造成的费用差异。

5. 除成交价格估价方法以外的其他估价方法

进口货物的成交价格不符合规定的,或者成交价格不能确定的,海关经了解有关情况,并与纳税义务人进行价格磋商后,依次以下列方法审查确定该货物的完税价格,但纳税义务人向海关提供有关资料后,可以提出申请,颠倒第(3)项和第(4)项的适用次序。

(1) 相同货物成交价格估价方法

相同货物成交价格估价方法是指海关以与进口货物同时或者大约同时向中华人民共和国境内销售的相同货物的成交价格为基础,审查确定进口货物的完税价格的估价方法。

(2) 类似货物成交价格估价方法

类似货物成交价格估价方法是指海关以与进口货物同时或者大约同时向中华人民共和国境内销售的类似货物的成交价格为基础,审查确定进口货物的完税价格的估价方法。

按照相同或者类似货物成交价格估价方法的规定,审查确定进口货物的完税价格时,应当使用与该货物具有相同商业水平且进口数量基本一致的相同或者类似货物的成交价格。使用此价格时,应当以客观量化的数据资料,对该货物与相同或者类似货物之间由于运输距离和运输方式不同而在成本和其他费用方面产生的差异进行调整。

在没有上述相同或者类似货物的成交价格的情况下,可以使用不同商业水平或者不同进口数量的相同或者类似货物的成交价格。使用此价格时,应当以客观量化的数据资料,对因商业水平、进口数量、运输距离和运输方式不同而在价格、成本和其他费用方面产生的差异做出调整。

按照相同或者类似货物成交价格估价方法审查确定进口货物的完税价格时,应当首先使用同一生产商生产的相同或者类似货物的成交价格。没有同一生产商生产的相同或者类似货物的成交价格的,可以使用同一生产国或者地区其他生产商生产的相同或者类似货物的成交价格。

如果有多个相同或者类似货物的成交价格,应当以最低的成交价格为基础审查确定进口货物的完税价格。

(3) 倒扣价格估价方法

倒扣价格估价方法是指海关以进口货物、相同或者类似进口货物在境内的销售价格为基础,扣除境内发生的有关费用后,审查确定进口货物完税价格的估价方法。

销售价格应当同时符合下列条件:①在该货物进口的同时或者大约同时,将该货物、相同或者类似进口货物在境内销售的价格;②按照货物进口时的状态销售的价格;③在境内第一销售环节销售的价格;④向境内无特殊关系方销售的价格;⑤按照该价格销售的货物合计销售总量最大。

按照倒扣价格估价方法审查确定进口货物完税价格的,下列各项应当扣除:①同等级或者同种类货物在境内第一销售环节销售时,通常的利润和一般费用(包括直接费用和间接费用)以及通常支付的佣金;②货物运抵境内输入地点起卸后的运输及其相关费用、保险费;③进口关税、进口环节海关代征税及其他国内税。

(4) 计算价格估价方法

计算价格估价方法是指海关以下列各项的总和为基础,审查确定进口货物完税价格的估价方法。

① 生产该货物所使用的料件成本和加工费用。

② 向境内销售同等级或者同种类货物通常的利润和一般费用(包括直接费用和间接

费用）。

③ 该货物运抵境内输入地点起卸前的运输及相关费用、保险费。

按照规定审查确定进口货物的完税价格时，海关在征得境外生产商同意并提前通知有关国家或者地区政府后，可以在境外核实该企业提供的有关资料。

（5）合理方法

合理方法是指当海关不能根据成交价格估价方法、相同货物成交价格估价方法、类似货物成交价格估价方法、倒扣价格估价方法和计算价格估价方法确定完税价格时，以客观量化的数据资料为基础审查确定进口货物完税价格的估价方法。

海关在采用合理方法确定进口货物的完税价格时，不得使用以下价格：①境内生产的货物在境内的销售价格；②可供选择的价格中较高的价格；③货物在出口地市场的销售价格；④以计算价格估价方法规定之外的价值或者费用计算的相同或者类似货物的价格；⑤出口到第三国或者地区的货物的销售价格；⑥最低限价或者武断、虚构的价格。

6. 进口货物完税价格中的运输及其相关费用、保险费的计算

进口货物的运费，应当按照实际支付的费用计算。如果进口货物的运费无法确定，海关应当按照该货物的实际运输成本或者该货物进口同期运输行业公布的运费率（额）计算运费。运输工具作为进口货物，利用自身动力进境的，海关在审查确定完税价格时，不再另行计入运费。

进口货物的保险费，应当按照实际支付的费用计算。如果进口货物的保险费无法确定或者未实际发生，海关应当按照"货价加运费"两者总额的 3‰ 计算保险费，其计算公式如下：

$$保险费＝（货价＋运费）\times 3‰$$

邮运进口的货物，应当以邮费作为运输及其相关费用、保险费。

以境外边境口岸价格条件成交的铁路或者公路运输进口货物，海关应当按照境外边境口岸价格的 1% 计算运输及其相关费用、保险费。

4.3.2　出口货物完税价格

1. 出口货物完税价格的确定

出口货物的完税价格由海关以该货物的成交价格为基础审查确定，并应当包括货物运至中华人民共和国境内输出地点装载前的运输及其相关费用、保险费。出口货物的成交价格，是指该货物出口销售时，卖方为出口该货物应当向买方直接收取和间接收取的价款总额。

下列税收、费用不计入出口货物的完税价格：①出口关税；②在货物价款中单独列明的货物运至中华人民共和国境内输出地点装载后的运输及其相关费用、保险费；③在货物价款中单独列明由卖方承担的佣金。

2. 出口货物完税价格的估定

出口货物的成交价格不能确定的,海关经了解有关情况,并与纳税义务人进行价格磋商后,依次以下列价格审查确定该货物的完税价格:

(1) 同时或者大约同时向同一国家或者地区出口的相同货物的成交价格;

(2) 同时或者大约同时向同一国家或者地区出口的类似货物的成交价格;

(3) 根据境内生产相同或者类似货物的成本、利润和一般费用(包括直接费用和间接费用)、境内发生的运输及其相关费用、保险费计算所得的价格;

(4) 按照合理方法估定的价格。

4.4　应纳税额的计算

1. 进出口货物关税的计算

(1) 从价税应纳税额的计算

$$应纳税额=完税价格×关税税率$$

例 4-1　某公司从日本进口收音机一批,共 50 000 台,其单位完税价格为 40 元人民币,假设关税税率为 90%,则该批收音机应纳税额为

$$应纳税额=50\,000×40×90\%=1\,800\,000(元)$$

例 4-2　某公司从英国进口某种货物,当地正常批发价格折合人民币 760 000 元,运抵我国输入地支付包装费折合人民币 8 000 元,运费折合人民币 67 000 元,保险费折合人民币 7 000 元。假设该进口货物关税税率为 70%。试计算该进口货物的应纳关税税额。

$$关税完税价格=760\,000+8\,000+67\,000+7\,000=842\,000(元)$$
$$应纳关税税额=842\,000×70\%=589\,400(元)$$

(2) 从量税应纳税额的计算

$$应纳税额=应税进(出)口货物数量×单位税额$$

例 4-3　从法国进口啤酒 300 万升,假设进口关税的税率为 7.5 元/升。应纳税额为

$$应纳税额=300×7.5=2\,250(万元)$$

(3) 复合税应纳税额的计算

$$应纳税额=应税进(出)口货物数量×单位税额+应税进(出)口货物数量$$
$$×单位完税价格×关税税率$$

(4) 滑准税应纳税额的计算

$$应纳税额=应税进(出)口货物数量×单位完税价格×滑准税率$$

2. 进境物品进口税的计算

进境物品进口税实行从价计征。进口税的计算公式为

$$进口税额=完税价格×进口税税率$$

4.5 征纳管理

4.5.1 进出口货物关税的征纳管理

1. 关税减免

（1）免征关税

下列进出口货物，免征关税：

① 关税税额在人民币50元以下的一票货物；

② 无商业价值的广告品和货样；

③ 外国政府、国际组织无偿赠送的物资；

④ 在海关放行前损失的货物；

⑤ 进出境运输工具装载途中必需的燃料、物料和饮食用品。

（2）暂免征税

经海关批准暂时进境或者暂时出境的下列货物，在进境或者出境时纳税义务人向海关缴纳相当于应纳税款的保证金或者提供其他担保的，可以暂不缴纳关税，并应当自进境或者出境之日起说明，海关应当向纳税义务人做出书面说明。6个月内复运出境或者复运进境，经纳税义务人申请，海关可以根据海关总署的规定延长复运出境或者复运进境的期限。

① 在展览会、交易会、会议及类似活动中展示或者使用的货物。

② 文化、体育交流活动中使用的表演、比赛用品。

③ 进行新闻报道或者摄制电影、电视节目使用的仪器、设备及用品。

④ 开展科研、教学、医疗活动使用的仪器、设备及用品。

⑤ 在前述活动中使用的交通工具及特种车辆。

⑥ 货样。

⑦ 供安装、调试、检测设备时使用的仪器、工具。

⑧ 盛装货物的容器，其他用于非商业目的的货物。

（3）特殊情况

特殊情况做如下处理。

① 因品质或者规格原因，出口货物自出口之日起1年内原状复运进境的，不征收进口关税。

② 因品质或者规格原因，进口货物自进口之日起1年内原状复运出境的，不征收出口关税。

③ 因残损、短少、品质不良或者规格不符原因，由进出口货物的发货人、承运人或者保险公司免费补偿或者更换的相同货物，进出口时不征收关税。被免费更换的原进口货物不退运出境或者原出口货物不退运进境的，海关应当对原进出口货物重新按照规定征

收关税。

④ 在海关放行前遭受损坏的货物,可以根据海关认定的受损程度减征关税。

⑤ 纳税义务人进出口减免税货物的,除另有规定外,应当在进出口该货物之前,按照规定持有关文件向海关办理减免税审批手续。经海关审查符合规定的,予以减征或者免征关税。

2. 关税缴纳

进口货物的纳税义务人应当自运输工具申报进境之日起 14 日内,出口货物的纳税义务人除海关特准的外,应当在货物运抵海关监管区后、装货的 24 小时以前,向货物的进出境地海关申报。进出口货物转关运输的,按照海关总署的规定执行。纳税义务人应当自海关填发税款缴款书之日起 15 日内向指定银行缴纳税款。进口货物到达前,纳税义务人经海关核准可以先行申报。具体办法由海关总署另行规定。

3. 滞纳金

纳税义务人未按期缴纳税款的,从滞纳税款之日起,按日加收滞纳税款 0.5‰ 的滞纳金。海关可以对纳税义务人欠缴税款的情况予以公告。

4. 延期纳税

纳税义务人因不可抗力或者在国家税收政策调整的情形下,不能按期缴纳税款的,经海关总署批准,可以延期缴纳税款,但是最长不得超过 6 个月。

5. 关税保证措施

进出口货物的纳税义务人在规定的纳税期限内有明显的转移、藏匿其应税货物,以及其他财产迹象的,海关可以责令纳税义务人提供担保,纳税义务人不能提供担保的,海关可以按照《海关法》规定采取税收保全措施。

纳税义务人、担保人自缴纳税款期限届满之日起超过 3 个月仍未缴纳税款的,海关可以按照《海关法》规定采取强制措施。

6. 关税补征和追征

进出口货物放行后,海关发现少征或者漏征税款的,应当自缴纳税款或者货物放行之日起 1 年内,向纳税义务人补征税款。但因纳税义务人违反规定造成少征或者漏征税款的,海关可以自缴纳税款或者货物放行之日起 3 年内追征税款,并从缴纳税款或者货物放行之日起按日加收少征或者漏征税款 0.5‰ 的滞纳金。

海关发现海关监管货物因纳税义务人违反规定造成少征或者漏征税款的,应当自纳税义务人应缴纳税款之日起 3 年内追征税款,并从应缴纳税款之日起按日加收少征或者漏征税款 0.5‰ 的滞纳金。需由海关监管使用的减免税进口货物,在监管年限内转让或者移作他用需要补税的,海关应当根据该货物进口时间折旧估价,补征进口关税。

报关企业接受纳税义务人的委托,以纳税义务人的名义办理报关纳税手续,因报关企业违反规定而造成海关少征、漏征税款的,报关企业对少征或者漏征的税款、滞纳金与纳税义务人承担纳税的连带责任。报关企业接受纳税义务人的委托,以报关企业的名义办理报关纳税手续的,报关企业与纳税义务人承担纳税的连带责任。

除不可抗力外,在保管海关监管货物期间,海关监管货物损毁或者灭失的,对海关监管货物负有保管义务的人应当承担相应的纳税责任。

7. 关税退还

海关发现多征税款的,应当立即通知纳税义务人办理退还手续。纳税义务人发现多缴税款的,自缴纳税款之日起1年内,可以以书面形式要求海关退还多缴的税款并加算银行同期活期存款利息。海关应当自受理退税申请之日起30日内查实并通知纳税义务人办理退还手续。纳税义务人应当自收到通知之日起3个月内办理有关退税手续。按照规定退还税款、利息涉及从国库中退库的,按照法律、行政法规有关国库管理的规定执行。

有下列情形之一的,纳税义务人自缴纳税款之日起1年内,可以申请退还关税,并应当以书面形式向海关说明理由,提供原缴款凭证及相关资料:已征进口关税的货物,因品质或者规格原因,原状退货复运出境的;已征出口关税的货物,因品质或者规格原因,原状退货复运进境,并已重新缴纳因出口而退还的国内环节有关税收的;已征出口关税的货物,因故未装运出口,申报退关的。

8. 关税检查

海关对纳税义务人申报的价格有怀疑并且所涉关税数额较大的,经直属海关关长或者其授权的隶属海关关长批准,凭海关总署统一格式的协助查询账户通知书及有关工作人员的工作证件,可以查询纳税义务人在银行或者其他金融机构开立的单位账户的资金往来情况,并向银行业监督管理机构通报有关情况。

海关对纳税义务人申报的价格有怀疑的,应当将怀疑的理由书面告知纳税义务人,要求其在规定的期限内书面做出说明,提供有关资料。

纳税义务人在规定的期限内未作说明、未提供有关资料的,或者海关仍有理由怀疑申报价格的真实性和准确性的,海关可以不接受纳税义务人申报的价格,并按照规定估定完税价格。

9. 特殊情况

欠税的纳税义务人,有合并、分立情形的,在合并、分立前,应当向海关报告,依法缴清税款。纳税义务人合并时未缴清税款的,由合并后的法人或者其他组织继续履行未履行的纳税义务;纳税义务人分立时未缴清税款的,分立后的法人或者其他组织对未履行的纳税义务承担连带责任。

纳税义务人在减免税货物、保税货物监管期间,有合并、分立或者其他资产重组情形的,应当向海关报告。按照规定需要缴税的,应当依法缴清税款,按照规定可以继续享受减免税、保税待遇的,应当到海关办理变更纳税义务人的手续。

纳税义务人欠税或者在减免税货物、保税货物监管期间,有撤销、解散、破产或者其他依法终止经营情形的,应当在清算前向海关报告。海关应当依法对纳税义务人的应缴税款予以清缴。

4.5.2　进境物品关税的征收和关税争议处理

1. 进境物品关税的征收

进境物品的关税以及进口环节海关代征税合并为进口税,由海关依法征收。

海关总署规定数额以内的个人自用进境物品,免征进口税。超过海关总署规定数额但仍在合理数量以内的个人自用进境物品,由进境物品的纳税义务人在进境物品放行前按照规定缴纳进口税。

进境物品适用海关填发税款缴款书之日实施的税率和完税价格。进口税的减征、免征、补征、追征、退还,以及对暂准进境物品征收进口税参照《中华人民共和国进出口关税条例》对货物征收进口关税的有关规定执行。

2. 关税争议处理

纳税义务人、担保人对海关确定纳税义务人,确定完税价格,商品归类,原产地,适用税率或者汇率、减征或者免征税款,补税,退税,征收滞纳金,计征方式,以及纳税地点有异议的,应当先行缴纳税款,但可以依法向上一级海关申请复议。对复议决定不服的,可以依法向人民法院提起诉讼。

4.6　综合案例

4.6.1　案例介绍

某高档化妆品生产企业为增值税一般纳税人,8月进口一批高档化妆品,支付给国外的货价120万元、相关税金10万元,卖方佣金2万元、运抵我国海关前的运杂费和保险费18万元,进口机器设备一套,支付给国外的货价35万元、运抵我国海关前的运杂费和保险费5万元。高档化妆品和机器设备均验收入库。本月销售高档化妆品6 000件,取得不含税销售额290万元,向消费者零售800件,取得含税销售额51.48万元。高档化妆品进口关税税率为40%;进口机器设备关税税率为20%;高档化妆品消费税税率为15%;高档化妆品和进口机器设备增值税税率为17%。

要求:结合第2、3、5章内容,计算应缴纳关税、消费税、增值税。

4.6.2　案例解析

(1) 进口高档化妆品

关税完税价格＝120＋10＋2＋18＝150(万元)

应缴纳关税＝150×40％＝60(万元)

组成计税价格＝(150＋60)÷(1－15％)＝247.06(万元)

应缴纳增值税＝247.06×17％＝42(万元)

应缴纳消费税＝247.06×15％＝37.06(万元)

(2) 进口机器设备

关税完税价格＝35＋5＝40(万元)

应缴纳关税＝40×20％＝8(万元)

组成计税价格＝40＋8＝48(万元)

应纳增值税＝48×17％＝8.16(万元)

(3) 本月增值税计算

货物销售额＝＝290＋51.48÷(1＋17％)＝334(万元)

当期销项税额＝334×17％＝56.78(万元)

当期进项税额＝42＋8.16＝50.16(万元)

应纳增值税＝56.78－50.16＝6.62(万元)

(4) 本月销售高档化妆品消费税计算

应缴纳消费税＝334×15％＝50.1(万元)

习题和实训 4

一、判断题

1. 关税是由税务机关对进出境货物征收的一种税。　　　　　　　(　　)

2. 出口货物完税价格由海关以该货物向境外销售的成交价格为基础审查确定,并应包括货物运至我国境内输出地点装载前的运输及其相关费用、保险费及出口关税税额。

(　　)

3. 滑准税是指关税的税率随着进口商品价格的变动而正比例变动的一种税率形式,即价格越高,税率也越高,其实质上是从价税。　　　　　　　(　　)

4. 根据我国关税条例的规定,个人邮递物品可以不缴纳关税。　　　　(　　)

5. 在海关对进出口货物进行完税价格审定时,如海关不接受申报价格,而认为有必要估定完税价格时,可以与进出口货物的纳税义务人进行价格磋商。　　(　　)

6. 在确定进口货物完税价格时,货物成交价格中含进口人向卖方支付的佣金,应该从完税价格中扣除。　　　　　　　(　　)

7. 世贸组织成员国中的任何国家对原产于我国的货物征收歧视性关税的,我国对原产于该国家的进口货物可以征收报复性关税。 (   )

8. 纳税义务人未按期缴纳税款的,从滞纳税款之日起,按日加收滞纳税款万分之一的滞纳金。 (   )

9. 在纳税义务人同海关发生纳税争议时,可以向海关申请复议,对有争议的应纳税款可以缓纳。 (   )

10. 进出口货物完税后,如发现少征或者漏征关税税款,海关应当自缴纳税款或者货物放行之日起一年内,向收发货人或者他们的代理人补征。 (   )

二、单项选择题

1. 我国负责关税征收工作的部门是(   )。

    A. 税务机关   B. 海关   C. 工商部门   D. 财政部门

2. 以下不计入进口货物关税完税价格的项目有(   )。

    A. 向自己的采购代理人支付的购货佣金

    B. 向代表买卖双方利益的经纪人支付的劳务费用

    C. 由买方负担的包装材料和包装劳务费用

    D. 由买方负担的与该货物视为一体的容器费用

3. 下列不是关税纳税义务人的是(   )。

    A. 进口货物的收货人   B. 出口货物的发货人

    C. 邮递出口物品的收件人   D. 进境物品的携带人

4. 任何国家或者地区对其进口的原产于我国的货物征收歧视性关税或者给予其他歧视性待遇的,我国对原产于该国家或者地区的进口货物征收(   )。

    A. 保障性关税   B. 报复性关税   C. 反倾销税   D. 反补贴税

5. 甲公司进口一台机器设备,成交价格为 4 500 万元人民币,起卸前运费和保险费共为 1.5 万元,购货佣金 4 万元,进口关税税率为 15%,则甲公司应纳进口关税为(   )。

    A. 60 万元   B. 60.18 万元   C. 675.225 万元   D. 60.825 万元

6. 出口货物的关税完税价格应该包括(   )。

    A. 离境口岸至境外口岸之间的运输保险费

    B. 支付给境外的佣金

    C. 工厂至离境口岸之间的运输保险费

    D. 出口关税

7. 纳税人应当自海关填发税款缴纳书(   ),向指定银行缴纳税款。

    A. 之日起 7 日内   B. 之日起 15 日内   C. 次日起 7 日内   D. 次日起 15 日内

8. 关税税额在人民币(   )元以下的一票货物可免征关税。

    A. 100   B. 50   C. 150   D. 200

9. 关税纳税义务人因不可抗力或者在国家税收政策调整的情形下,不能按期缴纳税款的,经海关总署批准,可以延期缴纳税款,但最多不得超过(   )。

　　A. 3个月　　　　　B. 6个月　　　　　C. 9个月　　　　　D. 12个月

10. 按关税法的规定,海关应予以补征关税时,补征期限为缴纳税款或货物放行之日起(　　　)。

　　A. 10年内　　　B. 3年内　　　C. 1年内　　　D. 2年内

三、多项选择题

1. 下列各项属于关税法定纳税义务人的有(　　　)。

　　A. 进口货物的收货人　　　　　　B. 出口货物的发货人

　　C. 进口货物的代理人　　　　　　D. 出口货物的代理人

2. 进口关税税率设有(　　　)。

　　A. 普通税率　　　B. 特惠税率　　　C. 协定税率　　　D. 最惠国税率

3. 下列关于关税的规定,说法正确的是(　　　)。

　　A. 我国进口关税税率共有最惠国税率、协定税率、特惠税率、普通税率等

　　B. 目前,我国对啤酒等部分商品计征从价税

　　C. 滑准税的特点是随进口商品价格由高到低而关税税率由低至高的变化

　　D. 目前关税税率计征办法有从价税、从量税、复合税和滑准税等

4. 下列各项中,属于关税征税对象的是(　　　)。

　　A. 贸易性商品

　　B. 个人邮寄物品

　　C. 入境旅客随身携带的行李和物品

　　D. 馈赠物品或以其他方式进入国境的个人物品

5. 进口货物成交价格中,如果未包括下列费用,则应调整计入完税价格(　　　)。

　　A. 进口人向其采购代理人支付的购货佣金

　　B. 进口人为购买进口货物,而向代表买卖双方利益的经纪人支付的劳务费用

　　C. 由买方负担的与该货物视为一体的容器费用

　　D. 运抵至内地输入地起卸前的运费、装卸费

6. 出口货物的完税价格应包括货物运至我国境内输出地点装载前的(　　　)。

　　A. 运输及其相关费用　　　　　　B. 保险费

　　C. 单独列明支付给境外的佣金　　　D. 出口关税税额

7. 下列出口货物完税价格确定方法中,符合关税法规定的有(　　　)。

　　A. 海关依法估价确定的完税价格

　　B. 以成交价格为基础确定的完税价格

　　C. 根据境内生产类似货物的成本、利润和费用计算出的价格

　　D. 以相同或类似的进口货物在境内销售价格为基础估定的完税价格

8. 关税的征收管理规定中,关于补征和追征的期限为(　　　)。

　　A. 补征期为1年内　　　　　　　B. 追征期为1年内

　　C. 补征期为3年内　　　　　　　D. 追征期为3年内

9. 下列各项,经海关审查无误,可以免征关税的有(　　　)。

A. 关税税额在人民币 10 元以下的一票货物

B. 无商业价值的广告品和货样

C. 外国政府无偿赠送的物资

D. 进出境运输工具装载途中必需的燃料和饮食用品

10. 下列各项中,属于《海关法》规定,可以自缴纳税款之日起一年内申请退税的有(　　)。

A. 进口后因不可抗力遭受损失或损坏的

B. 因海关误征,多缴纳税款的

C. 已征出口关税的货物,因故未装运出口,申报退关,经海关查验属实的

D. 已征进口关税的货物,因品质或规格原因,原状退货复运出境的

四、名词解释

关税　完税价格　滑准税　关税税则

五、简答题

1. 关税的纳税人、征税对象是什么?

2. 关税有哪些特点? 关税税率如何分类?

3. 如何确定进口货物的完税价格?

4. 关税应纳税额如何计算?

5. 关税征纳管理的内容包括哪些?

六、计算题

1. 甲公司进口一台机器设备,成交价格为 404 万元(人民币),到我国港口前的运费和保险费共为 1.5 万元,成交价格中包含有甲公司向境外采购代理人支付的购货佣金 4 万元,进口关税税率为 15%。计算甲公司应缴纳进口关税。

2. 某公司 3 月 1 日进口一批应税消费品,该批货物的货价为 350 万元人民币,支付途中运输费 40 万元,保险费 10 万元,关税税率为 10%,消费税税率为 30%,增值税税率为 17%。分别计算进口货物应纳关税、消费税、增值税。

3. 某进口公司进口摩托车 1 000 辆,经海关审定的货价为 180 万美元。另外,运抵我国境内输入地点起卸前的包装费 10 万美元,运输费 8 万美元,保险费 2 万美元。当天汇率为 8.3,摩托车的关税税率为 80%,消费税税率为 10%,增值税税率为 17%。分别计算关税、消费税、增值税。

4. 某城市建设公司为修建地铁,进口设备一批,货价 200 万元,包装费 5 万元,起运后至入关前运费 12 万元,到货后调试费 8 万元。假设进口货物关税税率为 15%。要求计算该单位应缴纳的进口关税和增值税。

第 5 章　企业所得税法

【内容摘要】　本章为最重要的章节之一。主要介绍我国企业所得税法律制度,要求学生了解企业所得税的纳税义务人、征税对象、税率、应纳税所得额的确定及征纳管理,重点掌握应纳税所得额和应纳税额的计算;难点是应纳税所得额的计算。通过本章学习,学生可以掌握办理有关企业所得税事宜的基本技能。

5.1　企业所得税法概述

企业所得税法是指国家制定的用以调整企业所得税征收与缴纳之间权利与义务关系的法律规范。企业所得税是国家对企业的生产经营所得和其他所得征收的一个税种。它是国家参与企业利润分配并调节其收益水平的一个关键性税种,体现国家与企业的分配关系。现行企业所得税法的基本规范是《中华人民共和国企业所得税法》(以下简称《企业所得税法》)及其实施条例,《企业所得税法》自 2008 年 1 月 1 日起施行。这是我国第一部中外企业合一的所得税法。企业所得税具有如下特点。

(1) 计税依据为年应纳税所得额。企业所得税的计税依据,是按照税法规定计算的,即纳税人的收入总额扣除各项成本、费用、税金、损失等项支出后的净所得额,既不等于企业实现的会计利润额,也不等于企业的增值额,更不是销售额或营业额。企业所得税是一种不同于商品劳务税的税种。

(2) 年应纳税所得额的计算较复杂。企业所得税以净所得为计税依据,其年应纳税所得额的计算必须涉及一定时期的成本、费用的归集与分摊。并且,政府往往将所得税作为调节国民收入分配、执行经济政策和社会政策的重要工具。因此,各国根据本国实际情况,在企业所得税法中经常规定,某些收入所得不计入应纳税所得额,某些支出不得在所得税前扣减。因此,应纳税所得额的计算程序很复杂。

(3) 体现量能负担的原则。企业所得税以纳税人的生产经营所得和其他所得为计税依据,体现了量能负担的原则,即所得多、负担能力大的,多缴税;所得少、负担能力小的,少缴税;无所得、没有负担能力的,不缴税。这样,将所得税收负担和纳税人所得多少联系起来计征税款,能够公平税负。

(4) 实行按年计征、分期预缴的征收管理办法。通过利润所得综合反映企业的经营成果,通常是按年度计算衡量的。所以,作为企业所得税计税依据的应纳税所得额通常也是按年计算,与会计年度及核算期限一致,企业所得税实行分月或分季预缴、年终汇算清缴的办法,有利于征收管理。

5.2　纳税义务人、征税对象、税率

5.2.1　纳税义务人

在中华人民共和国境内,企业和其他取得收入的组织(以下统称企业)为企业所得税的纳税人,依照《企业所得税法》的规定缴纳企业所得税。但须注意的是,个人独资企业、合伙企业不适用《企业所得税法》。其中,企业分为居民企业和非居民企业。居民企业和非居民企业的判断采用注册地和实际管理机构所在地的双重标准。

1. 居民企业

居民企业是指依法在中国境内成立,或者依照外国(地区)法律成立,但实际管理机构在中国境内的企业。

依法在中国境内成立的企业,包括依照中国法律、行政法规在中国境内成立的企业、事业单位、社会团体,以及其他取得收入的组织。依照外国(地区)法律成立的企业,包括依照外国(地区)法律成立的企业和其他取得收入的组织。

实际管理机构,是指对企业的生产经营、人员、账务、财产等实施实质性全面管理和控制的机构。

2. 非居民企业

非居民企业,是指依照外国(地区)法律成立且实际管理机构不在中国境内,但在中国境内设立机构、场所的,或者在中国境内未设立机构、场所,但有来源于中国境内所得的企业。

机构、场所是指在中国境内从事生产经营活动的机构、场所,包括:①管理机构、营业机构、办事机构;②工厂、农场、开采自然资源的场所;③提供劳务的场所;④从事建筑、安装、装配、修理、勘探等工程作业的场所;⑤其他从事生产经营活动的机构、场所。

非居民企业委托营业代理人在中国境内从事生产经营活动的,包括委托单位或者个人经常代其签订合同,或者储存、交付货物等,该营业代理人视为非居民企业在中国境内设立的机构、场所。

5.2.2　征税对象

企业所得税的征税对象是企业的生产经营所得和其他所得,但并不是企业取得的任何一项所得都是企业所得税的征税对象。

1．居民企业的所得

居民企业应当就其来源于中国境内、境外的所得缴纳企业所得税。所得包括销售货物所得、提供劳务所得、转让财产所得、股息红利等权益性投资所得、利息所得、租金所得、特许权使用费所得、接受捐赠所得和其他所得。来源于中国境内、境外的所得，按照以下原则确定：

(1) 销售货物所得，按照交易活动发生地确定；

(2) 提供劳务所得，按照劳务发生地确定；

(3) 转让财产所得，不动产转让所得按照不动产所在地确定，动产转让所得按照转让动产的企业或者机构、场所所在地确定，权益性投资资产转让所得按照被投资企业所在地确定；

(4) 股息、红利等权益性投资所得，按照分配所得的企业所在地确定；

(5) 利息所得、租金所得、特许权使用费所得，按照负担、支付所得的企业或者机构、场所所在地确定，或者按照负担、支付所得的个人的住所地确定；

(6) 其他所得，由国务院财政、税务主管部门确定。

2．非居民企业的所得

非居民企业在中国境内设立机构、场所的，应当就其所设机构、场所取得的来源于中国境内的所得，以及发生在中国境外但与其所设机构、场所有实际联系的所得，缴纳企业所得税；非居民企业在中国境内未设立机构、场所的，或者虽设立机构、场所但取得的所得与其所设机构、场所没有实际联系的，应当就其来源于中国境内的所得缴纳企业所得税。

实际联系是指非居民企业在中国境内设立的机构、场所拥有据以取得所得的股权、债权，以及拥有、管理、控制据以取得所得的财产等。

5.2.3　税率

企业所得税的税率是应纳所得税额与应纳税所得额的比率。

企业所得税的税率为 25％。居民企业来源于中国境内、境外的全部所得；非居民企业在中国境内设立机构、场所的，其所设机构、场所取得的来源于中国境内的所得，以及发生在中国境外但与其所设机构、场所有实际联系的所得，适用税率 25％。

非居民企业在中国境内未设立机构、场所，或者虽设立机构、场所但取得的所得与其所设机构、场所没有实际联系的，其来源于中国境内的所得，适用税率为 20％。

5.3　应纳税所得额

企业所得税的计税依据是年应纳税所得额。企业应纳税所得额的计算，以权责发生制为原则。属于当期的收入和费用，不论款项是否收付，均作为当期的收入和费用；不属于当期的收入和费用,即使款项已经在当期收付,均不作为当期的收入和费用。企业所得税法实施条例和国务院财政、税务主管部门另有规定的除外。

5.3.1 应纳税所得额的确定

1. 应纳税所得额的确定

应纳税所得额的计算一般有以下两种方法。

（1）直接计算法

在直接计算法下,企业每一纳税年度的收入总额减除不征税收入、免税收入、各项扣除,以及允许弥补的以前年度亏损后的余额,为应纳税所得额。计算公式为

$$年应纳税所得额=收入总额-不征税收入-免税收入-各项扣除$$
$$-允许弥补的以前年度亏损$$

其中亏损是指企业依照企业所得税法和实施条例的规定将每一纳税年度的收入总额减除不征税收入、免税收入和各项扣除后小于零的数额。

（2）间接计算法

在计算应纳税所得额时,企业财务、会计处理办法与税收法律、行政法规的规定不一致的,应当依照税收法律、行政法规的规定计算。在间接计算法下,在会计利润总额的基础上加或减按照税法规定调整的项目金额后,即为应纳税所得额。计算公式为

$$应纳税所得额=会计利润总额\pm纳税调整项目金额$$

税收调整项目金额包括的内容,一是企业的财务会计处理和税收规定不一致的应予以调整的金额;二是企业按税法规定准予扣除的税收金额。

2. 非居民企业应纳税所得额的确定

非居民企业在中国境内未设立机构、场所的,或者虽设立机构、场所但取得的所得与其所设机构、场所没有实际联系的,其应纳税所得额按照下列方法计算。

（1）股息、红利等权益性投资收益和利息、租金、特许权使用费所得,以收入全额为应纳税所得额。

（2）转让财产所得,以收入全额减除财产净值后的余额为应纳税所得额。

（3）其他所得参照前两项规定的方法计算应纳税所得额。

其中,收入全额是指非居民企业向支付人收取的全部价款和价外费用。

5.3.2 收入总额

1. 收入总额的定义

收入总额是指企业以货币形式和非货币形式从各种来源取得的收入。企业取得收入的货币形式包括现金、存款、应收账款、应收票据、准备持有至到期的债券投资,以及债务的豁免等。企业取得收入的非货币形式包括固定资产、生物资产、无形资产、股权投资、存

货、不准备持有至到期的债券投资、劳务,以及有关权益等。非货币形式的收入,其主要特征在于能为企业带来经济效益,但其具体金额是难以确定的。因而企业以非货币形式取得的收入,应当按照公允价值确定收入额。公允价值是指按照市场价格确定的价值。

2. 收入总额的内容

(1) 销售货物收入,是指企业销售商品、产品、原材料、包装物、低值易耗品,以及其他存货取得的收入。

(2) 提供劳务收入,是指企业从事建筑安装、修理修配、交通运输、仓储租赁、金融保险、邮电通信、咨询经纪、文化体育、科学研究、技术服务、教育培训、餐饮住宿、中介代理、卫生保健、社区服务、旅游、娱乐、加工,以及其他劳务服务活动取得的收入。

(3) 转让财产收入,是指企业转让固定资产、生物资产、无形资产、股权、债权等财产取得的收入。

企业转让股权收入,应于转让协议生效且完成股权变更手续时,确认收入的实现。转让股权收入扣除为取得该股权所发生的成本后,为股权转让所得。企业在计算股权转让所得时,不得扣除被投资企业未分配利润等股东留存收益中按该项股权所可能分配的金额。

(4) 股息、红利等权益性投资收益,是指企业因权益性投资从被投资方取得的收入。股息、红利等权益性投资收益,除国务院财政、税务主管部门另有规定外,按照被投资方做出利润分配决定的日期确认收入的实现。

被投资企业将股权(票)溢价所形成的资本公积转为股本的,不作为投资方企业的股息、红利收入,投资方企业也不得增加该项长期投资的计税基础。

(5) 利息收入,是指企业将资金提供他人使用但不构成权益性投资,或者因他人占用本企业资金取得的收入,包括存款利息、贷款利息、债券利息、欠款利息等收入。利息收入,按照合同约定的债务人应付利息的日期确认收入的实现。

(6) 租金收入,是指企业提供固定资产、包装物或者其他有形资产的使用权取得的收入。租金收入,按照合同约定的承租人应付租金的日期确认收入的实现。

其中,如果交易合同或协议中规定租赁期限跨年度,且租金提前一次性支付的,根据税法规定的收入与费用配比原则,出租人可对上述已确认的收入,在租赁期内,分期均匀计入相关年度收入。

(7) 特许权使用费收入,是指企业提供专利权、非专利技术、商标权、著作权,以及其他特许权的使用权取得的收入。特许权使用费收入按照合同约定的特许权使用人应付特许权使用费的日期确认收入的实现。

(8) 接受捐赠收入,是指企业接受的来自其他企业、组织或者个人无偿给予的货币性资产和非货币性资产。接受捐赠收入按照实际收到捐赠资产的日期确认收入的实现。

(9) 其他收入,是指企业取得的除上述第(1)项至第(8)项收入外的其他收入,包括企业资产溢余收入、逾期未退包装物押金收入、确实无法偿付的应付款项、已作坏账损失处理后又收回的应收款项、债务重组收入、补贴收入、违约金收入、汇兑收益等。

3．销售收入的确认

企业销售收入的确认,必须遵循权责发生制原则和实质重于形式原则。

(1) 企业销售商品同时满足下列条件的,应确认收入的实现。

① 商品销售合同已经签订,企业已将商品所有权相关的主要风险和报酬转移给购货方。

② 企业对已售出商品既没有保留通常与所有权相联系的继续管理权,也没有实施有效控制。

③ 收入的金额能够可靠地计量。

④ 已发生或将发生的销售方的成本能够可靠地核算。

(2) 符合收入确认条件,采取下列商品销售方式的,应按以下规定确认收入实现时间。

① 销售商品采用托收承付方式的,在办妥托收手续时确认收入。

② 销售商品采取预收款方式的,在发出商品时确认收入。

③ 销售商品需要安装和检验的,在购买方接受商品,以及安装和检验完毕时确认收入。如果安装程序比较简单,可在发出商品时确认收入。

④ 销售商品采用支付手续费方式委托代销的,在收到代销清单时确认收入。

(3) 采用售后回购方式销售商品的,销售的商品按售价确认收入,回购的商品作为购进商品处理。有证据表明不符合销售收入确认条件的,如以销售商品方式进行融资,收到的款项应确认为负债,回购价格大于原售价的,差额应在回购期间确认为利息费用。

(4) 销售商品以旧换新的,销售商品应当按照销售商品收入确认条件确认收入,回收的商品作为购进商品处理。

(5) 企业为促进商品销售而在商品价格上给予的价格扣除属于商业折扣,商品销售涉及商业折扣的,应当按照扣除商业折扣后的金额确定销售商品收入金额。

债权人为鼓励债务人在规定的期限内付款而向债务人提供的债务扣除属于现金折扣,销售商品涉及现金折扣的,应当按扣除现金折扣前的金额确定销售商品收入金额,现金折扣在实际发生时作为财务费用扣除。

企业因售出商品的质量不合格等原因而在售价上给的减让属于销售折让;企业因售出商品质量、品种不符合要求等原因而发生的退货属于销售退回。企业已经确认销售收入的售出商品发生销售折让和销售退回,应当在发生当期冲减当期销售商品收入。

4．提供劳务收入的确认

企业在各个纳税期末,提供劳务交易的结果能够可靠估计的,应采用完工进度(完工百分比)法确认提供劳务收入。

(1) 提供劳务交易的结果能够可靠估计,是指同时满足下列条件:收入的金额能够可靠地计量;交易的完工进度能够可靠地确定;交易中已发生和将发生的成本能够可靠地核算。

（2）企业提供劳务完工进度的确定,可选用下列方法：已完工作的测量；已提供劳务占劳务总量的比例；发生成本占总成本的比例。

（3）企业应按照从接受劳务方已收或应收的合同或协议价款确定劳务收入总额,根据纳税期末提供劳务收入总额乘以完工进度扣除以前纳税年度累计已确认提供劳务收入后的金额,确认为当期劳务收入；同时,按照提供劳务估计总成本乘以完工进度扣除以前纳税期间累计已确认劳务成本后的金额,结转为当期劳务成本。

（4）下列提供劳务满足收入确认条件的,应按规定确认收入。

① 安装费。应根据安装完工进度确认收入。安装工作是商品销售附带条件的,安装费在确认商品销售实现时确认收入。

② 宣传媒介的收费。应在相关的广告或商业行为出现于公众面前时确认收入。广告的制作费,应根据制作广告的完工进度确认收入。

③ 软件费。为特定客户开发软件的收费,应根据开发的完工进度确认收入。

④ 服务费。包含在商品售价内可区分的服务费,在提供服务期间分期确认收入。

⑤ 艺术表演、招待宴会和其他特殊活动的收费。在相关活动发生时确认收入。收费涉及几项活动的,预收的款项应合理分配给每项活动,分别确认收入。

⑥ 会员费。申请入会或加入会员,只允许取得会籍,所有其他服务或商品都要另行收费的,在取得该会员费时确认收入。申请入会或加入会员后,会员在会员期内不再支付费用就可得到各种服务或商品,或者以低于非会员的价格销售商品或提供服务的,该会员费应在整个受益期内分期确认收入。

⑦ 特许权费。属于提供设备和其他有形资产的特许权费,在交付资产或转移资产所有权时确认收入；属于提供初始及后续服务的特许权费,在提供服务时确认收入。

⑧ 劳务费。长期为客户提供重复劳务所收取的劳务费,在相关劳务活动发生时确认收入。

5．特殊情况

企业的下列生产经营业务可以分期确认收入的实现：以分期收款方式销售货物的,按照合同约定的收款日期确认收入的实现；企业受托加工制造大型机械设备、船舶、飞机,以及从事建筑、安装、装配工程业务或者提供其他劳务等,持续时间超过 12 个月的,按照纳税年度内完工进度或者完成的工作量确认收入的实现。

采取产品分成方式取得收入的,按照企业分得产品的日期确认收入的实现,其收入额按照产品的公允价值确定。

企业发生非货币性资产交换,以及将货物、财产、劳务用于捐赠、偿债、赞助、集资、广告、样品、职工福利或者利润分配等用途的,应当视同销售货物、转让财产或者提供劳务,但国务院财政、税务主管部门另有规定的除外。

企业以买一赠一等方式组合销售本企业商品的,不属于捐赠,应将总的销售金额按各项商品的公允价值的比例来分摊确认各项的销售收入。

5.3.3　不征税收入和免税收入

1. 不征税收入

（1）财政拨款，是指各级人民政府对纳入预算管理的事业单位、社会团体等组织拨付的财政资金，但国务院和国务院财政、税务主管部门另有规定的除外。

（2）依法收取并纳入财政管理的行政事业性收费、政府性基金。行政事业性收费，是指依照法律法规等有关规定，按照国务院规定程序批准，在实施社会公共管理，以及在向公民、法人或者其他组织提供特定公共服务的过程中，向特定对象收取并纳入财政管理的费用。政府性基金，是指企业依照法律、行政法规等有关规定，代政府收取的具有专项用途的财政资金。

（3）国务院规定的其他不征税收入，是指企业取得的、由国务院财政、税务主管部门规定专项用途并经国务院批准的财政性资金。

2. 免税收入

（1）国债利息收入，即企业持有国务院财政部门发行的国债取得的利息收入。

（2）符合条件的居民企业之间的股息、红利等权益性投资收益，即居民企业直接投资于其他居民企业取得的投资收益。

（3）在中国境内设立机构、场所的非居民企业从居民企业取得与该机构、场所有实际联系的股息、红利等权益性投资收益。

第（2）（3）项的股息、红利等权益性投资收益，不包括连续持有居民企业公开发行并上市流通的股票不足12个月取得的投资收益。

（4）符合条件的非营利组织的收入，不包括非营利组织从事营利性活动取得的收入，但国务院财政、税务主管部门另有规定的除外。符合条件的非营利组织，是指同时符合下列条件的组织：

① 依法履行非营利组织登记手续；

② 从事公益性或者非营利性活动；

③ 取得的收入除用于与该组织有关的、合理的支出外，全部用于登记核定或者章程规定的公益性或者非营利性事业；

④ 财产及其孳息不用于分配；

⑤ 按照登记核定或者章程规定，该组织注销后的剩余财产用于公益性或者非营利性目的，或者由登记管理机关转赠给与该组织性质、宗旨相同的组织，并向社会公告；

⑥ 投入人对投入该组织的财产不保留或者享有任何财产权利；

⑦ 工作人员工资福利开支控制在规定的比例内，不变相分配该组织的财产。

5.3.4　各项扣除

企业所发生的支出，是否准予在税前扣除，以及扣除范围和标准的大小，直接决定着企业应纳税所得额的计算,进而影响到企业应纳税额的大小。

1. 准予扣除的支出的基本范围

税法规定,企业实际发生的与取得收入有关的、合理的支出,包括成本、费用、税金、损失和其他支出,准予在计算应纳税所得额时扣除。除税法另有规定外,企业实际发生的成本、费用、税金、损失和其他支出,不得重复扣除。

成本是指企业在生产经营活动中发生的销售成本、销货成本、业务支出,以及其他耗费。

费用是指企业在生产经营活动中发生的销售费用、管理费用和财务费用,已经计入成本的有关费用除外。

税金是指企业发生的除企业所得税和允许抵扣的增值税以外的各项税金及其附加。

损失是指企业在生产经营活动中发生的固定资产和存货的盘亏、毁损、报废损失,转让财产损失,呆账损失,坏账损失,自然灾害等不可抗力因素造成的损失,以及其他损失。企业发生的损失,减除责任人赔偿和保险赔款后的余额,依照国务院财政、税务主管部门的规定扣除。企业已经作为损失处理的资产,在以后纳税年度又全部收回或者部分收回时,应当计入当期收入。

其他支出是指除成本、费用、税金、损失外,企业在生产经营活动中发生的与生产经营活动有关的、合理的支出。有关的支出,是指与取得收入直接相关的支出。合理的支出,是指符合生产经营活动常规,应当计入当期损益或者有关资产成本的必要和正常的支出。

此外,企业发生的支出应当区分收益性支出和资本性支出。收益性支出在发生当期直接扣除;资本性支出应当分期扣除或者计入有关资产成本,不得在发生当期直接扣除。企业的不征税收入用于支出所形成的费用或者财产,不得扣除或者计算对应的折旧、摊销扣除。

2. 部分扣除项目的具体范围和标准

根据有关规定,下列项目允许按照规定的范围和标准扣除。

(1) 工资薪金支出。企业发生的合理的工资薪金支出,准予扣除。合理工资薪金,是指企业按照股东大会、董事会、薪酬委员会或相关管理机构制定的工资薪金制度规定实际发放给员工的工资薪金,不包括企业的职工福利费、职工教育经费、工会经费,以及养老保险费、医疗保险费、失业保险费、工伤保险费、生育保险费等社会保险费和住房公积金。属于国有性质的企业,其工资薪金不得超过政府有关部门给予的限定数额;超过部分不得计入企业工资薪金总额,也不得在计算企业应纳税所得额时扣除。

对合理的判断,主要从雇员实际提供的服务与报酬总额在数量上是否配比合理进行,凡是符合企业生产经营活动常规而发生的工资薪金支出都可以在税前据实扣除。工资薪金,是指企业每一纳税年度支付给在本企业任职或者受雇的员工的所有现金形式或者非现金形式的劳动报酬,包括基本工资、奖金、津贴、补贴、年终加薪、加班工资,以及与员工任职或者受雇有关的其他相应支出。

（2）三项经费。企业发生的职工福利费支出，不超过工资薪金总额14%的部分，准予扣除。企业职工福利费，包括以下内容。

① 尚未实行分离办社会职能的企业，其内设福利部门所发生的设备、设施和人员费用，包括职工食堂、职工浴室、理发室、医务所、托儿所、疗养院等集体福利部门的设备、设施及维修保养费用和福利部门工作人员的工资薪金、社会保险费、住房公积金、劳务费等。

② 为职工卫生保健、生活、住房、交通等所发放的各项补贴和非货币性福利，包括企业向职工发放的因公外地就医费用、未实行医疗统筹企业职工医疗费用、职工供养直系亲属医疗补贴、供暖费补贴、职工防暑降温费、职工困难补贴、救济费、职工食堂经费补贴、职工交通补贴等。

③ 按照其他规定发生的其他职工福利费，包括丧葬补助费、抚恤费、安家费、探亲假路费等。

企业发生的职工福利费，应该单独设置账册，进行准确核算。没有单独设置账册准确核算的，税务机关应责令企业在规定的期限内进行改正。逾期仍未改正的，税务机关可对企业发生的职工福利费进行合理的核定。

企业拨缴的工会经费，不超过工资薪金总额2%的部分，准予扣除。

除国务院财政、税务主管部门另有规定外，企业发生的职工教育经费支出，不超过工资薪金总额2.5%的部分，准予扣除；超过部分，准予在以后纳税年度结转扣除。

自2015年1月1日起，高新技术企业发生的职工教育经费支出，不超过工资薪金总额8%的部分，准予在计算企业所得税应纳税所得额时扣除；超过部分，准予在以后纳税年度结转扣除。所称高新技术企业，是指注册在中国境内、实行查账征收、经认定的高新技术企业。

（3）五险一金。企业依照国务院有关主管部门或者省级人民政府规定的范围和标准为职工缴纳的基本养老保险费、基本医疗保险费、失业保险费、工伤保险费、生育保险费等基本社会保险费和住房公积金，准予扣除。企业为投资者或者职工支付的补充养老保险费、补充医疗保险费，在国务院财政、税务主管部门规定的范围和标准内，准予扣除。

除企业依照国家有关规定为特殊工种职工支付的人身安全保险费和国务院财政、税务主管部门规定可以扣除的其他商业保险费外，企业为投资者或者职工支付的商业保险费，不得扣除。

（4）借款费用。企业在生产经营活动中发生的合理的不需要资本化的借款费用，准予扣除。

企业在生产经营活动中发生的下列利息支出，准予扣除：①非金融企业向金融企业借款的利息支出、金融企业的各项存款利息支出和同业拆借利息支出、企业经批准发行债券的利息支出；②非金融企业向非金融企业借款的利息支出，不超过按照金融企业同期同类贷款利率计算的数额的部分。

企业为购置、建造固定资产、无形资产和经过12个月以上的建造才能达到预定可销售状态的存货发生借款的，在有关资产购置、建造期间发生的合理的借款费用，应当作为资本性支出计入有关资产的成本，并依照规定扣除。

企业接受关联方债权性投资利息支出税前扣除按以下规定处理。

① 在计算应纳税所得额时,企业实际支付给关联方的利息支出,不超过规定比例(接受关联方债权性投资与其权益性投资比例,金融企业为5∶1;其他企业为2∶1)和《企业所得税法》及其实施条例规定计算的部分,准予扣除,超过的部分不得在发生当期和以后年度扣除。

② 企业如果能够按照《企业所得税法》及其实施条例的规定提供相关资料,并证明相关交易活动符合独立交易原则的,或者该企业的实际税负不高于境内关联方的,其实际支付给境内关联方的利息支出,在计算应纳税所得额时准予扣除。

③ 企业同时从事金融业务和非金融业务,其实际支付给关联方的利息支出,应按照合理方法分开计算;没有按照合理方法分开计算的,一律按有关其他企业的比例计算准予税前扣除的利息支出。企业自关联方取得的不符合规定的利息收入应按照有关规定缴纳企业所得税。

(5) 业务招待费。企业发生的与生产经营活动有关的业务招待费支出,按照发生额的60%扣除,但最高不得超过当年销售(营业)收入的5‰。

(6) 广告费和业务宣传费支出。企业发生的符合条件的广告费和业务宣传费支出,除国务院财政、税务主管部门另有规定外,不超过当年销售(营业)收入15%的部分,准予扣除;超过部分,准予在以后纳税年度结转扣除。

(7) 公益性捐赠支出。企业发生的公益性捐赠支出,在年度利润总额12%以内的部分,准予在计算应纳税所得额时扣除。自2017年2月24日起,超过部分,准予在以后3年内结转扣除。年度利润总额,是指企业依照国家统一会计制度的规定计算的大于零的年度会计利润。

公益性捐赠,是指企业通过公益性社会团体或者县级(含县级)以上人民政府及其部门,用于《中华人民共和国公益事业捐赠法》规定的公益事业的捐赠。具体范围包括:①救助灾害、救济贫困、扶助残疾人等困难的社会群体和个人的活动;②教育、科学、文化、卫生、体育事业;③环境保护、社会公共设施建设;④促进社会发展和进步的其他社会公共和福利事业。

公益性社会团体,是指同时符合下列条件的基金会、慈善组织等社会团体:①依法登记,具有法人资格;②以发展公益事业为宗旨,且不以营利为目的;③全部资产及其增值为该法人所有;④收益和营运结余主要用于符合该法人设立目的的事业;⑤终止后的剩余财产不归属任何个人或者营利组织;⑥不经营与其设立目的无关的业务;⑦有健全的财务会计制度;⑧捐赠者不以任何形式参与社会团体财产的分配;⑨国务院财政、税务主管部门会同国务院民政部门等登记管理部门规定的其他条件。

(8) 存货成本。企业使用或者销售存货,按照规定计算的存货成本,准予在计算应纳税所得额时扣除。

(9) 汇兑损失。企业在货币交易中,以及纳税年度终了时,将人民币以外的货币性资产、负债按照期末即期人民币汇率中间价折算为人民币时产生的汇兑损失,除已经计入有关资产成本,以及与向所有者进行利润分配相关的部分外,准予扣除。

(10) 环保支出。企业依照法律、行政法规有关规定提取的用于环境保护、生态恢复等方面的专项资金,准予扣除。上述专项资金提取后改变用途的,不得扣除。

(11) 企业参加财产保险,按照规定缴纳的保险费,准予扣除。

(12) 企业根据生产经营活动的需要租入固定资产支付的租赁费,按照以下方法扣除:

① 以经营租赁方式租入固定资产发生的租赁费支出,按照租赁期限均匀扣除;

② 以融资租赁方式租入固定资产发生的租赁费支出,按照规定构成融资租入固定资产价值的部分,应当提取折旧费用,分期扣除。

(13) 企业发生的合理的劳动保护支出,准予扣除。

(14) 非居民企业在中国境内设立的机构、场所,就其中国境外总机构发生的与该机构、场所生产经营有关的费用,能够提供总机构出具的费用汇集范围、定额、分配依据和方法等证明文件,并合理分摊的,准予扣除。

(15) 企业发生的手续费及佣金支出。

① 企业发生与生产经营有关的手续费及佣金支出,不超过以下规定计算限额以内的部分,准予扣除;超过部分,不得扣除。

Ⅰ. 保险企业。财产保险企业按当年全部保费收入扣除退保金等后余额的 15%(含本数,下同)计算限额。人身保险企业按当年全部保费收入扣除退保金等后余额的 10% 计算限额。

Ⅱ. 其他企业。按与具有合法经营资格中介服务机构或个人(不含交易双方及其雇员、代理人和代表人等)所签订服务协议或合同确认的收入金额的 5% 计算限额。

② 企业应与具有合法经营资格的中介服务企业或个人签订代办协议或合同,并按国家有关规定支付手续费及佣金。除委托个人代理外,企业以现金等非转账方式支付的手续费及佣金不得在税前扣除。企业为发行权益性证券支付给有关证券承销机构的手续费及佣金不得在税前扣除。

③ 企业不得将手续费及佣金支出计入回扣、业务提成、返利、进场费等费用。

④ 企业已计入固定资产、无形资产等相关资产的手续费及佣金支出,应当通过折旧、摊销等方式分期扣除,不得在发生当期直接扣除。

⑤ 企业支付的手续费及佣金不得直接冲减服务协议或合同金额,并如实入账。

⑥ 企业应当如实向当地主管税务机关提供当年手续费及佣金计算分配表和其他相关资料,并依法取得合法真实凭证。

(16) 固定资产折旧。企业固定资产会计折旧年限如果短于税法规定的最低折旧年限,其按会计折旧年限计提的折旧高于按税法规定的最低折旧年限计提的折旧部分,应调增当期应纳税所得额;企业固定资产会计折旧年限已期满且会计折旧已提足,但税法规定的最低折旧年限尚未到期且税收折旧尚未足额扣除,其未足额扣除的部分准予在剩余的税收折旧年限继续按规定扣除。

企业固定资产会计折旧年限如果长于税法规定的最低折旧年限,其折旧应按会计折旧年限计算扣除,税法另有规定除外。

企业按会计规定提取的固定资产减值准备,不得税前扣除,其折旧仍按税法确定的固定资产计税基础计算扣除。企业按税法规定实行加速折旧的,其按加速折旧办法计算的折旧额可全额在税前扣除。

5.3.5　不得扣除的支出和亏损弥补

1. 不得扣除的支出

在计算应纳税所得额时,下列支出不得扣除。

(1) 向投资者支付的股息、红利等权益性投资收益款项。

(2) 企业所得税税款。

(3) 税收滞纳金。

(4) 罚金、罚款和被没收财物的损失。

(5) 超过扣除标准的公益救济性捐赠和公益救济性以外的捐赠支出。

(6) 赞助支出。即企业发生的与生产经营活动无关的各种非广告性质的赞助支出。

(7) 未经核定的准备金支出。即不符合国务院财政、税务主管部门规定的各项资产减值准备、风险准备等准备金支出。

(8) 与取得收入无关的其他支出。

另外,企业之间支付的管理费、企业内营业机构之间支付的租金和特许权使用费,以及非银行企业内营业机构之间支付的利息,不得扣除。

企业对外投资期间,投资资产的成本在计算应纳税所得额时不得扣除。

2. 亏损弥补

企业纳税年度发生的亏损,准予向以后年度结转,用以后年度的所得弥补,但结转年限最长不得超过 5 年。这里所说的亏损,不是企业财务报表中反映的亏损额,而是企业财务报表中的亏损额经税务机关按规定核实调整后的金额。企业在汇总计算缴纳企业所得税时,其境外营业机构的亏损不得抵减境内营业机构的赢利。

5.3.6　资产的税务处理

企业的各项资产,包括固定资产、生物资产、无形资产、长期待摊费用、投资资产、存货等,以历史成本为计税基础。历史成本,是指企业取得该项资产时实际发生的支出。

企业持有各项资产期间资产增值或者减值,除国务院财政、税务主管部门规定可以确认损益外,不得调整该资产的计税基础。

1. 固定资产的税务处理

固定资产是指企业为生产产品、提供劳务、出租或者经营管理而持有的、使用时间超过 12 个月的非货币性资产,包括房屋、建筑物、机器、机械、运输工具,以及其他与生产经营活动有关的设备、器具、工具等。

(1) 固定资产计税基础的确定

① 外购的固定资产,以购买价款和支付的相关税费,以及直接归属于使该资产达到

预定用途发生的其他支出为计税基础。

② 自行建造的固定资产,以竣工结算前发生的支出为计税基础。

③ 融资租入的固定资产,以租赁合同约定的付款总额和承租人在签订租赁合同过程中发生的相关费用为计税基础,租赁合同未约定付款总额的,以该资产的公允价值和承租人在签订租赁合同过程中发生的相关费用为计税基础。

④ 盘盈的固定资产,以同类固定资产的重置完全价值为计税基础。

⑤ 通过捐赠、投资、非货币性资产交换、债务重组等方式取得的固定资产,以该资产的公允价值和支付的相关税费为计税基础。

⑥ 改建的固定资产,除改建的已足额提取折旧和租入的固定资产计入长期待摊费用的外,以改建过程中发生的改建支出增加为计税基础。

(2) 固定资产折旧方法和范围

固定资产按照直线法计算的折旧,准予在计算应纳税所得额时扣除。企业应当根据固定资产的性质和使用情况,合理确定固定资产的预计净残值。固定资产的预计净残值一经确定,不得变更。从事开采石油、天然气等矿产资源的企业,在开始商业性生产前发生的费用和有关固定资产的折耗、折旧方法,由国务院财政、税务主管部门另行规定。

企业应当自固定资产投入使用月份的次月起计算折旧;停止使用的固定资产,应当自停止使用月份的次月起停止计算折旧。下列固定资产不得计算折旧扣除:

① 房屋、建筑物以外未投入使用的固定资产;

② 以经营租赁方式租入的固定资产;

③ 以融资租赁方式租出的固定资产;

④ 已足额提取折旧仍继续使用的固定资产;

⑤ 与经营活动无关的固定资产;

⑥ 单独估价作为固定资产入账的土地;

⑦ 其他不得计算折旧扣除的固定资产。

(3) 固定资产折旧年限

除国务院财政、税务主管部门另有规定外,固定资产计算折旧的最低年限如下:

① 房屋、建筑物为 20 年;

② 飞机、火车、轮船、机器、机械和其他生产设备为 10 年;

③ 与生产经营活动有关的器具、工具、家具等为 5 年;

④ 飞机、火车、轮船以外的运输工具为 4 年;

⑤ 电子设备为 3 年。

改建的固定资产延长使用年限的,除改建的已足额提取折旧和租入的固定资产因计入长期待摊费用的外,应当适当延长折旧年限。

2. 生产性生物资产的税务处理

生产性生物资产是指企业为生产农产品、提供劳务或者出租等而持有的生物资产,包括经济林、薪炭林、产畜和役畜等。

（1）生产性生物资产计税基础的确定

① 外购的生产性生物资产，以购买价款和支付的相关税费为计税基础。

② 通过捐赠、投资、非货币性资产交换、债务重组等方式取得的生产性生物资产，以该资产的公允价值和支付的相关税费为计税基础。

（2）生产性生物资产的折旧方法和范围

生产性生物资产按照直线法计算的折旧，准予扣除。企业应当根据生产性生物资产的性质和使用情况，合理确定生产性生物资产的预计净残值。生产性生物资产的预计净残值一经确定，不得变更。

企业应当自生产性生物资产投入使用月份的次月起计算折旧。停止使用的生产性生物资产，应当自停止使用月份的次月起停止计算折旧。

（3）生产性生物资产的折旧年限

生产性生物资产计算折旧的最低年限如下：林木类生产性生物资产为 10 年；畜类生产性生物资产为 3 年。

3．无形资产的税务处理

无形资产是指企业为生产产品、提供劳务、出租或者经营管理而持有的、没有实物形态的非货币性长期资产，包括专利权、商标权、著作权、土地使用权、非专利技术、商誉等。

（1）无形资产计税基础的确定

① 外购的无形资产，以购买价款和支付的相关税费，以及直接归属于使该资产达到预定用途发生的其他支出为计税基础。

② 自行开发的无形资产，以开发过程中该资产符合资本化条件后至达到预定用途前发生的支出为计税基础。

③ 通过捐赠、投资、非货币性资产交换、债务重组等方式取得的无形资产，以该资产的公允价值和支付的相关税费为计税基础。

（2）无形资产摊销方法和范围

无形资产按照直线法计算的摊销费用，准予在计算应纳税所得额时扣除。

下列无形资产不得计算摊销费用扣除：①自行开发的支出已在计算应纳税所得额时扣除的无形资产；②自创商誉；③与经营活动无关的无形资产；④其他不得计算摊销费用扣除的无形资产。

（3）无形资产的摊销年限

无形资产的摊销年限不得低于 10 年。作为投资或者受让的无形资产，有关法律规定或者合同约定了使用年限的，可以按照规定或者约定的使用年限分期摊销。外购商誉的支出，在企业整体转让或者清算时，准予扣除。

4．长期待摊费用的税务处理

企业发生长期待摊费用，按照规定摊销的，准予在计算应纳税所得额时扣除。企业发生的下列支出作为长期待摊费用，按规定准予扣除。

（1）已足额提取折旧的固定资产的改建支出，按照固定资产预计尚可使用年限分期摊销。

（2）租入固定资产的改建支出，按照合同约定的剩余租赁期限分期摊销。此项改建支出也能改变房屋或者建筑物结构、延长使用年限。

第（1）（2）项固定资产的改建支出，是指改变房屋或者建筑物结构，延长使用年限等发生的支出。

（3）固定资产的大修理支出，即同时符合下列条件的支出：①修理支出达到取得固定资产时的计税基础 50% 以上；②修理后固定资产的使用年限延长 2 年以上。固定资产的大修理支出按照固定资产尚可使用年限分期摊销。

（4）其他应当作为长期待摊费用的支出，自支出发生月份的次月起分期摊销，摊销年限不得低于 3 年。

5. 投资资产的税务处理

投资资产是指企业对外进行权益性投资和债权性投资形成的资产。

企业对外投资期间，投资资产的成本在计算应纳税所得额时不得扣除。

企业在转让或者处置投资资产时，投资资产的成本准予扣除。

投资资产按照以下方法确定成本：①通过支付现金方式取得的投资资产，以购买价款为成本；②通过支付现金以外的方式取得的投资资产，以该资产的公允价值和支付的相关税费为成本。

6. 存货的税务处理

存货是指企业持有以备出售的产品或者商品、处在生产过程中的在产品、在生产或者提供劳务过程中耗用的材料和物料等。

（1）存货成本的确定

① 通过支付现金方式取得的存货，以购买价款和支付的相关税费为成本。

② 通过支付现金以外的方式取得的存货，以该存货的公允价值和支付的相关税费为成本。

③ 生产性生物资产收获的农产品，以产出或者采收过程中发生的材料费、人工费和分摊的间接费用等必要支出为成本。

（2）发出存货的成本

企业使用或者销售存货，按照规定计算的存货成本，准予在计算应纳税所得额时扣除。企业使用或者销售的存货的成本计算方法，可以在先进先出法、加权平均法、个别计价法中选用一种。计价方法一经选用，不得随意变更。

7. 资产转让的税务处理

企业转让资产，该项资产的净值准予在计算应纳税所得额时扣除。资产净值，是指有关资产的计税基础减除已经按照规定扣除的折旧、折耗、摊销、准备金等后的余额。

除国务院财政、税务主管部门另有规定外，企业在重组过程中，应当在交易发生时确认有关资产的转让所得或者损失，相关资产应当按照交易价格重新确定计税基础。

5.3.7 特别纳税调整

企业与其关联方之间的业务往来,应当符合独立交易原则。企业与其关联方共同开发、受让无形资产,或者共同提供、接受劳务发生的成本,在计算应纳税所得额时应当按照独立交易原则进行分摊。

企业可以向税务机关提出与其关联方之间业务往来的定价原则和计算方法,税务机关与企业协商、确认后,达成预约定价安排。

企业与其关联方之间的业务往来,不符合独立交易原则而减少企业或者其关联方应纳税收入或者所得额的,税务机关有权按照合理方法调整。

税务机关在进行关联业务调查时,企业及其关联方以及与关联业务调查有关的其他企业,应当按照规定提供相关资料。企业不提供与其关联方之间业务往来资料,或者提供虚假的、不完整的资料,未能真实反映其关联业务往来情况的,税务机关有权依法核定其应纳税所得额。

由居民企业,或者由居民企业和中国居民控制的设立在实际税负明显低于企业所得税法规定税率水平的国家(地区)的企业,并非由于合理的经营需要而对利润不作分配或者减少分配的,上述利润中应归属于该居民企业的部分,应当计入该居民企业的当期收入。

企业从其关联方接受的债权性投资与权益性投资的比例超过规定标准而发生的利息支出,不得在计算应纳税所得额时扣除。

企业实施其他不具有合理商业目的的安排而减少其应纳税收入或者所得额的,税务机关有权按照合理方法调整。

5.4 应纳所得税额的计算

5.4.1 应纳税额的计算

应纳税额是企业依照规定应向国家缴纳的税款。

居民企业的应纳税所得额乘以适用税率为应纳税额。如果有依法减征、免征和抵免的应纳税额,应当从企业的应纳税额中减除。应纳税额的计算公式为

应纳税额＝年应纳税所得额×税率－减免税额－抵免税额

非居民企业的应纳税所得额乘以适用税率为应纳税额。应纳税额的计算公式为

应纳税额＝年应纳税所得额×税率

例 5-1 某居民企业 2015 年全年取得销售收入总额为 3 100 万元,取得租金收入50 万元;销售成本、销售费用、管理费用、财务费用、营业税金及附加共计 2 700 万元;"营业外支出"中列支 35 万元,其中,通过希望工程基金委员会向某灾区捐款 10 万元,直接向某困难地区捐赠 5 万元,非广告性赞助 20 万元。假定没有减免和抵免金额,没有投资收

益、公允价值变动损益和资产减值损失等。计算该企业全年应缴纳的企业所得税税额。

(1) 会计利润=3 100+50-2 700-35=415(万元)。

(2) 公益性捐赠扣除限额=415×12%=49.8(万元)。

由于实际发生公益性捐赠10万元低于公益性捐赠扣除限额49.8万元,因而可以据实扣除。

(3) 直接捐赠不得税前扣除,纳税调增5万元。

(4) 非广告性赞助支出20万元不得税前扣除,需要做纳税调增。

(5) 应纳税所得额=415+5+20=440(万元)。

(6) 应纳所得税额=440×25%=110(万元)。

例 5-2　某外国公司实际管理机构不在中国境内,也未在中国设立机构场所,2015年从中国境内某企业获得专有技术使用权转让收入200万元,该技术的成本80万元,从外商投资企业取得税后利润300万元,此外转让其在中国境内的房屋一栋,转让收入3 000万元,原值1 000万元,已提折旧600万元。该外国公司上述所得适用税率减按10%征收。计算该外国公司应当缴纳的企业所得税。

$$应纳税所得额=200+300+(3\ 000-400)=3\ 100(万元)$$
$$应纳所得税=3\ 100×10\%=310(万元)$$

5.4.2　税收抵免

税收抵免是避免对同一所得重复征税的一种重要措施。企业应当提供中国境外税务机关出具的税款所属年度的有关纳税凭证,依照企业所得税法规定申请抵免企业所得税税额。

1. 直接抵免

直接抵免是对境外所得直接负担的所得税给予抵免的办法。税法规定,企业取得的来源于境外的所得已在境外缴纳的所得税税额,可以从其当期应纳税额中抵免,抵免限额为该项所得依照《企业所得税法》规定计算的应纳税额;超过抵免限额的部分,可以在以后5个年度内,用每年度抵免限额抵免当年应抵税额后的余额进行抵补。

(1) 已在境外缴纳的所得税税额

已在境外缴纳的所得税税额,是指企业来源于中国境外的所得依照中国境外税收法律以及相关规定应当缴纳并已经实际缴纳的企业所得税性质的税款。来源于中国境外的所得是指:

① 居民企业来源于中国境外的应税所得;

② 非居民企业在中国境内设立机构、场所,取得发生在中国境外但与该机构、场所有实际联系的应税所得。

(2) 抵免限额的确定

抵免限额,是指企业来源于中国境外的所得,依照企业所得税法和条例的规定计算的应纳税额。除国务院财政、税务主管部门另有规定外,该抵免限额应当分国(地区)不分项计算,计算公式如下:

$$抵免限额 = \frac{中国境内、境外所得依照}{企业所得税法和条例 \atop 的规定计算的应纳税总额} \times \frac{来源于某国(地区)的 \atop 应纳税所得额}{中国境内、境外应纳 \atop 税所得总额}$$

（3）抵免年度

可以进行抵免的 5 个年度，是指从企业取得的来源于中国境外的所得，已经在中国境外缴纳的企业所得税性质的税额超过抵免限额的当年的次年起连续 5 个纳税年度。

例 5-3　某企业在 2015 年度境内经营应纳税所得额为 200 万元。其在 A、B 两国设有分支机构（我国已与 A、B 两国签订避免双重征税协定）。A 国分支机构所得为 40 万元，A 国规定的税率为 20%，在 A 国实际缴纳的所得税为 8 万元。B 国分支机构所得为 60 万元，B 国规定的税率为 30%，在 B 国实际缴纳的所得税额为 18 万元。计算企业汇总 2015 年所得时在我国应缴纳的企业所得税。

该企业按我国税法计算的境内、境外所得的应纳税额 ＝（200＋40＋60）×25%
＝75（万元）

A 国扣除限额 ＝75×40÷（200＋40＋60）＝10（万元）

B 国扣除限额 ＝75×60÷（200＋40＋60）＝15（万元）

在 A 国实际缴纳的所得税为 8 万元，低于扣除限额 10 万元，因而可全额扣除；在 B 国实际缴纳的所得税为 18 万元，高于扣除限额 15 万元，因而超过扣除限额的部分 3 万元当年不能扣除。

汇总时在我国应缴纳的所得税 ＝75－8－15＝52（万元）

2. 间接抵免

间接抵免是对境外所得（如股息、红利所得）间接负担的所得税给予抵免的方法。我国税法中首次引入间接抵免办法。

居民企业从其直接或者间接控制的外国企业分得的来源于中国境外的股息、红利等权益性投资收益，外国企业在境外实际缴纳的所得税税额中属于该项所得负担的部分，可以作为该居民企业的可抵免境外所得税税额，比照直接抵免的规定在抵免限额内抵免。

直接控制是指居民企业直接持有外国企业 20% 以上股份。

间接控制是指居民企业以间接持股方式持有外国企业 20% 以上股份，具体认定办法由国务院财政、税务主管部门另行制定。

5.5　征纳管理

5.5.1　税收优惠

国家对重点扶持和鼓励发展的产业和项目，给予企业所得税优惠。企业同时从事适用不同企业所得税待遇的项目的，其优惠项目应当单独计算所得，并合理分摊企业的期间费用;没有单独计算的,不得享受企业所得税优惠。

1. 企业的下列所得,可以免征、减征企业所得税

(1) 企业从事农、林、牧、渔业项目的所得,可以免征、减征企业所得税。

① 企业从事下列项目的所得,免征企业所得税。蔬菜、谷物、薯类、油料、豆类、棉花、麻类、糖料、水果、坚果的种植;农作物新品种的选育;中药材的种植;林木的培育和种植;牲畜、家禽的饲养;林产品的采集;灌溉、农产品初加工、兽医、农技推广、农机作业和维修等农、林、牧、渔服务业项目;远洋捕捞。

② 企业从事下列项目的所得,减半征收企业所得税:花卉、茶,以及其他饮料作物和香料作物的种植;海水养殖、内陆养殖。

企业从事国家限制和禁止发展的项目,不得享受企业所得税优惠。

(2) 从事国家重点扶持的公共基础设施项目投资经营的所得,自项目取得第一笔生产经营收入所属纳税年度起,第一年至第三年免征企业所得税,第四年至第六年减半征收企业所得税。

享受优惠的此类项目是指《公共基础设施项目企业所得税优惠目录》规定的港口码头、机场、铁路、公路、城市公共交通、电力、水利等项目。企业承包经营、承包建设和内部自建自用此类项目,不得享受此条企业所得税优惠。

(3) 从事符合条件的环境保护、节能节水项目的所得,自项目取得第一笔生产经营收入所属纳税年度起,第一年至第三年免征企业所得税,第四年至第六年减半征收企业所得税。

按(2)(3)项享受减免税优惠的项目,在减免税期限内转让的,受让方自受让之日起,可以在剩余期限内享受规定的减免税优惠;减免税期限届满后转让的,受让方不得就该项目重复享受减免税优惠。

(4) 符合条件的技术转让所得,一个纳税年度内,居民企业技术转让所得不超过500万元的部分,免征企业所得税;超过500万元的部分,减半征收企业所得税。

(5) 非居民企业在中国境内未设立机构、场所的,或者虽设立机构、场所但取得的所得与其所设机构、场所没有实际联系的,就其来源于中国境内的所得,减按10%的税率收企业所得税,所取得的下列所得可以免征企业所得税:

① 外国政府向中国政府提供贷款取得的利息所得;

② 国际金融组织向中国政府和居民企业提供优惠贷款取得的利息所得;

③ 经国务院批准的其他所得。

2. 小型微利企业税收优惠

符合条件的小型微利企业,减按20%的税率收企业所得税。小型微利企业是指从事国家非限制和禁止行业,并符合下列条件的企业。

(1) 工业企业,年度应纳税所得额不超过30万元,从业人数不超过100人,资产总额不超过3 000万元。

(2) 其他企业,年度应纳税所得额不超过30万元,从业人数不超过80人,资产总额

不超过 1 000 万元。

自 2017 年 1 月 1 日至 2019 年 12 月 31 日,符合条件的小型微利企业,无论采取查账征收方式还是核定征收方式,其年应纳税所得额低于 50 万元(含 50 万元,下同)的,均可以享受财税〔2017〕43 号文件规定的其所得减按 50% 计入应纳税所得额,按 20% 的税率缴纳企业所得税的政策(简称"减半征税政策")。

3. 国家需要重点扶持的高新技术企业的税收优惠

国家需要重点扶持的高新技术企业,减按 15% 的税率收企业所得税。高新技术企业是指在《国家重点支持的高新技术领域》内,持续进行研究开发与技术成果转化,形成企业核心自主知识产权,并以此为基础开展经营活动,在中国境内(不包括港、澳、台地区)注册一年以上的居民企业。高新技术企业认定条件如下。

(1) 在中国境内(不含港、澳、台地区)注册的企业,近 3 年内通过自主研发、受让、受赠、并购等方式,或通过 5 年以上的独占许可方式,对其主要产品(服务)的核心技术拥有自主知识产权。

(2) 产品(服务)属于《国家重点支持的高新技术领域》规定的范围。

(3) 研究开发费用占销售收入的比例不低于规定比例。企业为获得科学技术(不包括人文、社会科学)新知识,创造性运用科学技术新知识,或实质性改进技术、产品(服务)而持续进行了研究开发活动,且近 3 个会计年度的研究开发费用总额占销售收入总额的比例符合如下要求:

① 最近 1 年销售收入小于 5 000 万元的企业,比例不低于 6%;

② 最近 1 年销售收入在 5 000 万元至 20 000 万元的企业,比例不低于 4%;

③ 最近 1 年销售收入在 20 000 万元以上的企业,比例不低于 3%。

其中,企业在中国境内发生的研究开发费用总额占全部研究开发费用总额的比例不低于 60%。企业注册成立时间不足 3 年的,按实际经营年限计算。

(4) 高新技术产品(服务)收入占企业当年总收入的 60% 以上。

(5) 科技人员占企业职工总数的比例不低于规定比例。具有大学专科以上学历的科技人员占企业当年职工总数的 30% 以上,其中研发人员占企业当年职工总数的 10% 以上。

(6) 高新技术企业认定管理办法规定的其他条件。如企业研究开发组织管理水平、科技成果转化能力、自主知识产权数量、销售与总资产成长性等指标符合《高新技术企业认定管理工作指引》的要求。

4. 民族自治地方的企业的税收优惠

民族自治地方的自治机关对本民族自治地方的企业应缴纳的企业所得税中属于地方分享的部分,可以决定减征或者免征。自治州、自治县决定减征或者免征的,须报省、自治区、直辖市人民政府批准。民族自治地方,是指依照《中华人民共和国民族区域自治法》的规定,实行民族区域自治的自治区、自治州、自治县。对民族自治地方内国家限制和禁止行业的企业,不得减征或者免征企业所得税。

5．加计扣除优惠

企业的下列支出，可以在计算应纳税所得额时加计扣除。

（1）企业为开发新技术、新产品、新工艺发生的研究开发费用，未形成无形资产计入当期损益的，在按照规定据实扣除的基础上，按照研究开发费用的 50%加计扣除；形成无形资产的，按照无形资产成本的 150%摊销。除法律另有规定外，摊销年限不得低于10年。

（2）安置残疾人员及国家鼓励安置的其他就业人员所支付的工资。企业安置残疾人员的，在按照支付给残疾职工工资据实扣除的基础上，按照支付给残疾职工工资的 100%加计扣除。

6．创业投资税收优惠

企业从事国家需要重点扶持和鼓励的创业投资，可以按投资额的一定比例抵扣应纳税所得额。抵扣应纳税所得额，是指创业投资企业采取股权投资方式投资于未上市的中小高新技术企业 2 年以上的，可以按照其投资额的 70%在股权持有满 2 年的当年抵扣该创业投资企业的应纳税所得额；当年不足以抵扣的，可以在以后纳税年度结转抵扣。

7．固定资产加速折旧税收优惠

企业的固定资产由于技术进步等原因，确需加速折旧的，可以缩短折旧年限或者采取加速折旧的方法。采取缩短折旧年限方法的，最低折旧年限不得低于规定折旧年限的60%；采取加速折旧方法的，可以采取双倍余额递减法或者年数总和法。

可以采取缩短折旧年限或者采取加速折旧的方法的固定资产包括：①由于技术进步，产品更新换代较快的固定资产；②常年处于强震动、高腐蚀状态的固定资产。

自 2014 年 1 月 1 日起，完善固定资产加速折旧企业所得税政策如下。

（1）对生物药品制造业，专用设备制造业，铁路、船舶、航空航天和其他运输设备制造业，计算机、通信和其他电子设备制造业，仪器仪表制造业，信息传输、软件和信息技术服务业等 6 个行业的企业 2014 年 1 月 1 日后新购进的固定资产，可缩短折旧年限或采取加速折旧的方法。

对上述 6 个行业的小型微利企业 2014 年 1 月 1 日后新购进的研发和生产经营共用的仪器、设备，单位价值不超过 100 万元的，允许一次性计入当期成本费用在计算应纳税所得额时扣除，不再分年度计算折旧；单位价值超过 100 万元的，可缩短折旧年限或采取加速折旧的方法。

（2）对所有行业企业 2014 年 1 月 1 日后新购进的专门用于研发的仪器、设备，单位价值不超过 100 万元的，允许一次性计入当期成本费用在计算应纳税所得额时扣除，不再分年度计算折旧；单位价值超过 100 万元的，可缩短折旧年限或采取加速折旧的方法。

（3）对所有行业企业持有的单位价值不超过 5 000 元的固定资产，允许一次性计入当期成本费用在计算应纳税所得额时扣除，不再分年度计算折旧。

自2015年1月1日起,对轻工、纺织、机械、汽车等四个领域重点行业的企业2015年1月1日后新购进的固定资产,可由企业选择缩短折旧年限或采取加速折旧的方法。

对轻工、纺织、机械、汽车行业的小型微利企业2015年1月1日后新购进的研发和生产经营共用的仪器、设备,单位价值不超过100万元的,允许一次性计入当期成本费用在计算应纳税所得额时扣除,不再分年度计算折旧;单位价值超过100万元的,可由企业选择缩短折旧年限或采取加速折旧的方法。

上述规定缩短折旧年限的,最低折旧年限不得低于《企业所得税法实施条例》第六十条规定折旧年限的60%;采取加速折旧方法的,可采取双倍余额递减法或者年数总和法。上述规定之外的企业固定资产加速折旧所得税处理问题,继续按照企业所得税法及其实施条例和现行税收政策规定执行。

按照企业所得税法及其实施条例有关规定,企业根据自身生产经营需要,也可选择不实行加速折旧政策。

8. 减计收入税收优惠

企业综合利用资源,生产符合国家产业政策规定的产品所取得的收入,可以在计算应纳税所得额时减计收入。减计收入,是指企业以《资源综合利用企业所得税优惠目录》规定的资源作为主要原材料,生产国家非限制和禁止并符合国家和行业相关标准的产品取得的收入,减按90%计入收入总额。原材料占生产产品材料的比例不得低于规定的标准。

9. 购置环保等专用设备税收优惠

企业购置用于环境保护、节能节水、安全生产等专用设备的投资额,可以按一定比例实行税额抵免。税额抵免,是指企业购置并实际使用《环境保护专用设备企业所得税优惠目录》、《节能节水专用设备企业所得税优惠目录》和《安全生产专用设备企业所得税优惠目录》规定的环境保护、节能节水、安全生产等专用设备的,该专用设备投资额的10%可以从企业当年的应纳税额中抵免;当年不足抵免的,可以在以后5个纳税年度结转抵免。

企业购置享受此项税收优惠的专用设备在5年内转让、出租的,应当停止享受企业所得税优惠,并补缴已经抵免的企业所得税税款。

5.5.2 源泉扣缴

1. 扣缴义务人为支付人

对非居民企业在中国境内未设立机构、场所的,或者虽设立机构、场所但取得的所得与其所设机构、场所没有实际联系的,取得所得应缴纳的所得税实行源泉扣缴,以支付人为扣缴义务人。税款由扣缴义务人在每次支付或者到期应支付时,从支付或者到期应支付的款项中扣缴。

支付人是指依照有关法律规定或者合同约定对非居民企业直接负有支付相关款项义务的单位或者个人。支付包括现金支付、汇拨支付、转账支付和权益兑价支付等货币支付和非货币支付。到期应支付的款项,是指支付人按照权责发生制原则应当计入相关成本、费用的应付款项。

2. 指定扣缴义务人

对非居民企业在中国境内取得工程作业和劳务所得应缴纳的所得税,税务机关可以指定工程价款或者劳务费的支付人为扣缴义务人。扣缴义务人,由县级以上税务机关指定,同时告知扣缴义务人所扣税款的计算依据、计算方法、扣缴期限和扣缴方式。

可以指定扣缴义务人的情形,包括:①预计工程作业或者提供劳务期限不足一个纳税年度,且有证据表明不履行纳税义务的;②没有办理税务登记或者临时税务登记,且未委托中国境内的代理人履行纳税义务的;③未按照规定期限办理企业所得税纳税申报或者预缴申报的。

3. 扣缴税款的缴纳

扣缴义务人每次代扣的税款,应当自代扣之日起七日内缴入国库,并向所在地的税务机关报送扣缴企业所得税报告表。

非居民企业在中国境内未设立机构、场所取得的来源于中国境内的所得,或者虽设立机构、场所,但取得的所得与其所设机构、场所没有实际联系的,以扣缴义务人所在地为纳税地点。

扣缴义务人应当扣缴的所得税,未依法扣缴或者无法履行扣缴义务的,由纳税人在所得发生地缴纳。纳税人未依法缴纳的,税务机关可以从该纳税人在中国境内其他收入项目的支付人应付的款项中,追缴该纳税人的应纳税款。

5.5.3　纳税期限

企业所得税按纳税年度计算。纳税年度自公历 1 月 1 日起至 12 月 31 日止。

企业在一个纳税年度中间开业,或者终止经营活动,使该纳税年度的实际经营期不足 12 个月的,应当以其实际经营期为一个纳税年度。

企业依法清算时,应当以清算期间作为一个纳税年度。

企业所得税分月或者分季预缴。企业应当自月份或者季度终了之日起 15 日内,向税务机关报送预缴企业所得税纳税申报表,预缴税款。企业应当自年度终了之日起 5 个月内,向税务机关报送年度企业所得税纳税申报表,并汇算清缴,结清应缴应退税款。企业在报送企业所得税纳税申报表时,应当按照规定附送财务会计报告和其他有关资料。企业在纳税年度内无论赢利或者亏损,均应按期限报送上述纳税资料。

分月或者分季预缴企业所得税时,应当按照月度或者季度的实际利润额预缴;按照月度或者季度的实际利润额预缴有困难的,可以按照上一纳税年度应纳税所得额的月度或者季度平均额预缴,或者按照经税务机关认可的其他方法预缴。预缴方法一经确定,该纳税年度内不得随意变更。

企业在年度中间终止经营活动的,应当自实际经营终止之日起六十日内,向税务机关办理当期企业所得税汇算清缴。企业应当在办理注销登记前,就其清算所得向税务机关申报并依法缴纳企业所得税。

企业所得以人民币以外的货币计算的,预缴企业所得税时,应当按照月度或者季度最后一日的人民币汇率中间价,折合成人民币计算应纳税所得额。年度终了汇算清缴时,对已经按照月度或者季度预缴税款的,不再重新折合计算,只就该纳税年度内未缴纳企业所得税的部分,按照纳税年度最后一日的人民币汇率中间价,折合成人民币计算应纳税所得额。

5.5.4 纳税地点

1. 居民企业纳税地点

除税收法律、行政法规另有规定外,居民企业以企业登记注册地为纳税地点。企业登记注册地,是指企业依照国家有关规定登记注册的住所地。但登记注册地在境外的,以实际管理机构所在地为纳税地点。居民企业在中国境内设立不具有法人资格营业机构的,应当汇总计算并缴纳企业所得税。

2. 非居民企业纳税地点

非居民企业在中国境内设立的机构、场所取得的来源于中国境内的所得,以及发生在中国境外但与其所设机构、场所有实际联系的所得,以机构、场所所在地为纳税地点。非居民企业在中国境内设立两个或者两个以上机构、场所的,经各机构、场所所在地税务机关的共同上级税务机关审核批准,可以选择由其主要机构、场所汇总缴纳企业所得税。

主要机构、场所,应当同时符合下列条件:①对其他各机构、场所的生产经营活动负有监督管理责任;②设有完整的账簿、凭证,能够准确地反映各机构、场所的收入、成本、费用和盈亏情况。

非居民企业经批准汇总缴纳企业所得税后,需要增设、合并、迁移、关闭机构、场所或者停止机构、场所业务的,应当事先由负责汇总申报缴纳企业所得税的主要机构、场所向其所在地税务机关报告;需要变更汇总缴纳企业所得税的主要机构、场所的,依照规定办理。

除国务院另有规定外,企业之间不得合并缴纳企业所得税。

5.5.5 纳税申报

自 2015 年 1 月 1 日起,查账征收企业所得税的纳税人使用的年度纳税申报表共

41 张,包括 1 张基础信息表,1 张主表,6 张收入费用明细表,15 张纳税调整表,1 张亏损弥补表,11 张税收优惠表,4 张境外所得抵免表,2 张汇总纳税表。许多表格是选项,纳税人有此业务的,可以选择填报,没有此业务的,可以不填报。

5.6　综合案例

5.6.1　案例介绍

黄河公司 2015 年企业会计报表利润为 350 000 元,未作任何项目调整,已按 25% 的所得税率计算缴纳所得税 87 500 元。企业有关账证资料如下。

(1) 2015 年度有正式职工 100 人,实际列支合理的工资、津贴、补贴、奖金为 1 200 000 元。

(2) 年初向中国银行借款 100 000 元,年利率为 5%,期限 1 年;向其他企业借周转金 200 000 元,年利率为 10%,上述借款期限相同,均用于生产经营,借款利息已全部计入财务费用。

(3) 全年销售收入 60 000 000 元,企业列支业务招待费 250 000 元。

(4) 该企业 2015 年在税前计提并已经发放职工福利费 168 000 元,计提了工会经费 24 000 元,计提了教育经费 38 000 元。

(5) 其他经核实均无问题,符合现行会计制度及税法规定。

要求:根据我国税法回答:(1)企业 2015 年应如何进行纳税调整?(2)计算应补企业所得税税额。

5.6.2　案例解析

(1) 存在的问题分析如下。

① 向其他企业(非金融企业)借款的利息支出超过按中国银行(金融企业)同期同类贷款利率计算的利息支出部分为不得扣除部分,应调增应纳税所得额。

应调增所得的利息支出 $=200\,000 \times (10\% - 5\%) = 10\,000$(元)

① 业务招待费超规定标准部分为不得扣除部分,应该调增应纳税所得额。

当年销售(营业)收入的 5‰ $=60\,000\,000 \times 5‰ = 300\,000$(元)

业务招待费支出发生额的 60% $=250\,000 \times 60\% = 150\,000$(元)

因此,业务招待费扣除限额为 150 000 元。

应调增所得的业务招待费 $=250\,000 - 150\,000 = 100\,000$(元)

③ 计提工会经费未拨缴是不得税前扣除的;计提教育经费未发生支出也是不得税前扣除的。不得扣除部分,应调增应纳税所得额。

应调增所得的工会经费和教育经费 $=24\,000 + 38\,000 = 62\,000$(元)

（2）应调增的应纳税所得额＝10 000＋100 000＋62 000＝172 000（元）

应补缴企业所得税额＝172 000×25％＝43 000（元）

习题和实训5

一、判断题

1. 由于个人独资企业缴纳所得税不适用企业所得税法，所以一人有限公司也不适用《企业所得税法》。 （ ）

2. 我国《企业所得税法》对居民企业的判定标准采取的是登记注册地标准和实际管理控制地标准相结合的原则，依照这一标准在境外登记注册的企业属于非居民企业。 （ ）

3. 非居民企业在中国境内设立机构、场所的，应当仅就其来源于中国境内的所得，按25％的税率缴纳企业所得税。 （ ）

4. 居民企业承担无限纳税义务，非居民企业承担有限纳税义务。 （ ）

5. 在计算应纳税所得额时，企业财务、会计处理办法与税收法律、行政法规的规定不一致的，应当依照税收法律、行政法规的规定计算。 （ ）

6. 根据企业所得税法的规定，在我国目前的税收体系中，允许税前扣除的税收种类主要有消费税、资源税和城市维护建设税、教育费附加，以及房产税、车船税、城镇土地使用税、印花税等。 （ ）

7. 企业已经作为损失处理的资产，在以后纳税年度又全部收回或者部分收回时，应当计入损失发生年度的收入。 （ ）

8. 按照企业所得税法的规定，准予在计算应纳税所得额时扣除的费用，是指企业在生产经营活动中发生的销售费用、管理费用、财务费用和已经计入成本的有关费用。 （ ）

9. 企业发生的与生产经营活动有关的业务招待费支出，按照不超过当年销售（营业）收入的5‰扣除。 （ ）

10. 企业在纳税年度内无论赢利或者亏损，都应当向税务机关报送预缴企业所得税纳税申报表、年度企业所得税纳税申报表、财务会计报告和税务机关规定应当报送的其他有关资料。 （ ）

二、单项选择题

1. 根据《企业所得税法》规定，依法在中国境内成立，或者依照外国（地区）法律成立但实际管理机构在中国境内的企业是（ ）。

A. 本国企业　　　B. 外国企业　　　C. 居民企业　　　D. 非居民企业

2. 企业发生的公益性捐赠支出，在年度利润总额（ ）以内的部分，准予在计算应纳税所得额时扣除。

A. 10％　　　B. 12％　　　C. 15％　　　D. 20％

3. 某企业于2016年销售了2012年积压的一批货物，如何对这批货物计税，有以下不同意见，你认为哪种意见是正确的？（ ）

A. 按照规定不计算存货成本，也不准在计算应纳税所得额时扣除

B. 按照规定计算存货成本,但不准在计算应纳税所得额时扣除

C. 按照规定计算存货成本,准予在计算应纳税所得额时扣除

D. 以上意见都不正确

4.《企业所得税法》所称企业以非货币形式取得的收入,应当按照(   )确定收入额。

A. 公允价值　　　B. 重置价值　　　C. 历史价值　　　D. 原始价值

5. 应该征收企业所得税的收入是(   )。

A. 股息、红利等权益性投资收益

B. 依法收取并纳入财政管理的政府性基金

C. 财政拨款

D. 依法收取并纳入财政管理的行政事业收费

6. 企业对外投资期间,投资资产的(   )在计算应纳税所得额时不得扣除。

A. 利息　　　　B. 折旧　　　　C. 成本　　　　D. 管理费用

7. 甲公司2015年度的销售收入为1 000万元,实际发生的符合条件的广告支出和业务宣传费支出为200万元,该公司应按照(   )万元予以税前扣除。

A. 150　　　　B. 200　　　　C. 100　　　　D. 50

8. 企业开发新技术、新产品、新工艺发生的研究开发费用,可以在计算应纳税所得额时(   )扣除。

A. 全额　　　　B. 加计　　　　C. 减半　　　　D. 加倍

9. 企业应当自月份或季度终了之日起(   )日内,向税务机关报送预缴企业所得税申报表,预缴税款。

A. 10　　　　B. 15　　　　C. 7　　　　D. 5

10. 居民企业中国境内设立不具有法人资格的营业机构的,应当(   )计算并缴纳企业所得税。

A. 分别　　　　B. 汇总　　　　C. 独立　　　　D. 就地预缴

三、多项选择题

1. 下列属于居民企业的是(   )。

A. 注册地与实际管理机构均在中国

B. 注册地或实际管理机构所在地其一在中国

C. 做出和形成企业的经营管理重大决定和决策的地点在中国

D. 依法在中国境内成立,或者依照外国(地区)法律成立但实际管理机构在中国境内的企业

2. 企业的(   )为免税收入。

A. 国债利息收入

B. 符合条件的居民企业之间的股息、红利等权益性投资收益

C. 在中国境内设立机构、场所的居民企业从非居民企业取得与该机构、场所有实际联系的股息、红利等权益性投资收益

D. 符合条件的非营利组织的收入

3. 企业的(   )为不征税收入。

A. 财政拨款

B. 依法收取并纳入财政管理的政府性基金

C. 国务院规定的不征税收入

D. 国债利息收入

4. 企业的(　　)研究开发费用支出,可以在计算应纳税所得额时加计扣除。

A. 开发新技术　　　　　　　　　B. 开发新产品

C. 开发新工艺　　　　　　　　　D. 受让新技术

5. 下列属于《企业所得税法》所称其他收入的是(　　)。

A. 资产溢余收入　　　　　　　　B. 逾期未退包装物押金收入

C. 确实无法偿付的应付款项　　　D. 债务重组收入

6. 在计算应纳税所得额时,(　　)支出不得扣除。

A. 土地增值税款　　　　　　　　B. 企业所得税款

C. 税收滞纳金　　　　　　　　　D. 向环保部门缴纳的罚款

7. 按照《企业所得税法》规定,在计算应纳税所得额时,(　　)支出可以税前扣除。

A. 土地增值税款　　　　　　　　B. 企业所得税款

C. 银行罚息　　　　　　　　　　D. 向环保部门缴纳的罚款

8. 企业使用或者销售的存货的成本计算方法,可以在(　　)中选用一种。计价方法一经选用,不得随意变更。

A. 先进先出法　　B. 后进先出法　　C. 加权平均法　　D. 个别计价法

9. 下列固定资产不得计算折旧扣除(　　)。

A. 未投入使用的固定资产(不包含房屋建筑物)

B. 以经营租赁方式租入的固定资产

C. 以融资租赁方式租出的固定资产

D. 已足额提取折旧仍继续使用的固定资产

10. 除国务院财政、税务主管部门另有规定外,关于固定资产计算折旧的最低年限正确的有(　　)。

A. 房屋、建筑物,20 年

B. 飞机、火车、轮船、机器、机械和其他生产设备,10 年

C. 与生产经营活动有关的器具、工具、家具,5 年

D. 飞机、火车、轮船以外的运输工具,4 年

四、名词解释

应纳所得税税额　应纳税所得额　居民企业　非居民企业

五、简答题

1. 企业所得税的纳税人包括哪些? 如何分类?

2. 企业所得税的计税依据是什么? 如何计算?

3. 计算企业所得税时,收入总额的项目包括哪些? 扣除项目包括哪些?

4. 企业所得税的征税对象、税率如何规定?

5. 《企业所得税法》中资产的税务处理包括哪些内容?

6. 如何消除企业所得税双重征税问题?

7. 企业所得税法中关于纳税期限和纳税地点有何规定?

六、计算题

1. 康泰饭店 2015 年度取得业务收入 2 400 万元，业务支出 1 000 万元，装修饭店大厅支出 300 万元，期间费用支出 600 万元（其中业务招待费 60 万元），营业税金及附加 30 万元。计算该饭店 2015 年度应纳所得税税额。

2. 安康公司 2015 年度"财务费用"账户对应两笔流动资金借款：①向银行借款 300 万元，年利息 6%，期限 9 个月；②向非金融机构借款 100 万元，与第一笔借款同期借入同期归还，实际利息 6.75 万元。计算该公司税前允许扣除的利息费用是多少？

3. 安宁公司 2015 年度销售收入 9 800 万元，销售成本 4 000 万元，期间费用 1 500 万元，营业外支出账户中列支缴纳的环保罚款 5 万元，经济合同违约金 6 万元，缴纳的税收滞纳金 8 万元，偷税被处的罚款 10.8 万元，计算该公司 2015 年度应纳的企业所得税税额。

4. 安华公司（中外合资）2015 年度实现产品销售收入 2 000 万元，国库券利息收入 6 万元；发生销售成本 900 万元，三新研发费用 40 万元；缴纳增值税 340 万元，消费税 200 万元，城建税和教育费附加 54 万元。计算该公司 2015 年度应纳的企业所得税。

5. 美好公司 2015 年度营业收入额为 2 000 万元，会计利润为 2 350 万元。年内该企业为解决子女入学问题，直接向某学校捐款 15 万元；实际发生业务招待费用为 15 万元。计算该公司 2015 年度应纳企业所得税税额。

6. 康宁公司 2015 年度境内经营应纳税所得额为 2 000 万元，其在 A 国设有分支机构，取得税后所得 360 万元，在 A 国按 40% 税率缴纳了所得税。计算该公司 2015 年度境内、外所得汇总缴纳的所得税税额。

7. 美嘉公司 2015 年度实现会计利润 400 万元。该年度借款两笔，一笔是向银行借入 500 万元，期限 6 个月，利率 5.57%，同期经批准向本企业职工集资 100 万元，期限 6 个月，利率 7.5%。该年度直接向贫困地区一小学捐款 10 万元。计算应纳企业所得税税额。

8. 某工厂 2015 年度全年利润总额 300 万元，其中国债利息 10 万元；本期因排污处理不当，被环保部门罚款 1 万元；向有意进行联营的单位支付赞助费 1 万元，用于办理联营事务的各项开支；本期向希望工程捐款 15 万元，其中 2 万元是企业对贫困地区的直接捐赠，13 万元是通过希望工程基金会向某县城高中进行的捐赠。计算企业应纳所得税税额。

七、综合实训题

1. 实训目的：熟悉企业所得税的计算和申报表的填制。

2. 实训方式：模拟企业进行纳税申报表的填制。

3. 实训要求：①计算应纳企业所得税额；②填写企业所得税纳税申报表。

4. 实训准备：企业所得税纳税申报表。

5. 实训资料：美佳公司 2015 年公司情况如下。

产品销售收入 1 000 万元；国债利息收入 10 万元。产品销售成本支出 550 万元；销售费用 80 万元；管理费用 60 万元；财务费用 30 万元；缴纳营业税金及附加 32 万元。成本费用中包括，支付的合理职工工资 50 万元；提取的职工福利费 10 万元，已使用 6 万元；提取工会经费 1 万元，尚未拨缴；企业发生的职工教育经费 0.6 万元。购买某专利技术支出 20 万元。支付税收滞纳金 2 万元；通过全国减灾委向灾区捐款 10 万元；直接向某小学捐赠 2 万元。支付业务招待费 20 万元。用于职工宿舍建造支出 100 万元。

第 **6** 章

个人所得税法

【内容摘要】 本章是本书重要的内容之一。主要介绍我国个人所得税法律制度,要求学生了解个人所得税纳税人、征税对象与税率、计税依据、应纳税额的计算和征纳管理;掌握居民和非居民纳税人的判定标准、应税所得项目的费用减除标准;重点掌握应纳税额的计算;本章难点是应纳税额的计算。学生可以通过本章学习,掌握办理个人所得税有关事宜的基本技能。

6.1 个人所得税法概述

个人所得税法是指国家制定的用以调整个人所得税征收与缴纳之间权利与义务关系的法律规范。个人所得税是对个人取得的应税所得征收的一种税,体现国家和个人之间的分配关系。其基本规范是《中华人民共和国个人所得税法》及其实施条例。

个人所得税有以下特点。

(1) 分类征收。世界各国的个人所得税制大体可分为三种类型:分类所得税制、综合所得税制和混合所得税制。我国现行个人所得税采用的是分类所得税制,即将个人取得的各种所得划分为十一类,分别适用不同的费用减除规定、不同的税率和不同的计税方法。实行分类课征制度,可以广泛采用源泉扣缴法,加强源泉控管,简化纳税手续,方便征纳双方。同时还可以对不同所得实行不同的征税方法,便于体现国家的政策。

(2) 累进税率与比例税率并用。分类所得税制一般采用比例税率,综合所得税制通常采用累进税率。比例税率计算简便,便于实行源泉扣缴。累进税率可以合理调节收入分配,体现公平。我国现行个人所得税将这两种形式的税率运用于个人所得税制,其中对工资、薪金所得、个体工商户的生产经营所得、对企事业单位的承包承租经营所得采用累进税率,实行量能负担。对特许权使用费所得、稿酬所得等采用比例税率,实行等比负担。

(3) 费用扣除额较宽。各国的个人所得税均有费用扣除的规定,只是扣除的方法及额度不尽相同。我国本着费用扣除从宽、从简的原则采用费用定额扣除和定率扣除两种方法。

(4) 计算简便。由于我国个人所得税的费用扣除采取总额扣除法,免去了对个人实际生活费用支出逐项计算的麻烦。而且,各种所得项目实行分类计算,各有明确的费用扣除规定,费用扣除项目及方法易于掌握,计算比较简单,符合税制简便原则。

(5) 采取源泉扣缴和自行申报两种征纳方法。我国个人所得税法规定,对纳税人的应纳税额分别采取由支付单位源泉扣缴和纳税人自行申报两种方法。对凡是可以在应税所得的支付环节扣缴个人所得税的,均由扣缴义务人履行代扣代缴义务。对于没有扣缴义务人,以及个人在两处以上取得工资、薪金所得的,由纳税人自行申报纳税。此外,对其他不便于扣缴税款的亦规定由纳税人自行申报纳税。

6.2　纳税义务人、征税对象、税率

6.2.1　纳税义务人

个人所得税的纳税义务人是取得应税所得的中国公民和外国公民,包括中国公民、个体工商户,以及在中国有所得的外籍人员(包括无国籍人员)和港澳台同胞。按照国际惯例,依据住所和居住时间两个标准,我国个人所得税的纳税义务人分为居民纳税义务人和非居民纳税义务人,分别承担不同的纳税义务。

1. 居民纳税义务人

居民纳税义务人是指在中国境内有住所,或者无住所而在中国境内居住满1年的个人。中国境内是指中国内地,目前还不包括中国香港、澳门和台湾地区。居民纳税义务人负有无限纳税义务。其所取得的应税所得,无论是来源于中国境内还是中国境外,都要在中国缴纳个人所得税。

(1) 在中国境内有住所的个人。指因户籍、家庭、经济利益关系,而在中国境内习惯性居住的个人。习惯性居住,是指个人因学习、工作、探亲等原因消除以后,没有理由在其他地方继续居留时,所要回到的地方,而不是指实际居住或在某一个特定时期内的居住地。一个纳税人因学习、工作、探亲、旅游等原因,原来是在中国境外居住,但是在这些原因消除之后,如果必须回到中国境内居住的,则中国为该人的习惯性居住地,如中国的出国留学生。尽管该纳税义务人在一个纳税年度内,甚至连续几个纳税年度,都未在中国境内居住过一天,他仍然是中国居民纳税义务人,应就其来自全球的应纳税所得,向中国缴纳个人所得税。

(2) 在境内居住满1年的个人。指在一个纳税年度(即公历1月1日起至12月31日止,下同)内,在中国境内居住满365日的个人。在计算居住天数时,临时离境应视为在华居住,不扣减其在华居住的天数。这里所说的临时离境,是指在一个纳税年度内,一次不超过30日或者多次累计不超过90日的离境。

(3) 综上可知,居民纳税义务人包括以下两类。

① 在中国境内定居的中国公民和外国侨民。但不包括虽具有中国国籍,却并没有在中国内地定居,而是侨居海外的华侨和居住在中国香港、澳门、台湾的同胞。

② 从公历1月1日起至12月31日止,居住在中国境内的外国人、海外侨胞和中国香港、澳门、台湾同胞。这些人如果在一个纳税年度内,一次离境不超过30日,或者多次离境累计不超过90日的,仍应被视为全年在中国境内居住,从而判定为居民纳税义务人。

2. 非居民纳税义务人

非居民纳税义务人是在中国境内无住所又不居住,或无住所且居住不满 1 年的个人。非居民纳税义务人,承担有限纳税义务,即仅就其来源于中国境内的所得,向中国缴纳个人所得税。非居民纳税义务人,实际上是习惯性居住地不在我国境内,而且不在我国居住,或者在一个纳税年度内,在我国境内居住不满 1 年的外籍人员、华侨或中国香港、澳门和台湾同胞。

6.2.2　征税对象

个人所得税的征税对象是个人(自然人)取得的各项应税所得。应税所得包括以下内容。

(1) 工资、薪金所得。是指个人因任职或者受雇而取得的工资、薪金、奖金、年终加薪、劳动分红、津贴、补贴,以及与任职或者受雇有关的其他所得。

(2) 个体工商户的生产、经营所得。是指个体工商户从事工业、手工业、建筑业、交通运输业、商业、饮食业、服务业、修理业及其他行业生产、经营取得的所得;个人经政府有关部门批准,取得执照,从事办学、医疗、咨询,以及其他有偿活动取得的所得;其他个人从事个体工商业生产、经营取得的所得;上述个体工商户和个人取得的与生产、经营有关的各项应税所得。个人独资企业、合伙企业也按此项目征税。

(3) 对企事业单位的承包经营、承租经营所得是指个人承包经营、承租经营,以及转包、转租取得的所得,包括个人按月或者按次取得的工资、薪金性质的所得。个人对企事业单位的承包经营、承租经营形式很多,分配方式也各不相同。在此应注意以下具体情况:①承包、承租人对企业经营成果不拥有所有权,仅是按合同(协议)规定取得一定所得的,其所得按工资、薪金所得项目征税;②承包、承租人按合同(协议)的规定向发包、出租方缴纳一定费用后,企业经营成果归其所有的,承包、承租人取得的所得,按对企事业单位的承包经营、承租经营所得项目征税。

(4) 劳务报酬所得是指个人独立从事各种非雇用的各种劳务所得。内容包括:设计、装潢、安装、制图、化验、测试、医疗、法律、会计、咨询、讲学、新闻、广播、翻译、审稿、书画、雕刻、影视、录音、录像、演出、表演、广告、展览、技术服务、介绍服务、经纪服务、代办服务及其他劳务。

(5) 稿酬所得是指个人因其作品以图书、报刊形式出版、发表而取得的所得。

(6) 特许权使用费所得是指个人提供专利权、商标权、著作权、非专利技术,以及其他特许权的使用权取得的所得;提供著作权的使用权取得的所得,不包括稿酬所得。

(7) 利息、股息、红利所得是指个人拥有债权、股权而取得的利息、股息、红利所得。利息包括存款利息、贷款利息和各种债券利息,但不包括国债和国家发行的金融债券利息。居民储蓄存款自 2008 年 10 月 9 日起孳生的利息,实行暂免征收个人所得税的规定。

(8) 财产租赁所得是指个人出租建筑物、土地使用权、机器设备、车船,以及其他财产取得的所得。个人取得的财产转租收入,由财产转租人缴纳个人所得税。

(9) 财产转让所得是指个人转让有价证券、股权、建筑物、土地使用权、机器设备、车船,以及其他财产取得的所得。对股票转让所得征收个人所得税的办法,由财政部另行制定,报国务院批准施行。个人通过网络收购玩家的虚拟货币,加价后向他人出售取得的收入,应按照此项目计算纳税。

(10) 偶然所得是指个人得奖、中奖、中彩,以及其他偶然性质的所得。得奖指参加各种有奖竞赛活动,取得名次得到的奖金。中奖、中彩指参加各种有奖活动,如有奖销售、有奖储蓄,或购买彩票经过规定程序抽中、摇中号码而取得的奖金。偶然所得应缴纳的个人所得税税款,一律由发奖单位或机构代扣代缴。

(11) 经国务院财政部门确定征税的其他所得。

除上述列举的各项个人应纳税所得外,其他确有必要征税的个人所得,由国务院财政部门确定。个人取得的所得,难以界定应纳税所得项目的,由主管税务机关确定。

6.2.3　税率

个人所得税按所得项目不同,分别采用超额累进税率和比例税率形式,并对部分税目作了减征或加成征收的规定。具体规定如下。

(1) 工资、薪金所得,适用七级超额累进税率,税率为 3%~45%,见表 6-1。

表 6-1　工资、薪金所得税率表(2011 年 9 月 1 日起施行)

级数	全月应纳税所得额	税率/%	速算扣除数
1	不超过 1 500 元的	3	0
2	超过 1 500 元至 4 500 元的部分	10	105
3	超过 4 500 元至 9 000 元的部分	20	555
4	超过 9 000 元至 35 000 元的部分	25	1 005
5	超过 35 000 元至 55 000 元的部分	30	2 755
6	超过 55 000 元至 80 000 元的部分	35	5 505
7	超过 80 000 元的部分	45	13 505

注: 本表所称全月应纳税所得额是依照税法的规定,以每月收入额减除费用 3 500 元后的余额或者减除附加减除费用 1 300 元后的余额。

(2) 个体工商户的生产、经营所得和对企事业单位的承包经营、承租经营所得,适用 5%~35% 的超额累进税率,见表 6-2。

表 6-2　个体工商户的生产、经营所得和对企事业单位的承包经营、承租经营所得税率表
(2011 年 9 月 1 日起施行)

级数	全年应纳税所得额	税率/%	速算扣除数
1	不超过 15 000 元的	5	0
2	超过 15 000 元至 30 000 元的部分	10	750
3	超过 30 000 元至 60 000 元的部分	20	3 750
4	超过 60 000 元至 100 000 元的部分	30	9 750
5	超过 100 000 元的部分	35	14 750

（3）劳务报酬所得，适用比例税率20%。对劳务报酬所得一次收入畸高的，可以实行加成征收，具体办法由国务院规定。所谓劳务报酬所得一次收入畸高，是指个人一次取得劳务报酬，其应纳税所得额超过20 000元。对应纳税所得额超过20 000元至50 000元的部分，依照税法的规定计算应纳税额后再按照应纳税额加征五成；超过50 000元的部分，加征十成。因此劳务报酬所得实际适用20%、30%、40%的三级超额累进税率，见表6-3。

表6-3　劳务报酬所得税率表

级数	每次应纳税所得额	税率/%	速算扣除数
1	不超过20 000元的部分	20	0
2	超过20 000元至50 000元的部分	30	2 000
3	超过50 000元的部分	40	7 000

（4）稿酬所得，适用20%的比例税率，并按应纳税额减征30%。故实际税率为14%。

（5）特许权使用费所得，利息、股息、红利所得，财产租赁所得，财产转让所得，偶然所得和其他所得，适用20%的比例税率。

6.3　计税依据

个人所得税的计税依据为应纳税所得额。由于个人所得税的应税项目不同，取得某项所得所需费用也不相同，因此，我国个人所得税采用分项计算法。计算个人应纳税所得额，需按不同应税项目分项计算，以某项应税项目的收入额减去税法规定的该项费用减除标准后的余额为该项应纳税所得额。

1. 工资、薪金所得

工资、薪金所得，以每月收入额减除费用或附加减除费用后的余额为应纳税所得额。工资的费用减除标准自2011年9月1日起为每人3 500元/月。附加减除费用标准自2011年9月1日起为每人1 300元/月。

$$应纳税所得额＝每月收入额－减除费用或附加减除费用$$

对外籍人员和在境外工作的中国公民的工资、薪金所得，税法规定了附加减除费用的照顾，附加减除费用适用的范围和标准由国务院规定。

目前规定的附加减除费用适用的范围，包括：

（1）在中国境内的外商投资企业和外国企业中工作取得工资、薪金所得的外籍人员；

（2）应聘在中国境内的企业、事业单位、社会团体、国家机关中工作的外籍专家；

（3）在中国境内有住所而在中国境外任职或者受雇取得工资、薪金所得的个人；

（4）财政部确定的取得工资、薪金的其他人员。

华侨和香港、澳门、台湾同胞参照上述附加减除费用执行。

例6-1　王某2016年2月薪金6 000元，其应纳税所得额计算如下：

$$应纳税所得额＝6 000－3 500＝2 500（元）$$

例 6-2　在一外商投资企业中工作的一外籍人员(假设为非居民纳税人),2015 年 11 月份由该企业发放的工资为 32 000 元人民币。其应纳税所得额计算如下:

应纳税所得额＝32 000－(3 500＋1 300)＝27 200(元)

2. 个体工商户的生产、经营所得

自 2015 年 1 月 1 日起,个体工商户个人所得税计税办法按以下规定执行。

以每一纳税年度的收入总额,减除成本、费用、税金、损失、其他支出以及允许弥补的以前年度亏损后的余额,为应纳税所得额。

应纳税所得额＝全年收入总额－成本－费用－税金－损失－其他支出－亏损

从事生产、经营的纳税义务人未提供完整、准确的纳税资料,不能正确计算应纳税所得额的,由主管税务机关核定其应纳税所得额。

个人独资企业的投资者以全部生产经营所得为应纳税所得额;合伙企业的投资者按照合伙企业的全部生产经营所得和合伙协议约定的分配比例,确定应纳税所得额,合伙协议没有约定分配比例的,以全部生产经营所得和合伙人数量平均计算每个投资者的应纳税所得额。

(1) 收入的基本规定

个体工商户从事生产经营以及与生产经营有关的活动(以下简称生产经营)取得的货币形式和非货币形式的各项收入,为收入总额。包括:销售货物收入、提供劳务收入、转让财产收入、利息收入、租金收入、接受捐赠收入、其他收入。其他收入包括个体工商户资产溢余收入、逾期 1 年以上的未退包装物押金收入、确实无法偿付的应付款项、已作坏账损失处理后又收回的应收款项、债务重组收入、补贴收入、违约金收入、汇兑收益等。

(2) 支出的基本规定

支出,是指与取得收入直接相关的支出。除税收法律、法规另有规定外,个体工商户实际发生的成本、费用、税金、损失和其他支出,不得重复扣除。

成本是指个体工商户在生产经营活动中发生的销售成本、销货成本、业务支出以及其他耗费。费用是指个体工商户在生产经营活动中发生的销售费用、管理费用和财务费用,已经计入成本的有关费用除外。税金是指个体工商户在生产经营活动中发生的除个人所得税和允许抵扣的增值税以外的各项税金及其附加。

损失是指个体工商户在生产经营活动中发生的固定资产和存货的盘亏、毁损、报废损失,转让财产损失,坏账损失,自然灾害等不可抗力因素造成的损失以及其他损失。个体工商户发生的损失,减除责任人赔偿和保险赔款后的余额,参照财政部、国家税务总局有关企业资产损失税前扣除的规定扣除。个体工商户已经作为损失处理的资产,在以后纳税年度又全部收回或者部分收回时,应当计入收回当期的收入。

其他支出是指除成本、费用、税金、损失外,个体工商户在生产经营活动中发生的与生产经营活动有关的、合理的支出。

亏损,是指个体工商户依照本办法规定计算的应纳税所得额小于零的数额。个体工商户纳税年度发生的亏损,准予向以后年度结转,用以后年度的生产经营所得弥补,但结转年限最长不得超过 5 年。

个体工商户发生的支出应当区分收益性支出和资本性支出。收益性支出在发生当期直接扣除;资本性支出应当分期扣除或者计入有关资产成本,不得在发生当期直接扣除。

个体工商户生产经营活动中,应当分别核算生产经营费用和个人、家庭费用。对于生产经营与个人、家庭生活混用难以分清的费用,其 40% 视为与生产经营有关费用,准予扣除。

个体工商户使用或者销售存货,按照规定计算的存货成本,准予在计算应纳税所得额时扣除。个体工商户转让资产,该项资产的净值,准予在计算应纳税所得额时扣除。

(3) 扣除项目和标准

① 工资薪金支出。个体工商户实际支付给从业人员的、合理的工资薪金支出,准予扣除。个体工商户业主的工资薪金支出不得税前扣除。独资企业和合伙企业投资者的工资不得在税前扣除。

个体工商户业主的费用扣除标准,依照规定执行。自 2011 年 9 月 1 日起,对个体工商户业主、个人独资企业和合伙企业自然人投资者的生产经营所得依法计征个人所得税时,个体工商户业主、个人独资企业和合伙企业自然人投资者本人的费用扣除标准统一确定为 42 000 元/年(3 500 元/月)。

② 各类保险费和住房公积金。个体工商户按照国务院有关主管部门或者省级人民政府规定的范围和标准为其业主和从业人员缴纳的基本养老保险费、基本医疗保险费、失业保险费、生育保险费、工伤保险费和住房公积金,准予扣除。

个体工商户为从业人员缴纳的补充养老保险费、补充医疗保险费,分别在不超过从业人员工资总额 5% 标准内的部分据实扣除;超过部分,不得扣除。

个体工商户业主本人缴纳的补充养老保险费、补充医疗保险费,以当地(地级市)上年度社会平均工资的 3 倍为计算基数,分别在不超过该计算基数 5% 标准内的部分据实扣除;超过部分,不得扣除。

除个体工商户依照国家有关规定为特殊工种从业人员支付的人身安全保险费和财政部、国家税务总局规定可以扣除的其他商业保险费外,个体工商户业主本人或者为从业人员支付的商业保险费,不得扣除。

个体工商户参加财产保险,按照规定缴纳的保险费,准予扣除。

③ 借款费用。个体工商户在生产经营活动中发生的合理的不需要资本化的借款费用,准予扣除。

个体工商户为购置、建造固定资产、无形资产和经过 12 个月以上的建造才能达到预定可销售状态的存货发生借款的,在有关资产购置、建造期间发生的合理的借款费用,应当作为资本性支出计入有关资产的成本,并依照本办法的规定扣除。

个体工商户在生产经营活动中发生的下列利息支出,准予扣除:向金融企业借款的利息支出;向非金融企业和个人借款的利息支出,不超过按照金融企业同期同类贷款利率计算的数额的部分。

④ 三项薪酬相关经费。个体工商户向当地工会组织拨缴的工会经费、实际发生的职工福利费支出、职工教育经费支出分别在工资薪金总额的 2%、14%、2.5% 的标准内据实

扣除。

　　工资薪金总额是指允许在当期税前扣除的工资薪金支出数额。职工教育经费的实际发生数额超出规定比例当期不能扣除的数额,准予在以后纳税年度结转扣除。

　　个体工商户业主本人向当地工会组织缴纳的工会经费、实际发生的职工福利费支出、职工教育经费支出,以当地(地级市)上年度社会平均工资的3倍为计算基数,在规定比例内据实扣除。

　　⑤ 业务招待费。个体工商户发生的与生产经营活动有关的业务招待费,按照实际发生额的60%扣除,但最高不得超过当年销售(营业)收入的5‰。业主自申请营业执照之日起至开始生产经营之日止所发生的业务招待费,按照实际发生额的60%计入个体工商户的开办费。

　　⑥ 广告费和业务宣传费。个体工商户每一纳税年度发生的与其生产经营活动直接相关的广告费和业务宣传费不超过当年销售(营业)收入15%的部分,可以据实扣除;超过部分,准予在以后纳税年度结转扣除。

　　⑦ 开办费。个体工商户自申请营业执照之日起至开始生产经营之日止所发生符合本办法规定的费用,除为取得固定资产、无形资产的支出,以及应计入资产价值的汇兑损益、利息支出外,作为开办费,个体工商户可以选择在开始生产经营的当年一次性扣除,也可自生产经营月份起在不短于3年期限内摊销扣除,但一经选定,不得改变。开始生产经营之日为个体工商户取得第一笔销售(营业)收入的日期。

　　⑧ 租赁费。个体工商户根据生产经营活动的需要租入固定资产支付的租赁费,按照以下方法扣除:以经营租赁方式租入固定资产发生的租赁费支出,按照租赁期限均匀扣除;以融资租赁方式租入固定资产发生的租赁费支出,按照规定构成融资租入固定资产价值的部分应当提取折旧费用,分期扣除。

　　⑨ 公益性捐赠。个体工商户通过公益性社会团体或者县级以上人民政府及其部门,用于《中华人民共和国公益事业捐赠法》规定的公益事业的捐赠,捐赠额不超过其应纳税所得额30%的部分可以据实扣除。财政部、国家税务总局规定可以全额在税前扣除的捐赠支出项目,按有关规定执行。个体工商户直接对受益人的捐赠不得扣除。

　　⑩ 三新研发费用。个体工商户研究开发新产品、新技术、新工艺所发生的开发费用,以及研究开发新产品、新技术而购置单台价值在10万元以下的测试仪器和试验性装置的购置费准予直接扣除;单台价值在10万元以上(含10万元)的测试仪器和试验性装置,按固定资产管理,不得在当期直接扣除。

　　⑪ 其他支出。个体工商户按照规定缴纳的摊位费、行政性收费、协会会费等,按实际发生数额扣除。个体工商户发生的合理的劳动保护支出,准予扣除。

　　(4) 不得所得税前扣除的支出

　　个体工商户的下列支出不得扣除:

　　① 个人所得税税款;

　　② 税收滞纳金;

　　③ 罚金、罚款和被没收财物的损失;

④ 不符合扣除规定的捐赠支出；

⑤ 赞助支出。是指个体工商户发生的与生产经营活动无关的各种非广告性质支出；

⑥ 用于个人和家庭的支出；

⑦ 与取得生产经营收入无关的其他支出；

⑧ 国家税务总局规定不准扣除的支出。

个体工商户代其从业人员或者他人负担的税款，不得税前扣除。

（5）实际经营期不足1年的应纳税所得额的计算

个体工商户、个人独资企业和合伙企业因在纳税年度中间开业、合并、注销及其他原因，导致该纳税年度的实际经营期不足1年的，对个体工商户业主、个人独资企业投资者和合伙企业自然人合伙人的生产经营所得计算个人所得税时，以其实际经营期为1个纳税年度。投资者本人的费用扣除标准，应按照其实际经营月份数，以每月3500元的减除标准确定。计算公式如下：

应纳税所得额＝该年度收入总额－成本、费用及损失－当年投资者本人的费用扣除额

当年投资者本人的费用扣除额＝月减除费用（3500元/月）×当年实际经营月份数

应纳税额＝应纳税所得额×税率－速算扣除数

例6-3 某个体运输户2015年有关经营数据资料如下：本年度营业收入582 000元；营业外收入50 000元。营业成本371 400元；管理费用10 100元（其中车船税4 800元，其他管理费5 300元，未包含业主工资）；行车事故损失40 000元，获得保险公司赔偿金31 000元；缴纳营业税金及附加18 684元；营业外支出15 000元。上年度亏损额2 000元，本年每月预缴个人所得税1 000元。计算应纳税所得额过程如下：

$$收入总额＝582\,000＋50\,000＝632\,000（元）$$

$$各项扣除＝371\,400＋10\,100＋18\,684＋（40\,000－31\,000）＋15\,000＋3\,500×12$$
$$＝466\,184（元）$$

$$应纳税所得额＝632\,000－466\,184－2\,000＝163\,816（元）$$

3. 对企事业单位的承包经营、承租经营所得

对企事业单位的承包经营、承租经营所得，以每一纳税年度的收入总额减去必要费用后的余额，为应纳税所得额。每一纳税年度的收入总额，是指纳税人按照承包经营合同规定分得的经营利润和工资、薪金性质的所得。减去必要费用是指2011年9月1日起每月减除3500元。

$$应纳税所得额 ＝ 纳税年度收入总额 － 必要费用$$

例6-4 2014年12月30日张某与某单位签订承包合同经营招待所，据合同协议承包期为两年，每年上缴费用20 000元，2015年招待所实现利润总额160 000元，张某每月已领取工资1 000元。其应纳税所得额为

$$（160\,000－20\,000＋1\,000×12）－（3\,500×12）＝110\,000（元）$$

4. 劳务报酬所得、稿酬所得、特许权使用费所得、财产租赁所得

劳务报酬所得、稿酬所得、特许权使用费所得、财产租赁所得,每次收入不超过 4 000 元的,减除费用 800 元;每次收入在 4 000 元以上的,减除 20% 的费用,其余额为应纳税所得额。应纳税所得额计算公式如下。

(1) 每次收入不足 4 000 元的:应纳税所得额＝每次收入额－800 元。

例 6-5 某演员演出一次,获得收入 3 800 元。其应纳税所得额计算如下:

$$应纳税所得额 = 3\,800 - 800 = 3\,000(元)$$

(2) 每次收入在 4 000 元以上的:应纳税所得额＝每次收入额×(1－20%)

例 6-6 某作家出版一部长篇小说,稿酬为 100 000 元,其应纳税所得额计算如下:

$$应纳税所得额 = 100\,000 \times (1 - 20\%) = 80\,000(元)$$

自 2016 年 5 月 1 日起,个人出租房屋的个人所得税应税收入不含增值税,计算房屋出租所得可扣除的税费不包括本次出租缴纳的增值税。个人转租房屋的,其向房屋出租方支付的租金及增值税税额,在计算转租所得时予以扣除。

5. 财产转让所得

财产转让所得,以转让财产的收入额减除财产原值和合理费用后的余额,为应纳税所得额。即

$$应纳税所得额 = 收入总额 - 财产原值 - 合理费用$$

自 2016 年 5 月 1 日起,个人转让房屋的个人所得税应税收入不含增值税,其取得房屋时所支付价款中包含的增值税计入财产原值,计算转让所得时可扣除的税费不包括本次转让缴纳的增值税。

财产原值,是指有价证券,为买入价以及买入时按照规定缴纳的有关费用;建筑物,为建造费或者购进价格以及其他有关费用;土地使用权,为取得土地使用权所支付的金额、开发土地的费用以及其他有关费用;机器设备、车船,为购进价格、运输费、安装费,以及其他有关费用;个人销售虚拟货币的财产原值为其收购网络虚拟货币所支付的价款和相关税费。其他财产,参照以上方法确定。

纳税义务人未提供完整、准确的财产原值凭证,不能正确计算财产原值的,由主管税务机关核定其财产原值。

合理费用,是指卖出财产时按照规定支付的有关费用。

例 6-7 某人建房一座,工程造价 40 000 元,支付费用 2 000 元。后该人转让房屋,售价 70 000 元,在卖房过程中按规定支付交易费等有关费用 2 500 元,其应纳税所得额计算如下:

$$应纳税所得额 = 70\,000 - 40\,000 - 2\,000 - 2\,500 = 25\,500(元)$$

6. 利息、股息、红利所得,偶然所得和其他所得

利息、股息、红利所得,偶然所得和其他所得,以每次收入额为应纳税所得额。

$$应纳税所得额 = 每次收入额$$

例 6-8 张某用 2 000 元现金买彩票,获奖金 100 000 元,其应纳税所得额为 100 000 元。

7. 计算应纳税所得额应注意内容

(1) 每次收入的确定

税法对纳税义务人的劳务报酬所得,稿酬所得,特许权使用费所得,财产租赁所得,利息、股息、红利所得,偶然所得和其他所得七项所得,都是明确应该按次计算征税的。

① 劳务报酬所得,根据不同劳务项目的特点分别规定为:只有一次性收入的,以取得该项收入为一次;属于同一事项连续取得收入的,以一个月内取得的收入为一次。

② 稿酬所得,以每次出版、发表取得的收入为一次。具体规定如下:

同一作品再版取得的所得,应视为另一次稿酬所得;

同一作品先在报刊上连载,然后再出版,或先出版再在报刊上连载的,应视为两次所得;

同一作品在报刊上连载取得收入的,以连载完成后取得的所有收入合并为一次;

同一作品在出版和发表时,以预付稿酬或分次支付稿酬等形式取得的稿酬收入,应合并为一次;

同一作品出版、发表后,因添加印数而追加稿酬的,应与以前出版、发表时取得的稿酬合并计算为一次。

③ 特许权使用费所得,以某项使用权的一次转让所取得的收入为一次。

④ 财产租赁所得,以一个月取得的收入为一次。

⑤ 利息、股息、红利所得,以支付利息、股息、红利时取得的收入为一次。

⑥ 偶然所得,以每次收入为一次。

⑦ 其他所得,以每次收入为一次。

(2) 公益、救济型捐赠

个人将其所得通过中国境内的社会团体、国家机关向教育和其他公益事业,以及遭受严重自然灾害地区、贫困地区捐赠,捐赠额未超过纳税义务人申报的应纳税所得额 30% 的部分,可以从应纳税所得额中扣除。

个人通过非营利的社会团体、国家机关向农村义务教育的捐赠,准予在缴纳个人所得税前的所得额中全额扣除。纳税人对农村义务教育与高中在一起的学校的捐赠,也享受此项所得税前扣除。

例 6-9 张某用 2 000 元现金买彩票,其中有一张中奖,获奖金 100 000 元。张某将 5 000 元通过教育局捐赠给某农村小学,取出 2 000 元通过民政部门捐给遭受水灾的地区,取出 1 000 元直接捐给其曾就读过的某高中学校。

按税法规定,通过教育局捐赠给某农村小学的 5 000 元允许全额扣除;直接捐给其曾就读过的某高中学校的 1 000 元不允许扣除;通过民政部门捐给遭受水灾的地区的 2 000 元,因为占应纳税所得额的比例为(2 000÷100 000＝)2%,未超过 30%,因此可以扣除。

其应纳税所得额:100 000－5 000－2 000＝93 000(元)

(3) 研究开发经费资助

个人的所得(不含偶然所得和经国务院财政部门确定征税的其他所得)用于资助非

关联的科研机构和高等学校研究开发新产品、新技术、新工艺所发生的研究开发经费,经主管税务机关确定,可以全额在下月(工资、薪金所得)或下次(按次计征的所得)或当年(按年计征的所得)计征个人所得税时,从应纳税所得额中扣除,不足抵扣的不得结转扣除。

(4) 三险一金

按照国家规定,单位为个人缴付和个人缴付的基本养老保险费、基本医疗保险费、失业保险费、住房公积金,允许从纳税义务人的应纳税所得额中扣除。

(5) 应纳税所得额的核定

个人所得的形式,包括现金、实物、有价证券和其他形式的经济利益。所得为实物的,应当按照取得的凭证上所注明的价格计算应纳税所得额;无凭证的实物或者凭证上注明的价格明显偏低的,参照市场价格核定应纳税所得额。所得为有价证券的,根据票面价格和市场价格核定应纳税所得额。所得为其他形式的经济利益的,参照市场价格核定应纳税所得额。

6.4　应纳所得税额的计算

在中国境内有住所,或者无住所而在境内居住满一年的个人,从中国境内和境外取得的所得,应当分别计算应纳税额。

6.4.1　应纳税额的计算

按照税法规定的适用税率和应纳税所得额,各项所得项目应纳税额应计算如下。

1. 采用超额累进税率的所得项目

工资、薪金所得、个体工商户的生产经营所得、对企事业单位的承包经营、承租经营所得和劳务报酬项目,采用超额累进税率,应纳税额的计算公式为

$$应纳税额 = 应纳税所得额 \times 适用税率 - 速算扣除数$$

例 6-10　王某月工资所得项目应纳税所得额为 2 400 元:

$$应纳税额 = 2 400 \times 10\% - 105 = 135(元)$$

例 6-11　在一外商投资企业中工作的一外籍人员月工资所得项目应纳税所得额 8 000 元:

$$应纳税额 = 8 000 \times 20\% - 555 = 1045(元)$$

例 6-12　某个体运输户的年应纳税所得额为 163 816 元:

$$应纳税额 = 163 816 \times 35\% - 14 750 = 42 585.6(元)$$

例 6-13　张某承包招待所,年应纳税所得额为 30 400 元:

$$应纳税额 = 30 400 \times 20\% - 3 750 = 2 330(元)$$

2. 采用比例税率的所得项目

稿酬所得、特许权使用费所得、财产租赁所得、股息、利息、红利所得、财产转让所得、偶然所得和其他所得项目,采用比例税率,应纳税额计算公式为

$$应纳税额 = 应纳税所得额 \times 适用税率$$

其中稿酬所得,按应纳税额减征 30%,因此应纳税额为

$$应纳税额 = 应纳税所得额 \times 适用税率 \times (1 - 30\%)$$

例 6-14　某作家应纳税所得额为 80 000 元,个人所得税税额为

$$应纳税额 = 80\,000 \times 20\% \times (1 - 30\%) = 11\,200(元)$$

例 6-15　某人转让房屋一座,应纳税所得额 15 000 元,其应纳个人所得税税额计算如下:

$$应纳税额 = 15\,000 \times 20\% = 3\,000(元)$$

6.4.2　境外所得税额的扣除

在对纳税人的境外所得征税时,会存在其境外所得已在来源国家或地区缴税的实际情况。为了避免对同一所得重复征税,我国在计算个人所得税时,采取了税额扣除的办法。

纳税义务人从中国境外取得的所得,准予其在应纳税额中扣除已在境外缴纳的个人所得税税额。但扣除额不得超过该纳税义务人境外所得依照我国税法规定计算的应纳税额。

1. 已在境外缴纳的个人所得税税额

是指纳税义务人从中国境外取得的所得,依照该所得来源国国家或地区的法律,应当缴纳并实际已经缴纳的税额。

2. 扣除限额的确定

扣除限额是依照我国税法规定计算的应纳税额,采取既分国又分项的方法计算。即纳税义务人从中国境外取得的所得,区别不同国家或者地区和不同所得项目,依照税法规定的费用减除标准和适用税率计算的应纳税额。同一国家或者地区内不同所得项目的应纳税额之和,为该国家或者地区的扣除限额。

3. 税额扣除的规定

纳税义务人在中国境外一个国家或者地区实际已经缴纳的个人所得税税额,低于依照规定计算出的该国家或者地区扣除限额的,应当在中国缴纳差额部分的税款;超过该国家或者地区扣除限额的,其超过部分不得在本纳税年度的应纳税额中扣除,但是可以在以后纳税年度的该国家或者地区扣除限额的余额中补扣。补扣期限最长不得超过 5 年。

6.4.3 应纳税额计算中的几个特殊问题

1. 个人取得全年一次性奖金征税

全年一次性奖金是指行政机关、企事业单位等扣缴义务人根据其全年经济效益和对雇员全年工作业绩的综合考核情况,向雇员发放一次性奖金,也包括年终加薪、实行年薪制和绩效工资办法的单位根据考核情况兑现的年薪和绩效工资。纳税人取得全年一次性奖金,单独作为一个月工资、薪金所得计算纳税,并按以下计税办法,由扣缴义务人发放时代扣代缴。

(1) 适用税率的确定

将雇员当月内取得的全年一次性奖金,除以 12 个月,按其商数确定适用税率和速算扣除数。

如果在发放年终一次性奖金的当月,雇员当月工资薪金所得低于税法规定的费用扣除额,应将全年一次性奖金减除"雇员当月工资薪金所得与费用扣除额的差额"后的余额,将余额除以 12 个月,将其商数按上述办法确定全年一次性奖金的适用税率和速算扣除数。

(2) 应纳税额的计算

将雇员个人当月内取得的全年一次性奖金,按上述(1)项确定的适用税率和速算扣除数计算征税,计算公式如下。

① 如果雇员当月工资薪金所得高于(或等于)税法规定的费用扣除额的,适用公式为

应纳税额 = 雇员当月取得全年一次性奖金 × 适用税率 − 速算扣除数

② 如果雇员当月工资薪金所得低于税法规定的费用扣除额的,适用公式为

$$\text{应纳税额} = \left(\begin{array}{c}\text{雇员当月取得}\\\text{全年一次性奖金}\end{array} - \begin{array}{c}\text{雇员当月工资薪金所得}\\\text{与费用扣除额的差额}\end{array}\right) \times \begin{array}{c}\text{适用}\\\text{税率}\end{array} - \begin{array}{c}\text{速算}\\\text{扣除数}\end{array}$$

应当注意的是:在一个纳税年度内,对每一个纳税人,上述计税办法只允许采用一次。因而雇员取得除全年一次性奖金以外的其他各种名目资金,如半年奖、季度奖、加班奖、先进奖、考勤奖等,应当一律与当月工资、薪金收入合并,计算缴纳个人所得税。

例 6-16 华艺有限公司的职工甲,2016 年 1 月取得了上一年度 12 月的工资收入 6 000 元(含税),其中,基本养老保险 1 000 元、基本医疗保险 800 元、失业保险 300 元、住房公积金 600 元(以上均在税法允许扣除范围之内),并领取 2015 年全年一次性奖金 24 000 元(含税)。华艺公司应如何为甲扣缴个人所得税?

当月工资薪金所得 = 6 000 − 1 000 − 800 − 300 − 600 = 3 300(元)。

当月工资薪金所得低于当月费用扣除标准 3 500 元,应纳税额为 0 元。

全年一次性奖金所得 = 24 000(元)。

当月工资薪金所得与费用扣除额的差额 = 3 500 − 3 300 = 200(元)。

计算商数:商数 = (24 000 − 200) ÷ 12 = 1 983.33(元)。

查找适用税率:适用税率 10%,速算扣除数 105。

应纳税所得额＝24 000－200＝23 800(元)。

应纳税额＝23 800×10％－105＝2 275(元)。

2. 对在中国境内无住所的个人一次取得数月资金或年终加薪、劳动分红(以下简称奖金,不包括应按月支付的奖金)的计算征税问题

对上述个人取得的奖金,可单独作为一个月的工资、薪金所得计算纳税。由于对每月的工资、薪金计税时已按月扣除了费用,因此对上述奖金原则上不再减除费用,全额作为应纳税所得额直接按适用税率计算应纳税款,并且不再按居住天数进行计算。上述个人应在取得奖金月份的次月7日内申报纳税。

3. 特定行业职工取得的工资、薪金所得的计税问题

为了照顾采掘业、远洋运输业、远洋捕捞业因季节、产量等因素的影响,对这三个特定行业的职工取得的工资、薪金所得,可按月预缴,年度终了后30日内,合计全年工资、薪金所得,再按12个月平均并计算实际应纳的税款,多退少补。用公式表示为

$$应纳税额＝[(全年工资、薪金收入÷12－费用扣除标准)$$
$$×适用税率－速算扣除数]×12$$

6.5 征纳管理

6.5.1 税收优惠

《个人所得税法》及其实施条例,以及财政部、国家税务总局的若干规定等,都对个人所得项目给予了减税免税的优惠。

1. 下列各项个人所得,免纳个人所得税

(1) 省级人民政府、国务院部委和中国人民解放军军以上单位,以及外国组织颁发的科学、教育、技术、文化、卫生、体育、环境保护等方面的奖金。

(2) 国债和国家发行的金融债券利息。国债利息,是指个人持有中华人民共和国财政部发行的债券而取得的利息。国家发行的金融债券利息,是指个人持有经国务院批准发行的金融债券而取得的利息。

(3) 按照国家统一规定发给的补贴、津贴。即是指按照国务院规定发给的政府特殊津贴、院士津贴、资深院士津贴,以及国务院规定免纳个人所得税的其他补贴、津贴。

(4) 福利费、抚恤金、救济金。福利费是指根据国家有关规定,从企业、事业单位、国家机关、社会团体提留的福利费或者工会经费中支付给个人的生活补助费。救济金是指各级人民政府民政部门支付给个人的生活困难补助费。

(5) 保险赔款。

(6) 军人的转业费、复员费。

(7) 按照国家统一规定发给干部、职工的安家费、退职费、退休工资、离休工资、离休生活补助费。

(8) 依照我国有关法律规定应予免税的各国驻华使馆、领事馆的外交代表、领事官员和其他人员的所得。即指依照《中华人民共和国外交特权与豁免条例》和《中华人民共和国领事特权与豁免条例》规定免税的所得。

(9) 中国政府参加的国际公约以及签订的协议中规定免税的所得。

(10) 关于发给见义勇为者的奖金问题。对乡、镇及其以上人民政府或经县以上人民政府主管部门批准成立的有机构、有章程的见义勇为基金或类似组织,奖励见义勇为者的奖金或奖品,经主管税务机关核准免税。

(11) 国务院财政部门批准免税的所得。

2.有下列情况之一的,经批准可以减征个人所得税

(1) 残疾、孤老人员和烈属的所得。

(2) 因严重自然灾害造成重大损失的。

(3) 其他经国务院财政部门批准减税的。

3.下列所得,暂免征个人所得税

(1) 外籍个人以非现金形式或实报实销形式取得的住房补贴、伙食补贴、搬迁费、洗衣费。

(2) 外籍个人按合理标准取得的境内、外出差补贴。

(3) 外籍个人取得的探亲费、语言训练费、子女教育费等,经当地税务机关审核批准为合理的部分。

(4) 个人举报、协查各种违法、犯罪行为而获得的奖金。

(5) 个人办理代扣代缴税款手续,按规定取得的扣缴手续费。

(6) 个人转让自用达 5 年以上,并且是唯一的家庭生活用房取得的所得。

(7) 对按《国务院关于高级专家离退休若干问题的暂行规定》和《国务院办公厅关于高级专家暂缓离休审批问题的通知》精神,达到离休、退休年龄,但确因工作需要,适当延长离休、退休年龄的高级专家(指享受国家发放的政府特殊津贴的专家、学者),其在延长离休、退休期间的工资、薪金所得,视同退休工资、离休工资免征个人所得税。

(8) 外籍个人从外商投资企业取得的股息、红利所得。

(9) 凡符合下列条件之一的外籍专家取得的工资、薪金所得可免征个人所得税:根据世界银行专项贷款协议由世界银行直接派往我国工作的外国专家;联合国组织直接派往我国工作的专家;为联合国援助项目来华工作的专家;援助国派往我国专为该国无偿援助项目工作的专家;根据两国政府签订文化交流项目来华工作 2 年以内的文教专家,其工资、薪金所得由该国负担;根据我国大专院校国际交流项目来华工作 2 年以内的文教专家,其工资、薪金所得由该国负担;通过民间科研协定来华工作的专家,其工资、薪金所得由该国政府机构负担的。

4. 对在中国境内无住所，但是居住 1 年以上、不到 5 年的纳税人的减免税优惠

在中国境内无住所，但是居住 1 年以上 5 年以下的个人，其来源于中国境外的所得，经主管税务机关批准，可以只就由中国境内公司、企业，以及其他经济组织或者个人支付的部分缴纳个人所得税；居住超过 5 年的个人，从第 6 年起，应当就其来源于中国境外的全部所得缴纳个人所得税。

5. 对在中国境内无住所，但在一个纳税年度中在中国境内居住不超过 90 日的纳税人的减免税优惠

在中国境内无住所，但是在一个纳税年度中，在中国境内连续或者累计居住不超过 90 日的个人，其来源于中国境内的所得，由境外雇主支付并且不由该雇主在中国境内的机构、场所负担的部分，免予缴纳个人所得税。

6.5.2 征纳方法

个人所得税的纳税方法，有自行申报纳税和代扣代缴两种。

1. 自行申报纳税

自行申报纳税是由纳税人在规定的纳税期限内，向税务机关申报取得的应纳税所得项目和数额，如实填写个人所得税纳税申报表，并根据税法规定计算应纳税额，据此缴纳个人所得税的一种方法。

（1）自行申报纳税的纳税义务人

个人所得税以所得人为纳税义务人。纳税义务人有下列情形之一的，应当按照规定到主管税务机关办理纳税申报。

① 自 2006 年 1 月 1 日起，年所得 12 万元以上的；
② 从中国境内二处或者二处以上取得工资、薪金所得的；
③ 从中国境外取得所得的；
④ 取得应纳税所得，没有扣缴义务人的；
⑤ 国务院规定的其他情形。

年所得 12 万元以上的纳税义务人，在年度终了后 3 个月内到主管税务机关办理纳税申报。纳税义务人办理纳税申报的地点以及其他有关事项的管理办法，由国家税务总局制定。

（2）自行申报纳税的纳税期限

一般来讲，纳税人应在取得应纳税所得的次月 15 日内向主管税务机关申报所得并缴纳税款。

账册健全的个体工商户的生产、经营所得应纳的税款，按年计算、分月预缴，次月 15 日内申报预缴，年度终了后 3 个月内汇算清缴，多退少补。账册不健全的个体工商户的生产、经营所得应纳的税款由各地税务机关依据征管法及其实施细则的有关规定，自行

确定征收方式。

纳税人年终一次性取得承包经营、承租经营所得的,自取得收入之日起 30 日内申报纳税;在 1 年内分次取得承包经营、承租经营所得的,应在取得每次所得后的 15 日内申报预缴,年度终了后 3 个月汇算清缴,多退少补。

从中国境外取得所得的纳税人,其来源于中国境外的应纳税所得,如在境外以纳税年度计算缴纳个人所得税的,应在所得来源国的纳税年度终了、结清税款后的 30 日内,向中国主管税务机关申报纳税;如在取得境外所得时结清税款的或者在境外按所得来源国税法规定免予缴纳个人所得税的,应在次年 1 月 1 日起 30 日内向中国主管税务机关申报纳税。

（3）自行申报纳税的申报方式

纳税人可以由本人或委托他人或采用邮寄方式在规定的申报期限内申报纳税。邮寄申报纳税的,以寄出地的邮戳日期为实际申报日期。纳税期限的最后一日是法定休假日的,以休假日的次日为期限的最后一日。纳税人确有困难,不能按期办理纳税申报的,经主管税务机关核准,可以延期申报。

（4）自行申报纳税的申报地点

自行申报纳税的申报地点一般应为收入来源地的主管税务机关。纳税人从两处或两处以上取得工资、薪金所得的,可选择并固定在其中一地税务机关申报纳税;从境外取得所得的,应向境内户籍所在地或经常居住地的税务机关申报纳税。纳税人要求变更申报纳税地点的,需经原主管税务机关批准。

个人独资企业和合伙企业投资者应向企业实际经营管理所在地主管税务机关申报个人所得税。投资者从合伙企业取得的生产经营所得,由合伙企业向企业实际经营管理所在地主管税务机关申报缴纳投资者应纳的个人所得税,并将个人所得税申报抄送投资者。

2. 代扣代缴

代扣代缴,是指按照税法规定负有扣缴税款义务的单位或者个人,在向个人支付应纳税所得时,应计算应纳税额,从其所得中扣除并缴入国库,同时向税务机关报送扣缴个人所得税报告表。这种方法有利于控制税源、防止漏税和逃税。按照税法规定负有扣缴税款义务的单位或者个人称为扣缴义务人,即支付所得的单位或者个人,应当按照国家规定办理全员全额扣缴申报。

（1）扣缴义务人及其义务

凡支付个人应纳税所得的企业（公司）、事业单位、机关、社团组织、军队、驻华机构、个体户等单位或者个人,为个人所得税的扣缴义务人。所说的"驻华机构"不包括外国驻华使领馆和联合国及其他依法享有外交特权和豁免权的国际组织驻华机构。扣缴义务人的义务主要包括以下几个方面。

① 扣缴义务人应指定支付应纳税所得的财务会计部门或其他有关部门人员为办税人员,由办税人员具体办理个人所得税的代扣代缴工作。代扣代缴义务人的有关领导要对代扣代缴工作提供便利,支持办税人员履行义务;确定办税人员发生变动时,应持名单及时报告主管税务机关。

② 扣缴义务人的法人代表（或单位主要负责人）、财务部门的负责人及具体办理代扣

代缴税款的有关人员,共同对依法履行代扣代缴义务负法律责任。

③ 同一扣缴义务人的不同部门支付应纳税所得时,应报办税人员汇总。

④ 扣缴义务人在代扣税款时,必须向纳税人开具税务机关统一印制的代扣代收税款凭证,并详细注明纳税人姓名、工作单位、家庭住址和居民身份证或护照号码(无上述证件的,可用其他能证明身份的证件)等个人情况。对工资、奖金所得和利息、股息、红利所得等,因纳税人数众多,不便一一开具代扣代收税款凭证的,经主管税务机关同意,可不开具代扣代收税款凭证,但应通过一定形式告知纳税人已扣缴税款。纳税人为持有完税依据而向扣缴义务人索取代扣代收税款凭证的,扣缴义务人不得拒绝。

⑤ 扣缴义务人应主动向税务机关申领代扣代收税款凭证,据以向纳税人扣税。非正式扣税凭证,纳税人可以拒收。

⑥ 扣缴义务人应设立代扣代缴税款账簿,正确反映个人所得税的扣缴情况,并如实填写《扣缴个人所得税报告表》及其他有关资料。

(2) 代扣代缴的范围

扣缴义务人向个人支付下列所得,应代扣代缴个人所得税:工资、薪金所得;对企事业单位的承包经营、承租经营所得;劳务报酬所得;稿酬所得;特许权使用费所得;利息、股息、红利所得;财产租赁所得;财产转让所得;偶然所得;经国务院财政部门确定征税的其他所得。

扣缴义务人向个人支付应纳税所得(包括现金、实物和有价证券)时,不论纳税人是否属于本单位人员,均应代扣代缴其应纳的个人所得税税款。这里所说的支付,包括现金支付、汇拨支付、转账支付和以有价证券、实物以及其他形式的支付。

(3) 代扣代缴期限

扣缴义务人每月所扣的税款,应当在次月 15 日内缴入国库,并向主管税务机关报送《扣缴个人所得税报告表》、代扣代收税款凭证和包括每一位纳税人姓名、单位、职务、收入、税款等内容的支付个人收入明细表,以及税务机关要求报送的其他有关资料。

扣缴义务人违反规定不报送或者报送虚假纳税资料的,一经查实,其未在支付个人收入明细表中反映的向个人支付的款项,在计算扣缴义务人应纳税所得额时不得作为成本费用扣除。

扣缴义务人因有特殊困难不能按期报送《扣缴个人所得税报告表》及其他有关资料的,经县级税务机关批准,可以延期申报。

6.6　综合案例

6.6.1　案例介绍

张某是某设计院的高级职员,2015 年全年收入如下。

(1) 每月领取工资 8 000 元;

(2) 利用休假时间为国内某单位进行工程设计,取得收入 60 000 元;

（3）出版专著一本，获得稿酬 50 000 元；

（4）为 A 国一企业提供一项专利技术的使用权，一次取得收入 150 000 元，已按收入来源国税法在该国缴纳了个人所得税 20 000 元；

（5）购买国债，获得利息收入 10 000 元；

（6）支出 1 000 元购买体育彩票，获得奖金 100 000 元，将奖金中的 20 000 元通过教育部门捐给农村小学；

（7）到 B 国讲学，获得收入 80 000 元，已按收入来源国税法在该国缴纳了个人所得税 20 000 元。

要求：确定张某在我国 2015 年应缴纳多少个人所得税。

6.6.2　案例解析

（1）工资所得项目：

$$每月应纳税所得额 = 8\,000 - 3\,500 = 4\,500(元)$$
$$每月应纳所得税 = 4\,500 \times 10\% - 105 = 345(元)$$
$$全年应纳所得税 = 345 \times 12 = 4\,140(元)$$

（2）工程设计劳务报酬所得项目：

工程设计收入 60 000 元已超过 4 000 元，因此，计算应纳税所得额时应减除费用 20%。

$$应纳税所得额 = 60\,000 \times (1 - 20\%) = 48\,000(元)$$
$$应纳所得税 = 48\,000 \times 30\% - 2\,000 = 12\,400(元)$$

（3）稿酬所得项目：

稿酬收入 50 000 元已超过 4 000 元，因此，计算应纳税所得额时应减除费用 20%。

$$应纳税所得额 = 50\,000 \times (1 - 20\%) = 40\,000(元)$$

稿酬所得税按应纳税额减征 30%

$$应纳所得税 = 40\,000 \times 20\% \times (1 - 30\%) = 5\,600(元)$$

（4）特许权使用费所得项目：

从 A 国取得专利技术使用费 150 000 元已超过 4 000 元，按我国税法规定计算应纳税所得额时应减除费用 20%。

$$应纳税所得额 = 150\,000 \times (1 - 20\%) = 120\,000(元)$$
$$应纳所得税 = 120\,000 \times 20\% = 24\,000(元)$$

按我国税法规定，其取得的专利技术特许权使用费所得应纳税 24 000 元，因已在国外缴纳 20 000 元，因此应补税 4 000 元。

（5）购买国债利息不纳税。

（6）偶然所得项目：

因为公益救济性捐赠 20 000 元是通过教育部门对农村义务教育的捐赠，因此可以全额扣除。

$$应纳税所得额 = 100\,000 - 20\,000 = 80\,000(元)$$
$$应纳所得税 = 80\,000 \times 20\% = 16\,000(元)$$

（7）讲学劳务报酬所得项目：

在 B 国取得讲学收入 80 000 元已超过 4 000 元，因此计算应纳税所得额时应减除费用 20％。

$$应纳税所得额 = 80\,000 \times (1 - 20\%) = 64\,000（元）$$
$$应纳所得税 = 64\,000 \times 40\% - 7\,000 = 18\,600（元）$$

按我国税法规定，其取得的讲学劳务报酬所得应纳税 18 600 元，因已在国外缴纳 20 000 元，因此无须补税，超过扣除限额的 1 400 元也无须退税。但是可以在以后纳税年度的该国家或者地区的扣除限额的余额中补扣，补扣期最长不得超过 5 年。

张某 2015 年应纳所得税合计 = 4 140 + 12 400 + 5 600 + 4 000 + 16 000 = 42 140（元）

习题和实训 6

一、判断题

1. 个人所得税是对个人（自然人）取得的各项应税所得征收的一种税。　　　（　　）
2. 个人所得税的纳税人依据住所和居住时间划分为居民纳税人和非居民纳税人。
　　　　　　　　　　　　　　　　　　　　　　　　　　　　　　　　（　　）
3. 居民纳税人应就中国境内外取得的所得缴纳个人所得税。　　　　　　　（　　）
4. 某歌舞团歌唱演员张某到外地"走穴"演出取得 50 000 元收入，应按照"工资、薪金所得"项目计征个人所得税。　　　　　　　　　　　　　　　　　　　（　　）
5. 工资、薪金所得附加减除费用的标准为 3 200 元/月。　　　　　　　　　（　　）
6. 个人购买国库券取得的利息不用缴纳个人所得税。　　　　　　　　　　（　　）
7. 个人将其应税所得全部用于公益救济性捐赠的，可不承担缴纳个人所得税义务。
　　　　　　　　　　　　　　　　　　　　　　　　　　　　　　　　（　　）
8. 年所得 12 万元以上的纳税人应按规定办理纳税申报。　　　　　　　　（　　）
9. 股息所得缴纳个人所得税的应纳税所得额为每次收入额减去 20％的费用。（　　）
10. 扣缴义务人应当按照国家规定办理全员全额扣缴申报。　　　　　　　（　　）

二、单项选择题

1. 对于县级政府颁布的科学、教育、技术、文化、卫生、体育、环境保护等方面的奖金，应（　　）。

A. 征收个人所得税　　　　　　　　B. 免征个人所得税
C. 减半征收个人所得税　　　　　　D. 适当减征个人所得税

2. 在中国境内无住所的个人，应就下列所得在我国缴纳个人所得税（　　）。

A. 来源于中国境内的所得　　　　　B. 来源于中国境外的所得
C. 来源于中国境内、外的所得　　　D. 来源于境外公司的所得

3. 个人所得税法中所称的临时离境，是指在一个纳税年度中一次不超过 30 日或多次累计不超过（　　）日的离境。

A. 365　　　　　　B. 183　　　　　　C. 90　　　　　　D. 180

4. 工资、薪金所得适用的税率是(　　)。

　　A. 20%的比例税率　　　　　　　B. 10%的比例税率

　　C. 5%～35%的五级超额累进税率　　D. 3%～45%的七级超额累进税率

5. 个人出租建筑物、土地使用权、机器设备、车船,以及其他财产取得的所得为(　　)。

　　A. 财产转让所得　　　　　　　B. 财产租赁所得

　　C. 偶然所得　　　　　　　　　D. 特许权使用费所得

6. 个人提供专利权、商标权、著作权、非专利技术的使用权而取得的所得为(　　)。

　　A. 财产转让所得　　　　　　　B. 财产租赁所得

　　C. 偶然所得　　　　　　　　　D. 特许权使用费所得

7. 个人得奖、中奖、中彩,以及其他偶然所得为(　　)。

　　A. 劳务报酬所得　　　　　　　B. 偶然所得

　　C. 特许使用费所得　　　　　　D. 工资、薪金所得

8. 个人取得的所得,难以界定应纳税所得项目的,由(　　)确定。

　　A. 扣缴义务人　　　　　　　　B. 纳税人自行

　　C. 主管税务机关　　　　　　　D. 纳税人与主管税务机关协商

9. 下列所得应缴纳个人所得税的是(　　)。

　　A. 离退休工资　　　　　　　　B. 国债利息

　　C. 企业债券利息　　　　　　　D. 保险赔款

10. 对纳税人所得应按次征税的是(　　)。

　　A. 工资、薪金所得　　　　　　B. 个体工商户的生产经营所得

　　C. 稿酬所得　　　　　　　　　D. 承包承租经营所得

三、多项选择题

1. 下列纳税人中,工薪所得计税时适用附加费用扣除标准的有(　　)。

　　A. 在境内外企业任职、受雇的中国公民

　　B. 在境外任职、受雇的中国公民

　　C. 在境内事业单位受雇的外籍专家

　　D. 在境内企业任职的中国港、澳、台同胞

2. 个人取得的应纳税所得的形态包括(　　)。

　　A. 现金　　　　B. 实物　　　　C. 有价证券　　　　D. 荣誉

3. 下列个人所得中,适用20%税率的有(　　)。

　　A. 劳务报酬所得一次收入总额在2 500元以下的

　　B. 劳务报酬所得一次收入计税所得额在20 000元以上的

　　C. 特许权使用费所得

　　D. 偶然中奖所得

4. 下列个人所得中属于中国境内所得的是(　　)。

　　A. 将财产出租给承租人在中国境外使用而取得的所得

　　B. 在中国境内任职、受雇而取得的工资、薪金所得

C. 因任职、受雇、履约等在中国境外提供各种劳务取得的劳务报酬所得

D. 转让中国境内的建筑物、土地使用权等财产,以及在中国境内转让其他财产取得的所得

5. 四位作者共写一本书,共得稿费 35 000 元,其中一人得主编费 5 000 元,其余稿费四人平分,其个人所得税纳税情况为(　　)。

A. 此笔稿酬共纳税 3 920 元　　　　B. 四人各自纳税 980 元

C. 主编一人纳税 1 400 元　　　　　D. 除主编以外的三人各纳税 840 元

6. 下列属于个人所得税居民纳税人的有(　　)。

A. 1998 年至 2015 年回国定居的美籍华人

B. 到国外进修 1 年的某公司经理

C. 2014 年在境内取得著作权收入的澳门居民

D. 2014 年 5 月 3 日至 2014 年 9 月 28 日来华工作的外国专家

7. 下列个人所得,在计算个人所得税时,不得减除费用的有(　　)。

A. 利息、股息、红利所得　　　　　B. 稿酬所得

C. 劳务报酬所得　　　　　　　　　D. 偶然所得

8. 下列所得中实行按次征税的是(　　)。

A. 对企业单位的承包经营、承租经营所得

B. 稿酬所得

C. 财产租赁所得

D. 股息、利息所得

9. 个人所得税纳税义务人包括(　　)。

A. 在中国境内有住所的个人

B. 个体工商户

C. 在中国境内有所得的境外人员

D. 有来源于我国境内所得的外籍个人

10. 凡依据个人所得税法负有纳税义务的纳税人,有(　　)情形之一的,应当按照规定办理纳税申报。

A. 年所得 12 万元以上的

B. 从中国境内两处或者两处以上取得工资、薪金所得的

C. 从中国境外取得所得的

D. 取得应税所得,没有扣缴义务人的

四、简答题

1. 个人所得税的纳税人如何分类?

2. 居民纳税人和非居民纳税人如何区别?

3. 应税所得项目如何规定?

4. 个人所得税的计税依据是什么?如何计算?

5. 个人所得税应纳税额如何计算?

五、计算题

1. 某工程师王某是机械专家,2015 年 5 月取得如下收入:①工资收入 4 500 元;

②当月出版专著一本,取得稿酬收入100 000元(将其中20 000元通过"希望工程基金会"捐赠给某农村小学);③讲学一次取得收入600元;④王某在与某机械厂联合进行科技攻关中,取得一项科研成果,获国家科技进步二等奖,获得奖金20 000元,该厂又奖给王某10 000元;⑤购买某公司债券获得利息5 000元。计算王某当月应缴纳的个人所得税。

2. 中国公民李林系自由职业者,以绘画为生。其2015年1~12月收入情况如下:一次取得绘画收入23 000元(人民币,下同);在A国出版画册取得稿酬150 000元,在B国取得银行利息10 000元,已分别按收入来源国税法缴纳了个人所得税12 000元和2 500元;取得保险赔款20 000元;取得贷款利息5 000元。计算应纳的个人所得税款。

六、综合实训题

1. 实训目的:熟悉个人所得税的计算和申报表的填制。

2. 实训方式:进行纳税申报表的填制。

3. 实训要求:①请计算张某2015年应纳个人所得税;②请帮张某填报2015年度的个人所得税纳税申报表。

4. 实训准备:个人所得税纳税申报表。

5. 实训资料:张某在一家国有企业任职,2015年的收入如下。

(1) 每月工资为5 400元(扣除社会保险费后)。

(2) 12月份,取得奖金15 000元(全年一次性奖金)。

(3) 取得企业债券利息收入1 000元。

第7章

资源类税法

【内容摘要】 本章为一般章节。通过本章学习,学生可以了解资源税、土地使用税、耕地占用税的有关内容;掌握资源税的税目、计税依据的确定;重点掌握应纳资源税的计算。

7.1 资源税法

资源税法是指国家制定的用以调整资源税征收与缴纳之间权利与义务关系的法律规范。现行资源税的基本规范,是国务院颁布的《中华人民共和国资源税暂行条例》及其实施细则。

我国正在逐步试行资源税由从量计征向从价计征的改革。2011年11月1日起,原油、天然气资源税率先试行从价计征改革。2014年12月1日起,煤炭资源税也由从量计征改革为从价计征。2015年5月1日起,稀土、钨、钼资源税实施从价计征。2016年7月1日起,对《资源税税目税率幅度表》(见表7-1)中列举名称的21种资源品目和未列举名称的其他金属矿实行从价计征,河北省实施水资源税改革试点。将积极创造条件,逐步对水、森林、草场、滩涂等自然资源开征资源税。

1. 纳税义务人

资源税的纳税义务人,是指在中华人民共和国领域及管辖海域开采应税矿产品或生产盐的单位和个人。

单位是指国有企业、集体企业、私营企业、股份制企业、其他企业和行政单位、事业单位、社会团体及其他单位;个人是指个体经营者和其他个人;其他单位和其他个人包括外商投资企业、外国企业及外籍人员。

收购未税矿产品的单位为资源税的扣缴义务人,包括独立矿山、联合企业和其他收购未税矿产品的单位。独立矿山是指只有采矿或只有采矿和选矿,独立核算、自负盈亏的单位,其生产的原矿和精矿主要用于对外销售。联合企业是指采矿、选矿、冶炼(或加工)连续生产的企业或采矿、冶炼(或加工)连续生产的企业,其采矿单位一般是该企业的二级或二级以下核算单位。其他单位也包括收购未税矿产品的个体户在内。

2. 税目及税率

资源税税目包括以下几大类。

（1）原油。开采的天然原油征税，人造石油不征税。税率为销售额的 5%～10%。

（2）天然气。专门开采的天然气和与原油同时开采的天然气征税，煤矿生产的天然气暂不征税。税率为销售额的 5%～10%。

（3）煤炭，包括原煤和以未税原煤（即自采原煤）加工的洗选煤（以下简称洗选煤）。

（4）其他非金属矿，包括石墨、硅藻土、高岭土、萤石、石灰石、硫铁矿、磷矿、氯化钾、硫酸钾、井矿盐、湖盐、提取地下卤水晒制的盐、煤层（成）气、粘土、砂石、未列举名称的其他非金属矿产品。

（5）金属矿，包括稀土矿、钨矿、钼矿、铁矿、金矿、铜矿、铝土矿（包括耐火级矾土、研磨级矾土等高铝粘土）、铅锌矿、镍矿、锡矿、未列举名称的其他金属矿产品。

·（6）海盐。指海水晒制的盐，不包括提取地下卤水晒制的盐。

未列举名称的其他非金属矿原矿和其他有色金属矿原矿，由省、自治区、直辖市人民政府决定征收或暂缓征收资源税，并报财政部和国家税务总局备案。

以应税产品投资、分配、抵债、赠与、以物易物等，视同销售，依照规定计算缴纳资源税。

资源税税目税率幅度见表 7-1。对《资源税税目税率幅度表》中列举名称的资源品目，由省级人民政府在规定的税率幅度内提出具体适用税率建议，报财政部、国家税务总局确定核准。对未列举名称的其他金属和非金属矿产品，由省级人民政府根据实际情况确定具体税目和适用税率，报财政部、国家税务总局备案。

扣缴义务人的适用税额（率）规定如下：①独立矿山、联合企业收购未税资源税应税产品的单位，按照本单位应税产品税额（率）标准，依据收购的数量（金额）代扣代缴资源税。②其他收购单位收购的未税矿产品，按主管税务机关核定的应税产品税额（率）标准，依据收购的数量（金额）代扣代缴资源税。

3. 计税依据

资源税的计税依据为应税产品的销售额或销售量，各税目的征税对象包括原矿、精矿（或原矿加工品，下同）、金锭、氯化钠初级产品。

纳税人开采或者生产不同税目应税产品的，应当分别核算不同税目应税产品的销售额或者销售数量；未分别核算或者不能准确提供不同税目应税产品的销售额或者销售数量的，从高适用税率。

纳税人用已纳资源税的应税产品进一步加工应税产品销售的，不再缴纳资源税。纳税人以未税产品和已税产品混合销售或者混合加工为应税产品销售的，应当准确核算已税产品的购进金额，在计算加工后的应税产品销售额时，准予扣减已税产品的购进金额；未分别核算的，一并计算缴纳资源税。

（1）销售数量的确定

包括纳税人开采或者生产应税产品的实际销售数量和视同销售的自用数量。

纳税人不能准确提供应税产品销售数量的，以应税产品的产量或者主管税务机关确定的折算比换算成的数量为计征资源税的销售数量。

表 7-1　资源税税目税率幅度表

序号	税目		征税对象	税率幅度
1	一、原油(不包括人造石油)		开采的天然原油	5%～10%
2	二、天然气(专门开采或者与原油同时开采的天然气)			5%～10%
3	三、煤炭	原煤、洗选煤		2%～10%
4	金属矿	稀土矿	轻稀土精矿	内蒙古：11.5% 四川：9.5% 山东：7.5%
			中重稀土精矿	27%
5		钨矿	精矿	6.5%
6		钼矿	精矿	11%
7		铁矿	精矿	1%～6%
8		金矿	金锭	1%～4%
9		铜矿	精矿	2%～8%
10		铝土矿	原矿	3%～9%
11		铅锌矿	精矿	2%～6%
12		镍矿	精矿	2%～6%
13		锡矿	精矿	2%～6%
14		未列举名称的其他金属矿产品	原矿或精矿	税率不超过20%
15	其他非金属矿	石墨	精矿	3%～10%
16		硅藻土	精矿	1%～6%
17		高岭土	原矿	1%～6%
18		萤石	精矿	1%～6%
19		石灰石	原矿	1%～6%
20		硫铁矿	精矿	1%～6%
21		磷矿	原矿	3%～8%
22		氯化钾	精矿	3%～8%
23		硫酸钾	精矿	6%～12%
24		井矿盐	氯化钠初级产品	1%～6%
25		湖盐	氯化钠初级产品	1%～6%
26		提取地下卤水晒制的盐	氯化钠初级产品	3%～15%
27		煤层(成)气	原矿	1%～2%
28		粘土、砂石	原矿	每吨或立方米0.1～5元
29		未列举名称的其他非金属矿产品	原矿或精矿	从量税率每吨或立方米不超过30元；从价税率不超过20%
30	海盐		氯化钠初级产品	1%～5%

注：氯化钠初级产品是指井矿盐、湖盐原盐、提取地下卤水晒制的盐和海盐原盐,包括固体和液体形态的初级产品。

从量计征的粘土、砂石或未列举名称的其他非金属矿产品,因无法准确掌握纳税人移送使用原矿数量的,可将其精矿按选矿比折算成的原矿数量作为课税数量。

(2) 销售额的确定

销售额是指纳税人销售应税产品向购买方收取的全部价款和价外费用,不包括增值税销项税额和运杂费用。

运杂费用是指应税产品从坑口或洗选(加工)地到车站、码头或购买方指定地点的运输费用、建设基金以及随运销产生的装卸、仓储、港杂费用。运杂费用应与销售额分别核算,凡未取得相应凭据或不能与销售额分别核算的,应当一并计征资源税。

价外费用,包括价外向购买方收取的手续费、补贴、基金、集资费、返还利润、奖励费、违约金、滞纳金、延期付款利息、赔偿金、代收款项、代垫款项、包装费、包装物租金、储备费、优质费、运输装卸费以及其他各种性质的价外收费。但下列项目不包括在内。

① 同时符合以下条件的代垫运输费用:承运部门的运输费用发票开具给购买方的;纳税人将该项发票转交给购买方的。

② 同时符合以下条件代为收取的政府性基金或者行政事业性收费:由国务院或者财政部批准设立的政府性基金,由国务院或者省级人民政府及其财政、价格主管部门批准设立的行政事业性收费;收取时开具省级以上财政部门印制的财政票据;所收款项全额上缴财政。

(3) 销售额的核定

纳税人申报的应税产品销售额明显偏低并且无正当理由的、有视同销售应税产品行为而无销售额的,除财政部、国家税务总局另有规定外,按下列顺序确定销售额。

① 按纳税人最近时期同类产品的平均销售价格确定;

② 按其他纳税人最近时期同类产品的平均销售价格确定;

③ 按组成计税价格确定。组成计税价格为

$$组成计税价格=成本\times(1+成本利润率)\div(1-税率)$$

公式中的成本是指应税产品的实际生产成本。公式中的成本利润率由省、自治区、直辖市税务机关确定。

(4) 煤炭计税销售额的确定

纳税人开采原煤直接对外销售的,以原煤销售额作为应税煤炭销售额计算缴纳资源税。

① 原煤销售额的确定。a.原煤计税销售额是指纳税人销售原煤向购买方收取的全部价款和价外费用,不包括收取的增值税销项税额以及从坑口到车站、码头或购买方指定地点的运输费用。b.纳税人将其开采的原煤,自用于连续生产洗选煤的,在原煤移送使用环节不缴纳资源税;自用于其他方面的,视同销售原煤计算缴纳资源税。纳税人将其开采的原煤加工为洗选煤自用的,视同销售洗选煤。

② 洗选煤销售额的确定。纳税人将其开采的原煤加工为洗选煤销售的,以洗选煤销售额乘以折算率作为应税煤炭销售额计算缴纳资源税。洗选煤销售额包括洗选副产品的销售额,不包括洗选煤从洗选煤厂到车站、码头等的运输费用。

$$洗选煤计税销售额=洗选煤销售额\times折算率$$

（5）关于原矿销售额与精矿销售额的换算或折算

为公平原矿与精矿之间的税负，对同一种应税产品，征税对象为精矿的，纳税人销售原矿时，应将原矿销售额换算为精矿销售额缴纳资源税；征税对象为原矿的，纳税人销售自采原矿加工的精矿，应将精矿销售额折算为原矿销售额缴纳资源税。换算比或折算率原则上应通过原矿售价、精矿售价和选矿比计算，也可通过原矿销售额、加工环节平均成本和利润计算。

金矿以标准金锭为征税对象，纳税人销售金原矿、金精矿的，应比照上述规定将其销售额换算为金锭销售额缴纳资源税。

换算比或折算率应按简便可行、公平合理的原则，由省级财税部门确定，并报财政部、国家税务总局备案。

（6）稀土、钨、钼计税销售额的确定

① 精矿销售额。纳税人将其开采的原矿加工为精矿销售的，按精矿销售额（不含增值税）和适用税率计算缴纳资源税。精矿销售额不包括从洗选厂到车站、码头或用户指定运达地点的运输费用。

$$精矿销售额＝精矿销售量×单位价格$$

② 关于原矿销售额与精矿销售额的换算。a.纳税人申报的精矿销售价格明显偏低且无正当理由的、有视同销售精矿行为而无销售额的，依照有关规定确定计税价格及销售额。b.纳税人开采并销售原矿的，将原矿销售额（不含增值税）换算为精矿销售额计算缴纳资源税。纳税人销售（或者视同销售）其自采原矿的，可采用成本法或市场法将原矿销售额换算为精矿销售额计算缴纳资源税。

成本法公式：

$$精矿销售额＝原矿销售额＋原矿加工为精矿的成本×（1＋成本利润率）$$

市场法公式：

$$精矿销售额＝原矿销售额×换算比$$

原矿销售额不包括从矿区到车站、码头或用户指定运达地点的运输费用。

③ 关于共生矿、伴生矿的纳税。与稀土共生、伴生的铁矿石，在计征铁矿石资源税时，准予扣减其中共生、伴生的稀土矿石数量。

4. 应纳税额的计算

资源税的应纳税额，按照从价定率或者从量定额的办法。计算公式为

（1）从量计征：

$$应纳税额＝销售数量×单位税额$$

（2）从价计征：

$$应纳税额＝销售额×适用税率$$

例 7-1　某铜矿 2016 年 8 月销售铜矿原矿 3 000 吨，开具增值税专用发票注明不含税价款 1 200 万元。销售精矿 3 000 吨，取得不含增值税价款 15 000 万元。选矿比为 40%。铜矿精矿适用税率 3%。8 月应纳税额为

$$当月应纳资源税＝1\,200×40\%×3\%＋15\,000×3\%＝464.4（万元）$$

例 7-2 某油田(增值税一般纳税人),2016 年 9 月开采原油 8 000 吨,与原油同时开采的天然气 50 000 立方米。原油售价 8 200 元/吨,天然气售价 2.2 元/立方米,均已全部销售。已知该油田的原油、天然气适用税率均为 6%。售价均不含增值税。9 月应纳税额为

$$原油应纳资源税 = 8\,000 \times 8\,200 \times 6\% = 3\,936\,000(元)$$
$$天然气应纳资源税 = 50\,000 \times 2.2 \times 6\% = 6\,600(元)$$
$$本月应纳税额 = 3\,936\,000 + 6\,600 = 3\,942\,600(元)$$

例 7-3 某煤矿企业(增值税一般纳税人),2016 年 9 月向某电厂销售优质原煤 3 000 吨,开具增值税专用发票注明不含税价款 36 万元,支付从坑口到车站的运输费用 2 万元。向某煤场销售选煤,开具增值税普通发票列明销售额 7.6 万元。该煤矿资源税税率为 5%,选煤折算率为 92%。9 月应纳税额为

$$当月应纳资源税 = 36 \times 5\% + 7.6 \div (1 + 17\%) \times 92\% \times 5\% = 2.10(万元)$$

5. 征纳管理

(1) 税收优惠

资源税贯彻普遍征收、级差调节的原则思想,因此规定的减免税项目比较少。

① 开采原油过程中用于加热、修井的原油,免税。

② 纳税人开采或者生产应税产品过程中,因意外事故或自然灾害等原因遭受重大损失的,由省、自治区、直辖市人民政府酌情决定减税或者免税。

③ 国务院规定的其他减税、免税项目。

纳税人的减税、免税项目,应当单独核算销售额或者销售数量;未单独核算或者不能准确提供销售额或者销售数量的,不予减税或者免税。

④ 油气资源税其他税收优惠政策:对油田范围内运输稠油过程中用于加热的原油、天然气免征资源税;对稠油、高凝油和高含硫天然气资源税减征 40%;对三次采油资源税减征 30%;对低丰度油气田资源税暂减征 20%;对深水油气田资源税减征 30%。

⑤ 煤炭资源税税收优惠政策:对衰竭期煤矿开采的煤炭,资源税减征 30%。对充填开采置换出来的煤炭,资源税减征 50%。纳税人开采的煤炭,同时符合上述减税情形的,纳税人只能选择其中一项执行,不能叠加适用。

纳税人开采的原油、天然气、煤炭,同时符合上述减税情形的,纳税人只能选择其中一项执行,不能叠加适用。

⑥ 矿产资源税收优惠:a. 对符合条件的采用充填开采方式采出的矿产资源,资源税减征 50%;对符合条件的衰竭期矿山开采的矿产资源,资源税减征 30%。具体认定条件由财政部、国家税务总局规定。b. 对鼓励利用的低品位矿、废石、尾矿、废渣、废水、废气等提取的矿产品,由省级人民政府根据实际情况确定是否减税或免税,并制定具体办法。

(2) 纳税义务发生时间

① 纳税人销售应税产品,纳税义务发生时间为:a. 纳税人采取分期收款结算方式的,纳税义务发生时间为销售合同规定的收款日期的当天。b. 纳税人采取预收货款结算方式的,其纳税义务发生时间为发出应税产品的当天。c. 纳税人采取其他结算方式的,其纳税义务发生时间为收讫销售款或者取得销售款凭据的当天。

② 纳税人自产自用应税产品的纳税义务发生时间为移送使用应税产品的当天。

③ 扣缴义务人代扣代缴税款的纳税义务发生时间为支付货款的当天。

（3）纳税期限

资源税的纳税期限为 1 日、3 日、5 日、10 日、15 日或者 1 个月，由主管税务机关根据实际情况具体核定。不能按固定期限计算纳税的，可以按次计算纳税。

纳税人以 1 个月为一期纳税的，自期满之日起 10 日内申报纳税；以 1 日、3 日、5 日、10 日、15 日为一期纳税的，自期满之日起 5 日内预缴税款，于次月 1 日起 10 日内申报纳税并结清上月税款。

（4）纳税环节

纳税人开采或者生产应税产品，自用于连续生产应税产品的，不缴纳资源税；自用于其他方面的，视同销售，依照税法规定缴纳资源税。

资源税在应税产品的销售或自用环节计算缴纳。以自采原矿加工精矿产品的，在原矿移送使用时不缴纳资源税，在精矿销售或自用时缴纳资源税。

纳税人以自采原矿加工金锭的，在金锭销售或自用时缴纳资源税。纳税人销售自采原矿或者自采原矿加工的金精矿、粗金，在原矿或者金精矿、粗金销售时缴纳资源税，在移送使用时不缴纳资源税。

（5）纳税地点

凡是缴纳资源税的纳税人，都应当向应税产品的开采或盐的生产所在地主管税务机关缴纳。

如果纳税人在本省、自治区、直辖市范围内开采或者生产应税产品，其纳税地点需要调整的，由所在地省、自治区、直辖市税务机关决定。

如果纳税人应纳的资源税属于跨省开采，其下属生产单位与核算单位不在同一省、自治区、直辖市的，对其开采的矿产品一律在开采地纳税，其应纳税款由独立核算、自负盈亏的单位按照开采地的实际销售量（或者自用量）及适用的单位税额计算划拨。

扣缴义务人代扣代缴的资源税，也应当向收购地主管税务机关缴纳。

7.2　城镇土地使用税法

城镇土地使用税法，是指国家制定的用以调整城镇土地使用税征收与缴纳之间权利与义务关系的法律规范。城镇土地使用税是以城镇土地为征税对象，对拥有土地使用权的单位和个人征收的一种税。现行城镇土地使用税的基本行为规范是 2013 年 12 月 7 日新修订的《中华人民共和国城镇土地使用税暂行条例》（以下简称《条例》。《条例》的实施办法由省、自治区、直辖市人民政府制定。土地使用税的征收，对合理利用城镇土地、调节土地级差收入、提高土地使用效益、加强土地管理具有重要意义。

1. 纳税义务人

在城市、县城、建制镇、工矿区范围内使用土地的单位和个人，为城镇土地使用税（以下简称土地使用税)的纳税人。单位包括国有企业、集体企业、私营企业、股份制企业、外商投资企业、外国企业,以及其他企业和事业单位、社会团体、国家机关、军队,以及其他单位;个人包括个体工商户,以及其他个人。具体如下。

(1) 拥有土地使用权的单位和个人。拥有土地使用权的单位和个人不在土地所在地的,其土地的实际使用人和代管人为纳税人。

(2) 土地使用权未确定或权属纠纷未解决的,其实际使用人为纳税人。

(3) 土地使用权共有的,共有各方都是纳税人,由共有各方分别纳税。

例如,某城市的甲、乙、丙共同拥有一块土地的使用权,土地面积为 1 600 平方米,甲实际使用 1/4,乙实际使用 1/4,丙实际使用 2/4,则甲是其所占土地 400 平方米的纳税人,乙是其所占土地 400 平方米的纳税人,丙是其所占土地 800 平方米的纳税人。

2. 征税范围

城镇土地使用税的征税范围,包括在城市、县城、建制镇和工矿区的国家所有和集体所有的土地。

城市是指经国务院批准设立的市,城市的土地包括市区和郊区的土地。

县城是指县人民政府所在地,县城土地是指县人民政府所在地的城镇的土地。

建制镇是指经省、自治区、直辖市人民政府批准设立的建制镇,建制镇土地是指镇人民政府所在地的土地。

工矿区是指工商业比较发达,人口比较集中,符合国务院规定的建制标准,但未设立建制镇的大中型工矿企业所在地,工矿区须经省、自治区、直辖市人民政府批准。建立在城市、县城、建制镇和工矿区以外的工矿企业则不需缴纳城镇土地使用税。

3. 税率

城镇土地使用税采用定额税率,即采用有幅度的差别税额。土地使用税每平方米年税额为:大城市 1.5 元至 30 元;中等城市 1.2 元至 24 元;小城市 0.9 元至 18 元;县城、建制镇、工矿区 0.6 元至 12 元。

省、自治区、直辖市人民政府,应当在规定的税额幅度内,根据市政建设状况、经济繁荣程度等条件,确定所辖地区的适用税额幅度。市、县人民政府应当根据实际情况,将本地区土地划分为若干等级,在省、自治区、直辖市人民政府确定的税额幅度内,制定相应的适用税额标准,报省、自治区、直辖市人民政府批准执行。经省、自治区、直辖市人民政府批准,经济落后地区土地使用税的适用税额标准可以适当降低,但降低额不得超过《条例》规定最低税额的 30%。经济发达地区土地使用税的适用税额标准可以适当提高,但须报经财政部批准。

4. 计税依据和应纳税额的计算

城镇土地使用税以纳税人实际占用的土地面积为计税依据。纳税人实际占用的土地面积按下列办法确定:凡由省、自治区、直辖市人民政府确定的单位组织测定土地面积的,以测定的面积为准;凡未组织测量,但纳税人持有政府部门核发的土地使用证书的,以证书确认的土地面积为准；尚未核发土地使用证书的，应由纳税人申报土地面积，据以纳税，待核发土地使用证后再作调整。

城镇土地使用税的应纳税额可以通过纳税人实际占用的土地面积乘以该土地所在地段的适用税额求得。其计算公式为

$$全年应纳税额 = 实际占用应税土地面积(平方米) \times 适用税额$$

5. 征纳管理

（1）下列土地免缴土地使用税

① 国家机关、人民团体、军队自用的土地。

② 由国家财政部门拨付事业经费的单位自用的土地。企业办的学校、医院、托儿所、幼儿园，其用地能与企业其他用地明确区分的，可以比照由国家财政部门拨付事业经费的单位自用的土地，免征土地使用税。

③ 宗教寺庙、公园、名胜古迹自用的土地。其生产经营用地和其他用地，不属于免税范围，应按规定缴纳土地使用税。

④ 市政街道、广场、绿化地带等公共用地。

⑤ 直接用于农、林、牧、渔业的生产用地。是指直接从事种植养殖、饲养的专业用地，不包括农副产品加工场地和生活办公用地。

⑥ 经批准开山填海整治的土地和改造的废弃土地，从使用的月份起免缴土地使用税5年至10年。具体免税期限由各省、自治区、直辖市地方税务局在条例规定期限内自行确定。

⑦ 由财政部另行规定免税的能源、交通、水利设施用地和其他用地。

（2）下列土地由省、自治区、直辖市地方税务局确定减免土地使用税

① 个人所有的居住房屋及院落用地。

② 房产管理部门在房租调整改革前经租的居民住房用地。

③ 免税单位职工家属的宿舍用地。

④ 民政部门举办的安置残疾人占一定比例的福利工厂用地。

⑤ 集体和个人办的各类学校、医院、托儿所、幼儿园用地。

（3）纳税期限

城镇土地使用税实行按年计算，分期缴纳的征收方法，具体纳税期限由省、自治区、直辖市人民政府确定。新征用的耕地，自批准征用之日起满1年时开始缴纳土地使用税；新征用的非耕地，自批准征用次月起缴纳土地使用税。

自2014年12月31日起，通过招标、拍卖、挂牌方式取得的建设用地，不属于新征用的耕地，纳税人应按照规定，从合同约定交付土地时间的次月起缴纳城镇土地使用税；合同未约定交付土地时间的，从合同签订的次月起缴纳城镇土地使用税。

（4）纳税地点

土地使用税由土地所在地的税务机关征收。土地管理机关应当向土地所在地的税务机关提供土地使用权属资料。城镇土地使用税在土地所在地缴纳。纳税人使用的土地不属于同一省、自治区、直辖市管辖的，由纳税人分别向土地所在地的税务机关缴纳；在同一

省、自治区、直辖市管辖范围内,纳税人跨地区使用的土地,其纳税地点由各省、自治区、直辖市地方税务局确定。

7.3 耕地占用税法

耕地占用税是对占用耕地建房或从事非农业建设的单位和个人,按其所占耕地面积征收的一种税。耕地占用税的现行规范是 2007 年 12 月新修订的《中华人民共和国耕地占用税暂行条例》及其实施细则。征收耕地占用税,对加强土地管理,保护耕地,实现土地资源的合理利用等方面具有重要意义。

1. 纳税义务人和征税范围

凡占用耕地建房或从事非农业建设的单位和个人都是耕地占用税的纳税义务人。单位包括国有企业、集体企业、私营企业、股份制企业、外商投资企业、外国企业,以及其他企业和事业单位、社会团体、国家机关、部队以及其他单位;个人包括个体工商户以及其他个人。

经申请批准占用耕地的,纳税人为农用地转用审批文件中标明的建设用地人;农用地转用审批文件中未标明建设用地人的,纳税人为用地申请人;未经批准占用耕地的,纳税人为实际用地人。

耕地占用税是在特定范围内征收的。列入耕地占用税征范围的两个条件是:①占用耕地,耕地是指用于种植农作物的土地;②限于建房或从事非农业建设用地,建房包括建设建筑物和构筑物。占用园地建房或者从事非农业建设的,视同占用耕地征收耕地占用税。占用林地、牧草地、农田水利用地、养殖水面,以及渔业水域滩涂等其他农用地建房或者从事非农业建设的,应按规定征收耕地占用税。

农田水利占用耕地的,或建设直接为农业生产服务的生产设施占用农用地的,均不征收耕地占用税。

2. 税率

耕地占用税的税率为定额税率。中央统一规定单位幅度税额,各地区适用税额由省级政府在中央统一规定的幅度内核定。税额是以县为单位、以人均耕地面积为标准确定的。耕地占用税的幅度税额规定如下。

(1)人均耕地不超过 1 亩的地区(以县级行政区域为单位,下同),每平方米为 10 元至 50 元。

(2)人均耕地超过 1 亩但不超过 2 亩的地区,每平方米为 8 元至 40 元。

(3)人均耕地超过 2 亩但不超过 3 亩的地区,每平方米为 6 元至 30 元。

(4)人均耕地超过 3 亩的地区,每平方米为 5 元至 25 元。

国务院财政、税务主管部门根据人均耕地面积和经济发展情况确定各省、自治区、直辖市的平均税额。各地适用税额,由省、自治区、直辖市人民政府在规定的税额幅度内,根据本地区情况核定。各省、自治区、直辖市人民政府核定的适用税额的平均水平,不得低于国务院财政、税务主管部门规定的平均税额。经济特区、经济技术开发区和经济发达且人均耕地特别少的地区,适用税额可以适当提高,但是提高的部分最高不得超过各省级政府规定的当地适用税额的 50%。占用基本农田的,适用税额应当在各省级政府规定的当地适用税额的基础上提高 50%,基本农田是指依据《基本农田保护条例》划定的基本农田保护区范围内的耕地。

3．计税依据和应纳税额

耕地占用税以纳税人实际占用的耕地面积(平方米)为计税依据,从量定额征收。实际占用的耕地面积,包括经批准占用的耕地面积和未经批准占用的耕地面积。其应纳税额计算公式为

$$应纳税额 = 经批准占用耕地面积 × 所在地区税额$$

4．征纳管理

(1) 税收优惠

下列情形免征耕地占用税:①军事设施占用耕地;②学校、幼儿园、养老院、医院占用耕地。免税的学校,具体范围包括县级以上人民政府教育行政部门批准成立的大学、中学、小学、学历性职业教育学校,以及特殊教育学校。

铁路线路、公路线路、飞机场跑道、停机坪、港口、航道占用耕地,减按每平方米 2 元的税额征收耕地占用税。

根据实际需要,国务院财政、税务主管部门向国务院有关部门并报国务院批准后,可以对上述规定的情形免征或者减征耕地占用税。

农村居民占用耕地新建住宅,按照当地适用税额减半征收耕地占用税。

农村烈士家属、残疾军人、鳏寡孤独,以及革命老根据地、少数民族聚居区和边远贫困山区生活困难的农村居民,在规定用地标准以内新建住宅缴纳耕地占用税确有困难的,经所在地乡(镇)人民政府审核,报经县级人民政府批准后,可以免征或者减征耕地占用税。

免征或者减征耕地占用税后,纳税人改变原占地用途,不再属于免征或者减征耕地占用税情形的,应当按照当地适用税额补缴耕地占用税。

纳税人临时占用耕地,应当依照规定缴纳耕地占用税。纳税人在批准临时占用耕地的期限内恢复所占用耕地原状的,全额退还已经缴纳的耕地占用税。

(2) 纳税期限

耕地占用税按规定税额一次性征收,由地方税务机关负责征收。土地管理部门在通知单位或者个人办理占用耕地手续时,应当同时通知耕地所在地同级地方税务机关。获准占用耕地的单位或者个人应当在收到土地管理部门的通知之日起 30 日内缴纳耕地占用税。土地管理部门凭耕地占用税完税凭证或者免税凭证和其他有关文件发放建设用地批准书。

经批准占用耕地的,耕地占用税纳税义务发生时间为纳税人收到土地管理部门办理占用农用地手续通知的当天。未经批准占用耕地的,耕地占用税纳税义务发生时间为纳

税人实际占用耕地的当天。

纳税人占用耕地或其他农用地,应当在耕地或其他农用地所在地申报纳税。

7.4 综合案例

7.4.1 案例介绍

某企业 2016 年 10 月生产经营情况如下。

(1) 煤炭、天然气资源税税率均为 6%。

(2) 销售原煤 260 万吨,取得不含增值税销售额 26 000 万元。

(3) 以原煤直接加工洗选煤 100 万吨,对外销售洗选煤 90 万吨,取得不含税销售额 16 000 万元。洗煤与原煤折算率为 60%。

(4) 企业办公楼取暖用原煤 23 万吨。

(5) 销售天然气 35 000 千立方米,取得不含增值税销售额 8 000 万元。

(6) 购入原材料,取得增值税专用发票注明价款 5 000 万元。支付采购材料运费,取得增值税专用发票注明价款 100 万元。材料已验收入库。

(7) 购进采煤机械设备 2 台,取得增值税专用发票,注明单价 30 万元,增值税 5.1 万元,设备已全部投入使用。

要求:计算某企业 2016 年 10 月应纳资源税。

7.4.2 案例解析

销售原煤应纳资源税 = 26 000 × 6% = 1 560(万元)

销售洗选煤应纳资源税 = 16 000 × 60% × 6% = 576(万元)

视同销售原煤应纳资源税 = (26 000 ÷ 260) × 23 × 6% = 138(万元)

销售天然气应纳资源税:8 000 × 6% = 480(万元)

2016 年 10 月应纳资源税合计 = 1 560 + 576 + 138 + 480 = 2 754(万元)

习题和实训 7

一、判断题

1. 森林资源属于应纳资源税的项目。 ( )

2. 资源税的纳税义务人不包括外商投资企业和外国企业。 ( )

3. 资源税的征收范围包括森林资源、海洋资源和水资源。 ( )

4. 资源税实行从量定额和从价定率两种征收方法。 ( )

5. 开采原煤的单位和个人应当缴纳资源税。 ( )

6. 纳税人以外购的液体盐加工固体盐,其加工固体盐所耗用液体盐的已纳税额准予抵扣。（　　）

7. 纳税人开采或者生产应税产品自用的,可以减半征收资源税。（　　）

8. 土地使用税由土地所在地的税务机关征收。（　　）

9. 在城市、县城、建制镇、工矿区范围内使用土地的单位和个人,为城镇土地使用税的纳税人。（　　）

10. 耕地占用税按规定税额一次性征收,由地方税务机关负责征收。（　　）

二、单项选择题

1. 依税法规定,资源税的纳税义务人不包括（　　）。

A. 在中国境内生产并销售盐的单位和个人

B. 在中国境内开采应税资源并自用的单位和个人

C. 在中国境内开采应税资源销售的单位和个人

D. 进口应税资源的单位和个人

2. 下列项目不征收资源税的有（　　）。

A. 原煤　　　　　　　　　　　　　　B. 自采原煤加工的选煤

C. 蜂窝煤　　　　　　　　　　　　　D. 自采原煤加工的洗煤

3. 下列属于资源税扣缴义务人的有（　　）。

A. 收购未税矿产品的单位　　　　　　B. 收购未税矿产品的个人

C. 收购已税矿产品的单位　　　　　　D. 收购已税矿产品的个人

4. 扣缴义务人代扣代缴的资源税,其纳税义务发生时间为（　　）。

A. 支付货款的当天

B. 发出应税产品收讫价款、索取价款的当天

C. 移送使用的当天

D. 合同规定的收款日期的当天

5. 下列各项中,采用从量计征资源税的有（　　）。

A. 铁矿　　　　　　B. 钨矿　　　　　　C. 金矿　　　　　　D. 粘土

6. 计征城镇土地使用税采用的是（　　）。

A. 全国统一的定额税率　　　　　　　B. 全省统一的定额税率

C. 有幅度的差别税额　　　　　　　　D. 差额幅度税额

7. 经省、自治区、直辖市人民政府批准,经济落后地区土地使用税的适用税额标准可以适当降低,但降低额不得超过规定的最低税额的（　　）。

A. 20%　　　　　　B. 30%　　　　　　C. 50%　　　　　　D. 10%

8. 城镇土地使用税的计税依据是（　　）。

A. 纳税人的建筑面积　　　　　　　　B. 纳税人的居住面积

C. 纳税人实际占用的土地面积　　　　D. 纳税人实际使用的土地面积

9. 下列土地,可以依法免缴土地使用税的是（　　）。

A. 国家机关的办公楼用地　　　　　　B. 农副产品加工场地

C. 企业内的广场占用的土地　　　　　D. 自负盈亏的事业单位用地

10. (   )占用耕地的,不征收耕地占用税。

    A. 农田水利   B. 建房

    C. 从事工业生产   D. 从事商品流通

三、多项选择题

1. 下列资源产品应纳资源税的有(   )。

    A. 专门开采的天然气   B. 与原油同时开采的天然气

    C. 煤矿生产的天然气   D. 进口的天然气

2. 我国现行资源税的特点有(   )。

    A. 只对特定资源征税

    B. 实行从价定率征收和从量定额征收

    C. 实行从量定额征收

    D. 地方税性质

3. 下列关于资源税的说法中,正确的有(   )。

    A. 纳税人开采或生产应税产品销售的,以销售数量为课税数量

    B. 纳税人以外购的液体盐加工固体盐,固体盐所耗用液体盐的已纳税额准予抵扣

    C. 纳税人开采并销售原油的,一律按原油数量作为课税数量课税

    D. 纳税人开采或生产应税产品,自用于连续生产应税产品的,不缴纳资源税

4. 资源税的税目包括(   )。

    A. 天然气   B. 天然矿泉水   C. 原油   D. 煤炭制品

5. 纳税人销售应税产品,资源税纳税义务发生时间是(   )。

    A. 采取分期收款结算方式的,为销售合同规定的收款日期当天

    B. 采取预收货款结算方式的,为发出应税产品的当天

    C. 采取其他结算方式的,为收讫销售款或取得索取销售款凭据的当天

    D. 扣缴义务人代扣代缴资源税的纳税义务发生时间,为支付货款的当天

6. 下列可以成为城镇土地使用税的纳税人有(   )。

    A. 国有企业   B. 股份制企业

    C. 外商投资企业   D. 外国企业

7. 下列关于城镇土地使用税的纳税人的说法中,正确的有(   )。

    A. 城镇土地使用税由拥有土地使用权的单位缴纳

    B. 土地使用权未确定或权属纠纷未解决的,由拥有土地使用权的人纳税

    C. 土地使用权共有的,由共有各方分别纳税

    D. 土地使用权未确定或权属纠纷未解决的,由实际使用人纳税

8. 下列土地属于城镇土地使用税征税范围的有(   )。

    A. 城市中国家所有的土地   B. 农村中集体所有的土地

    C. 建制镇中集体所有的土地   D. 工矿区中国家所有的土地

9. 耕地占用税的减免范围是(   )。

    A. 部队军事设施占用耕地

B. 铁路线路、飞机跑道占用耕地

C. 学校、幼儿园占用耕地

D. 直接为农业生产服务的农田水利设施用地

10. 占用( )建房或者从事非农业建设的,应按规定征收耕地占用税。

    A. 林地　　　　　B. 牧草地　　　　　C. 农田水利用地　 D. 园地

四、简答题

1. 名词解释:资源税、土地使用税、耕地占用税。

2. 资源税、土地使用税、耕地占用税的纳税人、征税对象或范围是什么?

3. 资源税的税目包括哪些?

4. 资源税的计税依据如何确定?

5. 资源税应纳税额怎样计算?

五、计算题

1. 某盐场2016年8月生产固体盐12 000吨,全部对外销售,开具增值税专用发票注明不含增值税价款360万元。适用税率2%,请计算该盐场8月应纳资源税税额。

2. 某铜矿山2016年8月销售铜矿石原矿4 000吨,开具增值税专用发票注明不含增值税价款1 600万元。销售精矿5 000吨,开具增值税专用发票注明含增值税金额23 400万元。选矿比为40%。铜矿精矿适用税率3%。则该铜矿山本月应纳资源税税额为多少?

3. 某企业实际占用城市土地8 000平方米,其中厂房占地4 500平方米,库房占地1 000平方米,门市部占地500平方米,职工医院占地500平方米,幼儿园占地500平方米,厂区道路占地600平方米,绿化及广场占地400平方米。已知该企业所在地的城镇土地使用税单位税额为每平方米10元。试计算该企业本年应纳城镇土地使用税。

4. 某房地产公司经批准征用100 000平方米耕地建设住宅小区,其中:8 000平方米用于建设小区配套设施一所小学,当地政府规定的耕地占用税单位税额为每平方米6元。请计算该房地产公司应纳的耕地占用税。

六、综合实训题

1. 实训目的:熟悉资源税的计算和申报表的填制。

2. 实训方式:模拟企业进行纳税申报表的填制。

3. 实训要求:计算该厂当月应纳资源税。

4. 实训资料:某油田5月份销售原油40 000吨,取得不含增值税销售额32 000万元;开采原油过程中用于加热、修井自用原油500吨;非生产自用原油9 500吨。另外,开采原油时开采天然气100 000立方米,当月销售80 000立方米,不含增值税单位售价2.2元/立方米,其余20 000立方米全部由油田自用于其他方面。原油、天然气适用的资源税率均为6%。

第 8 章

财产行为税法

【内容摘要】 本章为本书的一般章节。主要介绍财产行为税法律制度,使学生了解 8 个辅助税种;掌握 8 个辅助税种的纳税人、征税对象或征税范围、计税依据及征纳管理;重点掌握土地增值税的扣除项目和应纳税额的计算;难点是土地增值税的计算。学生可以通过本章的学习,形成对企事业单位有关税务事宜的整体框架。

8.1 房产税法

房产税法是指国家制定的调整房产税征收与缴纳之间权利及义务关系的法律规范。现行房产税的基本规范为《中华人民共和国房产税暂行条例》。

房产税是以房产为征税对象,依据房产价格或房产租金收入向房产所有人或经营人征收的一种税。自 2009 年 1 月 1 日起,外商投资企业、外国企业和组织,以及外籍个人,按照《中华人民共和国房产税暂行条例》缴纳房产税。

8.1.1 纳税义务人、征税对象和征税范围

1. 房产税的纳税义务人

房产税的纳税义务人是房屋的产权所有人,房屋的经营管理单位、承典人、房产代管人或者使用人,也是房产税的纳税义务人。

(1) 产权属于国家所有的,由经营管理的单位缴纳;产权属于集体和个人所有的,由集体和个人缴纳。

(2) 产权出典的,由承典人缴纳。所谓产权出典,是指产权所有人将房屋、生产资料等产权,在一定期限内典当给他人使用,而取得资金的一种融资业务。承典人向出典人交付一定的典价之后,在质典期内即获得抵押物品的支配权。

(3) 产权所有人、承典人不在房产所在地的,或者产权未确定及租典纠纷未解决的,由房产代管人或者使用人缴纳。代管人是接受产权所有人、承典人的委托代为管理房产或虽未受委托而在事实上已代管房产的人。使用人是直接使用房产的人。

2. 房产税的征税对象是房产

房地产开发企业建造的商品房,在出售前,不征收房产税;但对其出售前已使用或出

租、出借的商品房应征收房产税。

3. 房产税的征税范围为城市、县城、建制镇和工矿区

城市是指经国务院批准设立的市。县城是指未设立建制镇的县人民政府所在地。建制镇是指经省、自治区、直辖市人民政府批准设立的建制镇。工矿区是指工商业比较发达,人口比较集中,符合国务院规定的建制镇标准,但尚未设立建制镇的大中型工矿企业所在地。开往房产税的工矿区须经省、自治区、直辖市人民政府批准。房产税的征税范围不包括农村,主要是为了减轻农民负担。因为农村的房屋,除农副业生产用房外,大部分是农民居住用房。

8.1.2 计税依据和税率

1. 计税依据

房产税的计税依据是房产的计税价值或房产的租金收入。按照房产计税价值征税的,称为从价计征;按照房产租金收入计征的,称为从租计征。

(1) 计税价值

依照房产原值一次减除 $10\%\sim30\%$ 后的余值计算。房产原值,是指纳税人按照会计制度规定,在账簿"固定资产"科目中记载的房屋造价(或原价)。在此应注意以下问题。

① 房产原值应包括与房屋不可分割的各种附属设备或一般不单独计算价值的配套设施,比如暖气设备。但空调设备,如果已作单项固定资产入账,单独核算并提取折旧,则房产原值不应包括空调设备。

② 未记载原值的,应参照同类房屋确定房产原值核定。在原值确定后,再根据当地所使用的扣除比例,计算确定房产余值。

③ 对投资联营的房产,在计征房产税时应予以区别对待。如投资者参与投资分红,共担风险,按房产原值作为计税依据;如果只收取固定收入,不承担联营风险;实际是以联营名义取得房产租金,则由出租方按租金收入计缴房产税。

④ 融资租赁的房屋,应以房产余值计算征收,至于租赁期内房产税的纳税人,由当地税务机关根据实际情况确定。

(2) 房产租金收入

所谓房产租金收入,是指房屋产权所有人出租房产使用权所得的报酬,包括货币收入和实物收入。房产出租的,以房产租金收入为计税依据。在此需注意以下问题。

① 租金收入不含增值税。

② 如果是以劳务或者其他形式为报酬抵付房租收入的,应根据当地同类房产的租金水平,确定一个标准租金额。

③ 纳税人对个人出租房屋的租金收入申报不实或申报数与同一地段、同类房屋的租金收入相比明显不合理的,由税务机关核定其应纳税额。具体办法由各省、自治区、直辖市地方税务机关结合当地实际情况制定。

2. 税率

现行房产税采用的是比例税率。从价计征的税率为 1.2%，从租计征的税率为 12%。

8.1.3　应纳税额的计算

1. 从价计征的计算

从价计征是按房产原值一次减除一定比例后的余值计征，其计算公式为

$$应纳税额 = 应税房产原值 \times (1 - 扣除比例) \times 1.2\%$$

例 8-1　某企业经营用房原值 3 000 万元，当地扣除比例 30%，适用税率 1.2%，其应纳税额计算如下：

$$应纳税额 = 3\,000 \times (1 - 30\%) \times 1.2\% = 25.2(万元)$$

2. 从租计征的计算

从租计征是按房产的租金计征，其计算公式为

$$应纳税额 = 租金收入 \times 12\%$$

例 8-2　某企业出租房屋 5 间，年租金收入共计 5 万元，计算如下：

$$应纳税额 = 5 \times 12\% = 0.6(万元)$$

8.1.4　征纳管理

1. 税收优惠

目前，房产税的免税政策主要有以下几点。

(1) 国家机关、人民团体、军队自用的房产免税。这些单位的出租房产以及非自身业务使用的生产、营业用房，不属于免税范围。

(2) 由国家财政部门拨付事业经费的单位自用的房产免税。这些单位所属的附属工厂、商店、招待所等不属于单位公务、业务的用房，不属于免税范围。为了鼓励事业单位经济自立，由国家财政部门拨付事业经费的单位，其经济来源实行自收自支后，从事业单位实行自收自支的年度起，免征房产税 3 年。事业单位自用的房产，是指这些单位本身的业务用房。

(3) 宗教寺庙、公园、名胜古迹自用的房产免税。不包括宗教寺庙、公园、名胜古迹中附设的营业单位所使用的房产及出租的房产。

(4) 个人所有非营业用的房产免税。不包括个人拥有的营业用房或出租的房产。

(5) 经财政部批准免税的其他房产。

(6) 纳税人确实有困难的，可由省、自治区、直辖市人民政府确定，定期减征或者免征房产税。

2. 纳税义务发生时间

（1）纳税人将原有房产用于生产经营，从生产经营之月起，缴纳房产税。

（2）纳税人自行新建房屋用于生产经营，从建成之次月起，缴纳房产税。

（3）纳税人委托施工企业建设的房屋，从办理验收手续之次月起，缴纳房产税。

（4）纳税人购置新建商品房，自房屋交付使用之次月起缴纳房产税。

（5）纳税人购置存量房，自办理房屋权属转移、变更登记手续，房产权属登记机关签发房屋权属证书之次月起，缴纳房产税。

（6）纳税人出租、出借房产，自交付出租、出借房产之次月起，缴纳房产税。

（7）房地产开发企业自用、出租、出借该企业建造的商品房，自房屋使用或交付之次月起，缴纳房产税。

3. 纳税期限和纳税地点

房产税实行按年计算、分期缴纳的征收方法，具体纳税期限由省、自治区、直辖市人民政府确定。

房产税在房产所在地缴纳。房产不在同一地方的纳税人，应按房产的坐落地点分别向房产所在地的税务机关纳税。

8.2 车船税法

车船税法是指国家制定的调整车船税征收与缴纳之间权利及义务关系的法律规范。车船税是对在我国境内依法应当到公安、交通、农业、渔业、军事等管理部门办理登记的车辆、船舶，根据其种类，按照规定的计税单位和年税额标准计算征收的一种财产税。现行车船税的基本规范为2011年发布的《中华人民共和国车船税法》。

8.2.1 纳税义务人和征税范围

1. 纳税义务人

在我国境内，车辆、船舶（以下简称车船）的所有人或者管理人为车船税的纳税人。其中，所有人是指在我国境内拥有车船的单位和个人；管理人是指对车船具有管理使用权，但不具有所有权的单位。上述所称的单位包括在中国境内成立的企业和事业单位、社会团体、国家机关，以及其他组织。个人包括个体工商户以及其他个人。

车船的所有人或者管理人未缴纳车船税的，使用人应当代为缴纳车船税。从事机动车第三者责任强制保险业务的保险机构为机动车车船税的扣缴义务人，应当依法代收代缴车船税。机动车车船税的扣缴义务人依法代收代缴车船税时，纳税人不得拒绝。各级车船管理部门应当在提供车船管理信息等方面，协助地方税务机关加强对车船税的征收管理。

2. 征税范围

车船税的征税范围是车辆、船舶。车船税法所称车辆、船舶,是指依法应当在车船登记管理部门登记的机动车辆和船舶,以及依法不需要在车船登记管理部门登记的在单位内部场所行驶或者作业的机动车辆和船舶。纯电动、燃料电池乘用车不属于车船税征收范围。

8.2.2 税目和税率

1. 税目

车船税分为乘用车、商用车、挂车、其他车辆、摩托车、船舶六个税目。

2. 税率

车船税实行定额税率。车辆按照自重或辆确定适用税额;船舶按照净吨位区间确定具体适用税额。车船税的税目和税额见表 8-1。车辆的具体适用税额由省、自治区、直辖市人民政府在规定的税额幅度内确定。船舶的具体适用税额由国务院在规定的税额幅度内确定。

表 8-1　车船税税目税额表

税　目		计税标准	年基准税额	备　注
一、乘用车按发动机汽缸容量(排气量)分档	1.0 升(含)以下的	每辆	60 元至 360 元	核定载客人数 9 人(含)以下
	1.0 升以上至 1.6 升(含)的		300 元至 450 元	
	1.6 升以上至 2.0 升(含)的		360 元至 660 元	
	2.0 升以上至 2.5 升(含)的		660 元至 1 200 元	
	2.5 升以上至 3.0 升(含)的		1 200 元至 2 400 元	
	3.0 升以上至 4.0 升(含)的		2 400 元至 3 600 元	
	4.0 升以上的		3 600 元至 5 400 元	
二、商用车	客车	每辆	480 元至 1 440 元	核定载客人数 9 人以上,包括电车
	货车	整备质量每吨	16 元至 120 元	包括半挂牵引车、三轮汽车和低速载货汽车等
三、挂车		整备质量每吨	按照货车税额的 50%计算	
四、其他车辆	专用作业车	整备质量每吨	16 元至 120 元	不包括拖拉机
	轮式专用机械车	整备质量每吨	16 元至 120 元	

续表

税　　　目		计税标准	年基准税额	备　　注
五、摩托车		每辆	36 元至 180 元	
六、船舶	机动船舶	净吨位每吨	3 元至 6 元	拖船、非机动驳船分别按照机动船舶税额的 50% 计算
	游艇	艇身长度每米	600 元至 2 000 元	

8.2.3　计税依据

车船税以应税车船为征税对象,以征税对象的计量标准为计税依据,从量计征。车船税的计税依据,按车船的种类和性能,分别确定为辆、整备质量、净吨位和艇身长度四种。

(1) 乘用车、摩托车、客车,以"辆"为计税依据。乘用车依排气量从小到大递增税额。客车按照核定载客人数 20 人以下和 20 人(含)以上两档划分,递增税额。省、自治区、直辖市人民政府确定的车辆具体适用税额,应当报国务院备案。

(2) 货车、挂车、其他车辆(专用作业车、轮式专用机械车)以"整备质量"为计税依据。

(3) 船舶,以"净吨位"为计税依据。船舶净吨位尾数在 0.5 吨以下(含 0.5 吨)的不予计算,超过 0.5 吨的按照 1 吨计算。净吨位不超过 200 吨的,每吨 3 元;净吨位超过 200 吨但不超过 2 000 吨的,每吨 4 元;净吨位超过 2 000 吨但不超过 10 000 吨的,每吨 5 元;净吨位超过 10 000 吨的,每吨 6 元。拖船按照发动机功率每 1 千瓦折合净吨位 0.67 吨计算征收车船税。

(4) 游艇以"艇身长度"为计税依据。艇身长度不超过 10 米的,每米 600 元;艇身长度超过 10 米但不超过 18 米的,每米 900 元;艇身长度超过 18 米但不超过 30 米的,每米 1 300 元;艇身长度超过 30 米的,每米 2 000 元;辅助动力帆艇,每米 600 元。

排气量、整备质量、核定载客人数、净吨位、千瓦、艇身长度,以车船登记管理部门核发的车船登记证书或者行驶证所载数据为准。

依法不需要办理登记的车船和依法应当登记而未办理登记或者不能提供车船登记证书、行驶证的车船,以车船出厂合格证明或者进口凭证标注的技术参数、数据为准;不能提供车船出厂合格证明或者进口凭证的,由主管税务机关参照国家相关标准核定,没有国家相关标准的参照同类车船核定。

8.2.4　应纳税额的计算

车船税应纳税额的计算公式如下。

(1) 乘用车、摩托车、客车:

$$应纳税额＝车辆数×适用单位税额$$

（2）货车、挂车、其他车辆（专用作业车、轮式专用机械车）：

$$应纳税额＝整备质量吨数×适用单位税额$$

（3）船舶：

$$应纳税额＝净吨位数×适用单位税额$$

购置的新车船，购置当年的应纳税额自纳税义务发生的当月起按月计算。计算公式为：

$$应纳税额＝（年应纳税额÷12）×应纳税月份数$$

（4）游艇：

$$应纳税额＝艇身长度×适用单位税额$$

例 8-3　某交通运输公司拥有载重量 40 吨的载货汽车 55 辆，拥有大型载客汽车 20 辆。企业所在省规定载货汽车年应纳税额整备质量每吨 40 元，大客车年纳税额每辆 480 元，则应纳税额计算如下：

$$应纳税额＝55×40×40＋20×480＝97\,600（元）$$

例 8-4　某航运公司拥有净吨位 5\,000 吨的轮船 40 艘（税额为每吨每年 5 元），净吨位 12\,000 吨的轮船 10 艘（税额为每吨每年 6 元），其应纳税额计算如下：

$$应纳税额＝5\,000×5×40＋12\,000×6×10＝1\,720\,000（元）$$

8.2.5　征纳管理

1. 税收优惠

（1）下列车船免征车船税

① 捕捞、养殖渔船，是指在渔业船舶登记管理部门登记为捕捞船或者养殖船的船舶。

② 军队、武装警察部队专用的车船，是指按照规定在军队、武装警察部队车船登记管理部门登记，并领取军队、武警牌照的车船。

③ 警用车船，是指公安机关、国家安全机关、监狱、劳动教养管理机关和人民法院、人民检察院领取警用牌照的车辆和执行警务的专用船舶。

④ 依照法律规定应当予以免税的外国驻华使领馆、国际组织驻华代表机构及其有关人员的车船。

（2）其他减免税项目

① 自 2012 年 1 月 1 日起，对节约能源的车船，减半征收车船税；对使用新能源的车船，免征车船税。

② 对受严重自然灾害影响纳税困难以及有其他特殊原因确需减税、免税的，可以减征或者免征车船税。具体办法由国务院规定，并报全国人民代表大会常务委员会备案。

③ 按照规定缴纳船舶吨税的机动船舶，自车船税法实施之日起 5 年内免征车船税。依法不需要在车船登记管理部门登记的机场、港口、铁路站场内部行驶或者作业的车船，自车船税法实施之日起 5 年内免征车船税。

④ 依法不需要在车船登记管理部门登记的机场、港口、铁路站场内部行驶或者作业

的车船,自车船税法实施之日起 5 年内免征车船税。

对纯电动乘用车、燃料电池乘用车、非机动车船(不包括非机动驳船)、临时入境的外国车船和香港特别行政区、澳门特别行政区、台湾地区的车船,不征收车船税。

2. 纳税义务发生时间

车船税的纳税义务发生时间,为取得车船所有权或者管理权的当月,应当以购买车船的发票或者其他证明文件所载日期的当月为准。

在一个纳税年度内,已完税的车船被盗抢、报废、灭失的,纳税人可以凭有关管理机关出具的证明和完税证明,向纳税所在地的主管地方税务机关申请退还自被盗抢、报废、灭失月份起至该纳税年度终了期间的税款。已办理退税的被盗抢车船,失而复得的,纳税人应当从公安机关出具相关证明的当月起计算缴纳车船税。

已缴纳车船税的车船在同一纳税年度内办理转让过户的,不另纳税,也不退税。

3. 纳税期限和纳税地点

车船税按年申报缴纳,分月计算,一次性缴纳。具体申报纳税期限由省、自治区、直辖市人民政府确定。

车船税由地方税务机关负责征收。车船税的纳税地点为车船的登记地或者车船税扣缴义务人所在地。依法不需要办理登记的车船,车船税的纳税地点为车船的所有人或者管理人所在地。税务机关可以在车船登记管理部门、车船检验机构的办公场所集中办理车船税征收事宜。公安机关交通管理部门在办理车辆相关登记和定期检验手续时,经核查,对没有提供依法纳税或者免税证明的,不予办理相关手续。

8.3　车辆购置税法

车辆购置税法是指国家制定的调整车辆购置税征收与缴纳之间权利及义务关系的法律规范。其现行规范是国务院颁发的《中华人民共和国车辆购置税暂行条例》和《车辆购置税征收管理办法》。车辆购置税为中央税,由国家税务局征收,收入缴入中央国库。其收入主要用于我国公路建设,投资计划由交通部提出,国家计委审批下达,按照"保证重点和向西部地区倾斜"的原则统筹安排。

8.3.1　纳税义务人、征税范围和税率

在中华人民共和国境内购置应税车辆的单位和个人,为车辆购置税的纳税人。所称购置包括购买、进口、自产、受赠、获奖或者以其他方式取得并自用应税车辆的行为。

车辆购置税的征收范围包括汽车、摩托车、电车、挂车、农用运输车。

车辆购置税的税率为 10%。

8.3.2　计税依据和应纳税额的计算

车辆购置税为从价税,实行从价定率的办法计算应纳税额。应纳税额的计算公式为

$$应纳税额 = 计税价格 × 税率$$

车辆购置税的计税价格根据不同情况确定。

(1) 纳税人购买自用的应税车辆的计税价格,为纳税人购买应税车辆而支付给销售者的全部价款和价外费用,不包括增值税款。

(2) 纳税人进口自用的应税车辆的计税价格计算公式为

$$计税价格 = 关税完税价格 + 关税 + 消费税$$

(3) 纳税人自产、受赠、获奖或者以其他方式取得并自用的应税车辆的计税价格,由主管税务机关参照规定的最低计税价格核定。

(4) 国家税务总局参照应税车辆市场平均交易价格,规定不同类型应税车辆的最低计税价格。纳税人购买自用或者进口自用应税车辆,申报的计税价格低于同类型应税车辆的最低计税价格,又无正当理由的,按照最低计税价格征收车辆购置税。

例 8-5　1 月份,张某从某汽车有限公司购买一辆小汽车供自己使用,支付购车款234 000 元、工具件和零配件价款 3 000 元、车辆装饰费 1 300 元,上述款项均包含增值税。取得该汽车有限公司开具"机动车销售统一发票"。则张某应纳车辆购置税计算如下:

$$计税价格 = (234\,000 + 3\,000 + 1\,300) ÷ (1 + 17\%) = 203\,675.21(元)$$
$$应纳税额 = 203\,675.21 × 10\% = 20\,367.52(元)$$

8.3.3　征纳管理

1. 车辆购置税的减免

(1) 外国驻华使馆、领事馆和国际组织驻华机构及其外交人员自用的车辆免税。

(2) 中国人民解放军和中国人民武装警察部队列入军队武器装备订货计划的车辆免税。

(3) 设有固定装置的非运输车辆免税。

(4) 国务院规定予以免税或减税的其他情形。

2. 纳税期限

纳税人购买自用应税车辆的,应当自购买之日起 60 日内申报纳税;进口自用应税车辆的,应当自进口之日起 60 日内申报纳税;自产、受赠、获奖或者以其他方式取得并自用应税车辆的,应当自取得之日起 60 日内申报纳税。车辆购置税税款应当一次缴清。

3. 纳税地点

纳税人购置应税车辆,应当向车辆登记注册地的主管税务机关申报纳税;购置不需要

办理车辆登记注册手续的应税车辆,应当向纳税人所在地的主管税务机关申报纳税。车辆购置税实行一次征收制度。购置已征车辆购置税的车辆,不再征收车辆购置税。

8.4　印花税法

印花税法是指国家制定的调整印花税征收与缴纳之间权利及义务关系的法律规范。现行印花税的基本规范为《中华人民共和国印花税暂行条例》。印花税是对经济活动和经济交往中书立、使用、领受具有法律效力的凭证的单位和个人征收的一种税。具有覆盖面广、税率低、税负轻,纳税人自行完税的特点。

8.4.1　纳税义务人

印花税的纳税义务人,是在中国境内书立、使用、领受印花税法所列举的凭证,并应依法履行纳税义务的单位和个人。所称单位和个人,是指国内各类企业、事业、机关、团体、部队,以及中外合资企业、合作企业、外资企业、外国公司和其他经济组织及其在华机构等单位和个人。

(1) 立合同人。指合同的当事人。所谓当事人,是指对凭证有直接权利义务关系的单位和个人,但不包括合同的担保人、证人、鉴定人。当事人的代理人有代理纳税的义务,它与纳税人负有同等的税收法律义务和责任。

(2) 立据人。产权转移书据的纳税人是立据人。其中,从 2008 年 9 月 19 日起,证券(股票)交易印花税征收方式,由双方当事人调整为单边征税,即股权转让书据的纳税人是出让方,受让方不再纳税。

(3) 立账簿人。营业账簿的纳税人是立账簿人。所谓立账簿人,指设立并使用营业账簿的单位和个人。例如,企业单位因生产、经营需要,设立了营业账簿,该企业即为纳税人。

(4) 领受人。权利、许可证照的纳税人是领受人。领受人,是指领取或接受并持有该项凭证的单位和个人。例如,某人因其发明创造,经申请依法取得国家专利机关颁发的专利证书,该人即为纳税人。

(5) 使用人。在国外书立、领受,但在国内使用的应税凭证,其纳税人是使用人。

值得注意的是,对应税凭证,凡由两方或两方以上当事人共同书立的,其当事人各方都是印花税的纳税人,应各就其所持凭证的计税金额履行纳税义务。

8.4.2　税目和税率

1. 税目

印花税的税目,指印花税法明确规定的应当纳税的项目,共有 13 个税目。

(1) 购销合同。包括供应、预购、采购、购销结合及协作、调剂、补偿、贸易等合同。此外,还包括出版单位与发行单位之间订立的图书、报纸、期刊和音像制品的应税凭证,例如订购单等。

(2) 加工承揽合同。包括加工、定做、修缮、修理、印刷、广告、测绘、测试等合同。

(3) 建设工程勘察设计合同。包括勘察、设计合同。

(4) 建筑安装工程承包合同。包括建筑、安装工程承包合同。承包合同,包括总承包合同、分包合同和转包合同。

(5) 财产租赁合同。包括租赁房屋、船舶、飞机、机动车辆、机械、器具、设备等合同,还包括企业、个人出租门店、柜台等签订的合同。

(6) 货物运输合同。包括民用航空、铁路运输、海上运输、公路运输和联运合同,以及作为合同使用的单据。

(7) 仓储保管合同。包括仓储保管合同,以及作为合同使用的仓单、栈单等。

(8) 借款合同。银行及其他金融组织与借款人(不包括银行同业拆借)所签订的合同,以及只填开借据并作为合同使用、取得银行借款的借据。银行及其他金融机构经营的融资租赁业务,是一种以融物方式达到融资目的的业务,实际上是分期偿还的固定资金借款,因此融资租赁合同也属于借款合同。

(9) 财产保险合同。包括财产、责任、保证、信用保险合同,以及作为合同使用的单据。财产保险合同,分为企业财产保险、机动车辆保险、货物运输保险、家庭财产保险和农牧业保险五大类。"家庭财产两全保险"属于家庭财产保险性质,其合同在财产保险合同之列,应照章纳税。

(10) 技术合同。包括技术开发、转让、咨询、服务等合同,以及作为合同使用的单据。

(11) 产权转移书据。是指单位和个人产权的买卖、继承、赠与、交换、分割等所立的书据。包括财产所有权和版权、商标专用权、专利权、专有技术使用权等转移书据。土地使用权的出让、转让合同,商品房销售合同也按此项目纳税。

(12) 营业账簿。指单位或者个人记载生产经营活动的财务会计核算账簿。营业账簿按其反映的内容不同,可分为记载资金的账簿和其他账簿。记载资金的账簿,是指反映生产经营单位资本金数额增减变化的账簿。其他账簿,是指除上述账簿以外的有关其他生产经营活动内容的账簿,包括日记账簿和各明细分类账簿。

(13) 权利、许可证照。包括政府部门发给的房屋产权证、工商营业执照、商标注册证、专利证、土地使用证。

2. 税率

印花税采用比例税率和定额税率两种形式。

(1) 比例税率。"借款合同"适用 0.05‰的税率;"购销合同""建筑安装工程承包合同""技术合同"适用 0.3‰的税率;"加工承揽合同""建筑工程勘察设计合同""货物运输合同""产权转移书据""营业账簿"税目中记载资金的账簿适用 0.5‰的税率;"财产租赁合同""仓储保管合同""财产保险合同"适用 1‰的税率。

根据股票市场的发展变化情况,国家可以对"产权转移书据"中的证券交易印花税税率政策进行调整,以便推动证券市场的健康发展。从 2008 年 4 月 24 日起证券(股票)交易印花税税率由 3‰下调至 1‰。从 2008 年 9 月 19 日起,证券(股票)交易印花税征收方式,由双方当事人调整为单边征税,即对买卖、继承、赠与所书立的 A 股、B 股股权转让书据的出让方按 1‰的税率征收证券(股票)交易印花税,对受让方不再征税。

(2)定额税率。"权利许可证照"和"营业账簿"税目中的其他账簿,适用定额税率,每件 5 元。

8.4.3　计税依据和应纳税额的计算

1.计税依据一般规定

(1)购销合同的计税依据为购销金额。

(2)加工承揽合同的计税依据为加工或承揽收入。即合同中规定的受托方的加工费收入和提供的辅助材料金额之和。

(3)建筑工程勘察设计合同的计税依据为收取的费用。

(4)建筑安装工程承包合同的计税依据为承包金额。

(5)财产租赁合同的计税金额为租赁金额;经计算,税额不足 1 元的,按 1 元贴花。

(6)货物运输合同的计税依据为运输费用,但不包括装卸费用。

(7)仓储保管合同的计税依据为仓储保管费用。

(8)借款合同的计税依据为借款金额。

(9)财产保险合同的计税依据为保险费收入。

(10)技术合同的计税依据为合同所载金额。

(11)产权转移书据的计税依据为所载金额。

(12)营业账簿中记载资金的账簿计税依据为"实收资本"与"资本公积"两项的合计金额;其他账簿的计税依据为应税凭证件数。

(13)权利许可证照的计税依据为应税凭证件数。

2.计算应纳税额应注意的事项

(1)应税凭证以金额、收入、费用作为计税依据的,应当全额计税,不得作任何扣除。

(2)同一凭证,在有两个或两个以上经济事项而使用不同税目税率,如分别记载金额的,应分别计算应纳税额,相加后按合计税额贴花;如未分别记载金额的,按税率较高的计税贴花。

(3)按金额比例贴花的应税凭证,未标明金额的,应按照凭证所载数量及国家牌价计算金额;没有国家牌价的,按市场价格计算金额,然后按规定税率计算应纳税额。

(4)应税凭证所载金额为外国货币的,应按照凭证书立当日国家外汇管理局公布的外汇牌价折合成人民币,然后计算应纳税额。

(5)应纳税额不足 1 角的,免纳印花税;1 角以上的,其税额尾数不满 5 分的不计;满 5 分的按 1 角计算。

（6）有些合同,在签订时无法确定计税金额,可在签订时先按定额 5 元贴花,以后结算时再按实际金额计税,补贴印花。

（7）应税合同在签订时纳税义务即已产生,不论合同是否兑现或是否按期兑现,均应计算应纳税额并贴花。

（8）对有经营收入的事业单位,凡属于由国家财政拨付事业经费,实行差额预算管理的单位,其记载经营业务的账簿,按其他账簿定额贴花,不记载经营业务的账簿不贴花;凡属于经费来源实行自收自支的单位,对记载资金的账簿和其他账簿分别计算纳税。

（9）以货易货进行商品交易签订的合同,应按合同所载的购、销合计金额计税贴花。

（10）施工单位将自己承包的建设项目分包或者转包给其他施工单位所签订的分包合同或者转包合同,应按新的分包或转包合同所载金额计税贴花。

（11）因购买、继承、赠与所书立的股权转让书据,按书立时证券市场当日实际成交价格计算缴纳印花税。

（12）印花税票为有价证券,其票面金额以人民币为单位,分为 1 角、2 角、5 角、1 元、2 元、5 元、10 元、50 元、100 元九种。

3. 应纳税额的计算

$$应纳税额 = 应税凭证计税金额(应税凭证件数) \times 适用税率$$

例 8-6　甲为汽车制造厂,乙为服装厂,甲、乙订立以货易货合同约定,甲提供给乙汽车 2 辆,价值 25 万元,同时购买乙生产的价值相当的服装作为工作服,货款相抵。购销合同税率 0.3‰,甲、乙均为纳税人,应纳税额均为

$$250\,000 \times 2 \times 0.3‰ = 150(元)$$

例 8-7　某企业 2 月开业,开业当年领受房屋产权证、工商营业执照、土地使用证各 1 件;与其他企业订立转移专利使用权书据 1 份,所载金额 110 万元;订立商品购销合同 1 份,所载金额为 200 万元;订立借款合同 1 份,所载金额为 300 万元;企业记载资金的账簿,"实收资本""资本公积"为 1 000 万元;其他营业账簿 10 本。则该企业当年应缴纳的印花税税额计算如下。

（1）企业领受权利、许可证照:应纳税额＝3×5＝15(元);

（2）企业订立产权转移书据:应纳税额＝1 100 000×0.5‰＝550(元);

（3）企业订立购销合同:应纳税额＝2 000 000×0.3‰＝600(元);

（4）企业订立借款合同:应纳税额＝3 000 000×0.05‰＝150(元);

（5）企业记载资金的账簿:应纳税额＝10 000 000×0.5‰＝5 000(元);

（6）企业其他营业账簿:应纳税额＝10×5＝50(元);

（7）当年企业应纳印花税税额合计:15＋550＋600＋150＋5 000＋50＝6 365(元)。

8.4.4　征纳管理

1. 税收优惠

印花税的主要税收优惠如下。

（1）对已缴纳印花税的凭证的副本或者抄本免税。如果副本或抄本视同正本使用，则应另贴印花。

（2）对财产所有人将财产赠给政府、社会福利单位、学校所立的书据免税。

（3）对国家指定的收购部门与村民委员会、农民个人书立的农副产品收购合同免税。

（4）对无息、贴息贷款合同免税。

（5）对外国政府或者国际金融组织向我国政府及国家金融机构提供优惠贷款所书立的合同免税。

（6）对房地产管理部门与个人签订的用于生活居住的租赁合同免税。

（7）对农牧业保险合同免税。

（8）对特殊货运凭证免税。这类凭证包括军事物资运输凭证、抢险救灾物资运输凭证和新建铁路的工程临管线运输凭证。

2. 纳税方法

根据税额大小、贴花次数，以及税收征收管理的需要，印花税采用以下方法。

（1）自行贴花办法

即"三自"纳税方法。该方法一般适用于应税凭证较少或者贴花次数较少的纳税人。纳税人书立、领受或者使用应税凭证的同时，根据应纳税凭证的性质和适用的税目税率，自行计算应纳税额，自行购买印花税票，自行一次贴足印花税票并加以注销或划销，纳税义务才算全部履行完毕。

（2）汇贴或汇缴办法

一般适用于应纳税额较大或者贴花次数频繁的纳税人。一份凭证应纳税额超过 500 元的，应向当地税务机关申请填写缴款书或者完税凭证，将其中一联粘贴在凭证上或者由税务机关在凭证上加注完税标记代替贴花。这就是常说的"汇贴"办法。

同一种类应税凭证需频繁贴花的，应向税务机关申请按期汇总缴纳印花税。获准汇总缴纳印花税的纳税人，应持有税务机关发给的汇缴许可证。汇缴的限期限额由当地税务机关确定，但最长期限不得超过 1 个月。

（3）委托代征办法

该方法主要是通过税务机关的委托，经由发放或者办理应税凭证的单位代为征收印花税款。税务机关应与代征单位签订代征委托书。发放或者办理应税凭证的单位，是指发放权利、许可证照的单位和办理凭证的鉴证、公证及其他有关事项的单位。

纳税人不论采用哪种纳税方法，均应对纳税凭证妥善保存。凡国家已明确规定保存期限的，按规定期限办理；其余凭证均应在履行完毕后保存 1 年。

8.5　契税法

契税法是指国家制定的调整契税征收与缴纳之间权利及义务关系的法律规范。现行基本规范是《中华人民共和国契税暂行条例》。契税是在土地、房屋所有权转移登记时向不动产取得人征收的一种税。实行一次性征收。

8.5.1　纳税义务人、征税对象和税率

1．纳税义务人

契税的纳税义务人是境内转移土地、房屋权属,承受的单位和个人。承受是指以受让、购买、受赠、交换等方式取得土地、房屋权属的行为。境内是指中华人民共和国实际税收行政管辖范围内。土地、房屋权属是指土地使用权和房屋所有权。单位是指企业单位、事业单位、国家机关、军事单位和社会团体,以及其他组织。个人是指个体经营者及其他个人,包括中国公民和外籍人员。

2．征税对象

契税的征税对象是境内转移土地、房屋权属。具体包括以下方面。

(1)国有土地使用权出让是指土地使用者向国家交付土地使用权出让费用,国家将国有土地使用权在一定年限内让与土地使用者的行为。

(2)土地使用权的转让是指土地使用者以出售、赠与、交换或者其他方式将土地使用权转移给其他单位和个人的行为。土地使用权的转让不包括农村集体土地承包经营权的转移。

(3)房屋买卖是指房屋所有者将其房屋出售,由承受方交付货币、实物、无形资产或者其他经济利益的行为。

(4)房屋赠与是指房屋产权所有人将房屋无偿转让给他人所有。

(5)房屋交换是指房屋所有者之间互相交换房屋的行为。

随着经济形式的发展,有些特殊形式转让土地、房屋权属的,也将视同土地使用权转让、房屋买卖或者房屋赠与。一是以土地、房屋权属作价投资、入股;二是以土地、房屋权属抵债;三是以获奖方式承受土地、房屋权属;四是以预购方式或者预付集资建房款方式承受土地、房屋权属。

3．税率

契税实行3‰～5‰的幅度税率。实行幅度税率是考虑到我国经济发展的不平衡,各地经济差别较大的实际情况。因此,各省、自治区、直辖市人民政府可以在幅度税率规定范围内,按照本地区的实际情况决定。

8.5.2　计税依据和应纳税额的计算

1．计税依据

契税的计税依据为不动产的价格。成交价格不含增值税。由于土地、房屋权属转移方式不同,定价方法不同,因而具体计税依据视不同情况而决定。

（1）国有土地使用权出让、土地使用权出售、房屋买卖，以成交价格为计税依据。成交价格是指土地、房屋权属转移合同确定的价格，包括承受者应交付的货币、实物、无形资产或者其他经济利益。

（2）土地使用权赠与、房屋赠与，由征税机关参照土地使用权出售、房屋买卖的市场价格核定。

（3）土地使用权交换、房屋交换，为所交换的土地使用权、房屋的价格差额。就是说，交换价格相等时，免征契税；交换价格不相等时，由多交付的货币、实物、无形资产或者其他经济利益的一方缴纳契税。

（4）以划拨方式取得土地使用权，经批准转让房地产时，由房地产转让者补交契税。计税依据为补缴的土地使用权出让费用或者土地收益。

为了避免偷、逃税款，税法规定，成交价格明显低于市场价格并且无正当理由的，或者所交换土地使用权、房屋的价格的差额明显不合理并且无正当理由的，征税机关可以参照市场价格核定计税依据。

2. 应纳税额的计算

$$应纳税额 = 计税依据 \times 税率$$

例 8-8 甲用价值 50 万元的一套住房交换乙价值 70 万元的住房一套，同时甲支付给乙 20 万元差价款。假定当地税率为 3%。则甲为纳税人，其应纳税额为

$$20 \times 3\% = 0.6（万元）$$

例 8-9 A 国有企业将过去行政划拨的土地出售给 B 民营企业，价值 2 000 万元；同时 A 国有企业补交土地出让金 1 000 万元。假定当地税率为 3%。则 A 国有企业、B 民营企业均为纳税人。

$$A 应纳税额 = 1 000 \times 3\% = 30（万元）$$
$$B 应纳税额 = 2 000 \times 3\% = 60（万元）$$

8.5.3 征纳管理

1. 税收优惠

（1）国家机关、事业单位、社会团体、军事单位承受土地、房屋用于办公、教学、医疗、科研和军事设施的，免征契税。

（2）城镇职工按规定第一次购买公有住房的，免征契税。

（3）因不可抗力灭失住房而重新购买房屋的，酌情减免。不可抗力是指自然灾害、战争等不能预见、不可避免，并不能克服的客观情况。

（4）土地、房屋被县级以上人民政府征用、占用后，重新承受土地、房屋权属的，由省级人民政府确定是否减免。

（5）承受荒山、荒沟、荒丘、荒滩土地使用权，并用于农、林、牧、渔业生产的，免征契税。

（6）经外交部确认，依照我国有关法律规定，以及我国缔结或参加的双边和多边条约或协定，应当予以免税的外国驻华使馆、领事馆、联合国驻华机构及其外交代表、领事官员和其他外交人员承受土地、房屋权属。

2．纳税义务发生时间

纳税人在签订土地、房屋权属转移合同的当天，或者取得其他具有土地、房屋权属转移合同性质凭证的当天为纳税义务发生时间。

3．纳税期限和纳税地点

纳税人应当自纳税义务发生之日起 10 日内，向土地、房屋所在地的契税征收机关办理纳税申报，并在契税征收机关核定的期限内缴纳税款，索取完税凭证。

8.6　城市维护建设税法

城市维护建设税法是指国家制定的调整城市维护建设税征收与缴纳之间权利及义务关系的法律规范。现行城市维护建设税的基本规范是国务院发布的《中华人民共和国城市维护建设税暂行条例》。

城市维护建设税（以下简称城建税），是国家对缴纳增值税、消费税、营业税（简称"三税"）的单位和个人就其实际缴纳的"三税"税额为计税依据而征收的一种税。它属于特定目的税，是国家为加强城市的维护建设，扩大和稳定城市维护建设资金的来源而采取的一项税收措施。

城建税具有以下两个显著特点。

（1）具有附加税性质。它以纳税人实际缴纳的"三税"税额为计税依据，附加于"三税"税额，本身并没有特定的、独立的征税对象。

（2）具有特定目的。城建税税款专门用于城市的公用事业和公共设施的维护建设。

8.6.1　纳税义务人、计税依据、税率、应纳税额的计算

1．纳税义务人

城建税的纳税义务人是指负有缴纳"三税"义务的单位和个人。包括国有企业、集体企业、私营企业、股份制企业、其他企业和行政单位、事业单位、军事单位、社会团体、其他单位，以及个体工商户及其他个人。

2．计税依据

城建税的计税依据是指纳税人实际缴纳的"三税"税额。

在此应注意以下 3 点。

（1）计税依据中不包括非税款项。如纳税人违反"三税"有关税法而加收的滞纳金和罚款,是税务机关对纳税人违法行为的经济制裁,不作为城建税的计税依据,但纳税人在被查补"三税"或被处以罚款时,应同时对其偷漏的城建税进行补税和罚款。

（2）海关对进口产品代征的增值税、消费税,不作为城建税的计税依据,不征城建税。

（3）城建税以"三税"税额为计税依据并同时征收,如果要免征或者减征"三税",也就要同时免征或者减征城建税。但对出口产品退还增值税、消费税的,不退还已缴纳的城建税。

3. 税率

城建税的税率是指纳税人应缴纳的城建税税额与纳税人实际缴纳的"三税"税额之间的比率。城建税按纳税人所在地的不同,设置了三档差别比例税率,即：

（1）纳税人所在地为市区的,税率为 7%。

（2）纳税人所在地为县城、镇的,税率为 5%；撤县并市的,税率为 7%。

（3）纳税人所在地不在市区、县城或者镇的,税率为 1%。

城建税的适用税率,应当按纳税人所在地的规定税率执行。但是,对下列两种情况,可按缴纳"三税"所在地的规定税率就地缴纳城建税：由受托方代征代扣"三税"的单位和个人,其代征代扣的城建税按受托方所在地适用税率；流动经营等无固定纳税地点的单位和个人,在经营地缴纳"三税"的,其城建税的缴纳按经营地适用税率。

4. 应纳税额的计算

城建税纳税人的应纳税额大小是由纳税人实际缴纳的"三税"税额决定的,其计算公式是：

$$应纳税额 = 实际缴纳的增值税、消费税、营业税税额 \times 适用税率$$

例 8-10 某市区一企业 8 月份缴纳增值税 10 万元,缴纳营业税 3 万元,增值税滞纳金 0.1 万元。应纳城建税计算如下：

$$应纳城建税税额 = (10+3) \times 7\% = 0.91(万元)$$

8.6.2 征纳管理

1. 纳税环节

城建税的纳税环节是指城建税法规定的纳税人应当缴纳城建税的阶段。其纳税环节,实际就是纳税人缴纳"三税"的环节。纳税人只要发生"三税"的纳税义务,就要在同样的环节,分别计算缴纳城建税。

2. 纳税地点和纳税期限

纳税人缴纳"三税"的地点即是该纳税人缴纳城建税的地点。

由于城建税是由纳税人在缴纳"三税"的同时缴纳,所以其纳税期限分别与"三税"的纳税期限一致。

3．税收优惠

城建税原则上不单独减免,但因城建税又具有附加税性质,当主税发生减免时,势必影响城建税,使城建税相应发生税收减免。城建税的税收减免具体有以下几项:

(1)城建税按减免后实缴的"三税"税额计征。即随"三税"的减免而减免;

(2)对于因减免而需进行"三税"退库的,城建税也可同时退库;

(3)对机关服务中心为机关内部提供的后勤服务所取得的收入,在 2005 年年底以前,暂免征收城建税;

(4)对个别缴纳城建税确有困难的企业和个人,由市县人民政府审批,酌情给予减免税照顾。

8.6.3　教育费附加和地方教育费附加

教育费附加是以纳税人实际缴纳的增值税、消费税、营业税税额为依据征收的一种附加税。为了加快地方教育事业的发展,扩大地方教育经费的资金来源,国务院决定从1986 年 7 月 1 日起,在全国范围内征收教育费附加。

1．纳税人

缴纳增值税、消费税、营业税的单位和个人,除按照《国务院关于筹措农村学校办学经费的通知》缴纳农村教育费附加的单位外,都是教育费附加的纳税人。但海关对进口产品征收的增值税、消费税,不征教育费附加。

2．计税依据和附加率

教育费附加,以各单位和个人实际缴纳的增值税、营业税、消费税的税额为计征依据,教育费附加率为 3%,地方教育费附加率为 2%,分别与增值税、营业税、消费税同时缴纳。除国务院另有规定者外,任何地区、部门不得擅自提高或者降低教育费附加率。

3．税收优惠

(1)对由于减免增值税、消费税、营业税而发生退税的,同时退还教育费附加。但对出口产品退还增值税、消费税的,不再退还已征的教育费附加。

(2)对从事生产卷烟和经营烟叶产品的单位,减半征收教育费附加。

(3)对机关服务中心为机关内部提供的后勤服务所取得的收入,在 2005 年年底以前,暂免征收教育费附加。

4．征纳管理

教育费附加由税务机关征收,其征收管理按照"三税"的有关规定办理。地方征收的教育费附加,按专项资金管理,由教育部门统筹安排,提出分配方案,征得同级财政部门同意,用于改善中小学教学设施和办学条件。

8.7 土地增值税法

土地增值税法是指国家制定的调整土地增值税征收与缴纳之间权利及义务关系的法律规范。现行土地增值税的基本规范,就是《中华人民共和国土地增值税暂行条例》及《中华人民共和国土地增值税暂行条例实施细则》。土地增值税,是对转让国有土地使用权、地上建筑物及其附着物并取得收入的单位和个人,就其转让房地产所取得的增值额征收的一种税。

8.7.1 纳税义务人

土地增值税的纳税义务人是指转让国有土地使用权、地上的建筑物及其附着物(以下简称转让房地产)并取得收入的单位和个人。单位包括各类企业、事业单位、国家机关和社会团体及其他组织。个人包括个体经营者。概括起来,主要有以下几个特点。

(1) 不论法人与自然人。即不论是企业、事业单位、国家机关、社会团体及其他组织,还是个人,只要有偿转让房地产,都是土地增值税的纳税人。

(2) 不论经济性质。即不论是全民所有制企业、集体企业、私营企业、个体经营者,还是联营企业、合资企业、合作企业、外商独资企业等,只要有偿转让房地产,都是土地增值税的纳税人。

(3) 不论内资与外资企业、中国公民与外籍个人。即不论是内资企业还是外商投资企业、外国驻华机构,也不论是中国公民、港澳台胞、海外华侨还是外国公民,只要有偿转让房地产,都是土地增值税的纳税人。

(4) 不论部门。即不论是工业、农业、商业、学校、医院、机关等,只要有偿转让房地产,都是土地增值税的纳税人。

8.7.2 征税范围

无论是单独转让国有土地使用权,还是房屋产权与国有土地使用权一并转让的,只要取得收入,均属于土地增值税的征税范围。根据《土地增值税暂行条例》及其实施细则的规定,土地增值税的征税范围有以下几种。

1. 转让国有土地使用权

"国有土地"是指按国家法律规定属于国家所有的土地。国有土地使用权的转让是指土地使用者通过出让等形式取得土地使用权后,将土地使用权再转让的行为。属于土地的二级市场。在此应注意以下两点。

(1) 不包括集体所有土地。农村和城市郊区的土地除由法律规定属于国家所有的以外,属于集体所有。农村集体所有的土地,是不得自行转让的,只是根据有关法律规定,由国家征用以后变为国家所有时,才能进行转让。故集体土地的自行转让是一种违法行为,应由有关部门来处理。对于目前违法将集体土地转让给其他单位和个人的情况,应在有关部门处理、补办土地征用或出让手续变为国家所有之后,再纳入土地增值税的征税范围。

(2)不包括国有土地使用权的出让。国有土地使用权出让是指国家以土地所有者的身份将土地使用权在一定年限内让与土地使用者,并由土地使用者向国家支付土地使用权出让金的行为。这种行为属于由政府垄断的土地一级市场。土地使用权出让的出让方国家凭借土地的所有权向土地使用者收取土地的租金。出让的目的是实行国有土地的有偿使用制度,合理开发、利用、经营土地,因此,土地使用权的出让不属于土地增值税的征税范围。

2. 地上的建筑物及其附着物连同国有土地使用权一并转让

"地上的建筑物"是指建于土地上的一切建筑物,包括地上地下的各种附属设施。所说的"附着物",是指附着于土地上的不能移动或一经移动即遭损坏的物品。在此需注意以下两点。

(1)不包括未转让土地使用权、房屋产权的行为。是否发生房地产权属的变更,是确定是否纳入征税范围的一个标准,凡土地使用权、房产权未转让的(如房地产的出租),不征收土地增值税。

(2)不包括房地产的权属虽转让,但未取得收入的行为。如房地产的继承,尽管房地产的权属发生了变更,但权属人并没有取得收入,因此也不征收土地增值税。

8.7.3 税率

土地增值税采用四级超率累进税率,见表8-2。表中每级"增值额未超过扣除项目金额"的比例,均包括本比例数。

表8-2 土地增值税税率表

级数	增值额与扣除项目金额的比率	税率/%	速算扣除数/%
1	不超过50%的部分	30	0
2	超过50%,未超过100%的部分	40	5
3	超过100%,未超过200%的部分	50	15
4	超过200%的部分	60	35

8.7.4 计税依据

土地增值税的计税依据,是纳税人转让房地产所取得的增值额。即纳税人转让房地产所取得的收入减除规定的扣除项目金额后的余额。

增值额 = 转让房地产所取得的收入 − 规定的扣除项目金额

1. 转让房地产取得的收入

纳税人转让房地产取得的收入,为不含增值税的收入,应包括转让房地产的全部价款及有关的经济收益。从收入的形式来看,包括货币收入、实物收入和其他收入。

① 货币收入。是指纳税人转让房地产而取得的现金、银行存款、支票、银行本票、汇票等各种信用票据和国库券、金融债券、企业债券、股票等有价证券。货币收入一般比较容易确定。

② 实物收入。是指纳税人转让房地产而取得的各种实物形态的收入,如钢材、水泥等建材,房屋、土地等不动产等。实物收入的价值不太容易确定,一般要对这些实物形态的财产进行估价。

③ 其他收入。是指纳税人转让房地产而取得的无形资产收入或具有财产价值的权利,如专利权、商标权、著作权、专有技术使用权、土地使用权、商誉权等。这种类型的收入比较少见,其价值需要进行专门的评估。

2. 确定增值额的扣除项目

允许从转让房地产所取得收入额中减除的扣除项目包括如下几项。

(1) 取得土地使用权所支付的金额

① 纳税人为取得土地使用权所支付的地价款。如果是以协议、招标、拍卖等出让方式取得土地使用权的,地价款为纳税人所支付的土地出让金;如果是以行政划拨方式取得土地使用权的,地价款为按照国家有关规定补交的土地出让金;如果是以转让方式取得土地使用权的,地价款为向原土地使用权人实际支付的地价款。

② 纳税人在取得土地使用权时按国家统一规定缴纳的有关费用。是指纳税人在取得土地使用权过程中为办理有关手续,按国家统一规定缴纳的有关登记、过户手续费。

(2) 房地产开发成本

指纳税人房地产开发项目实际发生的成本。包括以下内容。

① 土地征用及拆迁补偿费。包括土地征用费、耕地占用税、劳动力安置费及有关地上、地下附着物拆迁补偿的净支出、安置动迁用房支出等。

② 前期工程费。包括规划、设计、项目可行性研究和水文、地质、勘察、测绘、"三通一平"等支出。

③ 建筑安装工程费。指以出包方式支付给承包单位的建筑安装工程费,以自营方式发生的建筑安装工程费。

④ 基础设施费。包括开发小区内道路、供水、供电、供气、排污、排洪、通信、照明、环卫、绿化等工程发生的支出。

⑤ 公共配套设施费。包括不能有偿转让的开发小区内公共配套设施发生的支出。

⑥ 开发间接费用。指直接组织、管理开发项目发生的费用,包括工资、职工福利费、折旧费、修理费、办公费、水电费、劳动保护费、周转房摊销等。

(3) 房地产开发费用

指与房地产开发项目有关的营业费用、管理费用和财务费用。根据财务会计制度规定,这三项费用作为期间费用,直接计入当期损益,不按成本核算对象进行分摊。故作为土地增值税扣除项目的房地产开发费用,不按纳税人房地产开发项目实际发生的费用进行扣除,而按税法规定标准进行扣除。具体计算扣除的标准如下。

① 纳税人能够按转让房地产项目计算分摊利息支出,并能提供金融机构的贷款证明的,其允许扣除的房地产开发费用为:利息+(取得土地使用权所支付的金额+房地产开发成本)×5%以内。

上述利息支出允许按实扣除,但最高不能超过按商业银行同类同期贷款利率计算的金额,利息的上浮幅度按国家的有关规定执行,超过上浮幅度的部分不允许扣除。对于超过贷款期限的利息部分和加罚的利息不允许扣除。

② 纳税人不能按转让房地产项目计算分摊利息支出或不能提供金融机构贷款证明的,其允许扣除的房地产开发费用为(取得土地使用权所支付的金额+房地产开发成本)×10%以内。

(4) 旧房及建筑物的评估价格

旧房及建筑物的评估价格是指在转让已使用的房屋及建筑物时,由政府批准设立的房地产评估机构评定的重置成本价乘以成新度折扣率后的价格。评估价格须经当地税务机关确认。

例如,一栋房屋建于2007年建造时的造价为600万元,按2016年转让时的建材及人工费用计算,建同样的新房需花费2 000万元,该房有7成新,则该房的评估价格为:2 000×70%=1 400(万元)。

(5) 与转让房地产有关的税金

与转让房地产有关的税金是指在转让房地产时缴纳的营业税、城市维护建设税、印花税。因转让房地产缴纳的教育费附加,也可视同税金予以扣除。

需要明确的是:房地产开发企业在转让房地产时缴纳的印花税因列入管理费用中,故在此不允许扣除。其他纳税人缴纳的印花税(按产权转移书据所载金额的0.5‰贴花)允许在此扣除。

需注意的是:“营改增”政策试行之后,土地增值税扣除项目涉及的增值税进项税额,允许在销项税额中计算抵扣的,不计入扣除项目,不允许在销项税额中计算抵扣的,可以计入扣除项目。

(6) 财政部规定的其他扣除项目

从事房地产开发的纳税人,可按取得土地使用权所支付的金额和房地产开发成本两项金额之和,加计20%的扣除。

3. 评估价格的确定

房地产评估价格,是指由政府批准设立的房地产评估机构根据相同地段、同类房地产进行综合评定的价格。这种价格须经当地税务机关的确认。税法规定,纳税人有下列情形之一的,按照房地产评估价格计算征收:

(1) 隐瞒、虚报房地产成交价格的;

(2) 提供扣除项目金额不实的;

（3）转让房地产的成交价格低于房地产评估价格，又无正当理由的。

8.7.5　应纳税额的计算

土地增值税按照纳税人转让房地产所取得的增值额和规定的税率计算征收。其计算公式为

$$应纳税额 = \sum（每级距的土地增值额 \times 适用税率）$$

但在实际工作中，分步计算比较烦琐，一般可以采用速算扣除法计算。即计算土地增值税时，可按增值额全额乘以适用的税率减去扣除项目金额乘以速算扣除系数的简便方法计算。具体公式为

$$应纳税额 = 全部增值额 \times 适用税率 - 扣除项目金额 \times 速算扣除率$$

下面举一些简单例子来具体说明两种计算方法。

例 8-11　某公司转让房地产所取得的收入为 400 万元（不含增值税），其扣除项目金额为 100 万元，试计算其应纳土地增值税的税额。

第一种方法：分步计算法。

第一步，先计算增值额：$400 - 100 = 300$（万元）；

第二步，再计算增值额与扣除项目金额之比：$300 \div 100\% = 300\%$；

第三步，确定增值税率：因为增值额超过扣除项目金额 200%，所以适用 30%、40%、50% 和 60% 四档超率累进税率；

第四步，分别计算各级次土地增值税税额。

（1）未超过扣除项目金额 50% 的增值额部分，适用 30% 的税率。

这部分增值额：$100 \times 50\% = 50$（万元）；

应纳的土地增值税税额：$50 \times 30\% = 15$（万元）。

（2）超过扣除项目金额 50%，未超过扣除项目金额 100% 的增值额部分，适用 40% 的税率。

这部分增值额：$100 \times (100\% - 50\%) = 50$（万元）；

应纳的土地增值税税额为：$50 \times 40\% = 20$（万元）。

（3）超过扣除项目金额 100%，未超过扣除项目金额 200% 的增值额部分，适用于 50% 的税率。

这部分增值额：$100 \times (200\% - 100\%) = 100$（万元）；

应纳的土地增值税税额：$100 \times 50\% = 50$（万元）。

（4）超过扣除项目金额 200% 的增值额部分，适用 60% 的税率。

这部分的增值额：$300 - (100 \times 200\%) = 100$（万元）；

应纳的土地增值税税额：$100 \times 60\% = 60$（万元）。

第五步，将各级次的税额相加，得出总税额：

$$应纳税额 = 15 + 20 + 50 + 60 = 145（万元）$$

第二种方法：速算扣除法。

第一步,先计算增值额:400-100=300(万元);

第二步,再计算增值额与扣除项目金额之比:300÷100%=300%;

第三步,确定增值税率。因为增值额超过扣除项目金额200%,所以适用60%的税率,速算扣除数为35%;

第四步,计算土地增值税税额。应纳税额:300×60%-100×35%=145(万元)。

不难看出,两种计算方法所得出的结果是一样的。

例 8-12　某房地产开发公司转让办公楼一幢,共取得转让收入5 000万元(不含增值税),公司即按税法规定缴纳了有关税金(增值税征收率为5%,城建税等其他税金25万元)。已知该公司为取得土地使用权而支付的地价款和按国家统一规定缴纳的有关费用为500万元;投入的房地产开发成本为1 500万元;房地产开发费用中的利息支出为120万元(能够按转让房地产项目计算分摊并提供金融机构证明),比按工商银行同类同期贷款利率计算的利息多出10万元。另知,公司所在地政府规定的其他房地产开发费用的计算扣除比例为5%。该公司计算应纳土地增值税税额如下。

(1) 确定转让房地产的收入:5 000万元。

(2) 确定转让房地产的扣除项目金额:

① 取得土地使用权所支付的金额为500万元;

② 房地产开发成本为1 500万元;

③ 房地产开发费用=(120-10)+(500+1 500)×5%=210(万元);

④ 增值税=5 000×5%=250(万元),

城市维护建设税=250×7%=17.5(万元),

教育费附加=250×3%=7.5(万元),

地方教育费附加=250×2%=5(万元),

允许扣除的与转让房地产有关的税金=17.5+7.5+5=30(万元);

⑤ 从事房地产开发的加计扣除=(500+1 500)×20%=400(万元);

⑥ 转让房地产的扣除项目金额=500+1 500+210+30+400=2 640(万元)。

(3) 计算转让房地产的增值额=5 000-2 640=2 360(万元)。

(4) 计算增值额与扣除项目金额的比率=2 360÷2 640≈89.39%。

(5) 计算应纳土地增值税税额:

① 增值额未超过扣除项目金额50%的部分,其税额=2 640×50%×30%=396(万元);

② 增值额超过扣除项目金额50%,未超过100%的部分,其税额=(2 360-2 640×50%)×40%=416(万元);

③ 应纳土地增值税税额=396+416=812(万元)。

例 8-13　某房地产开发公司与某单位签署了一份写字楼转让合同,取得转让收入15 000万元,公司即按税法规定缴纳了有关税金。已知该公司为取得土地使用权而支付的地价款和按国家统一规定缴纳的有关费用为3 000万元;投入的房地产开发成本为4 000万元;房地产开发费用中的利息支出为1 200万元(不能按转让房地产项目计算分摊利息支出,也不能提供金融机构证明)。另知该公司所在省人民政府规定的房地产开发费用的计算扣除比例为 10%。该公司转让此楼应纳土地增值税税额计算过程如下。

(1) 确定转让房地产的收入为 15 000 万元。

(2) 确定转让房地产的扣除项目金额:

① 取得土地使用权所支付的金额为 3 000 万元;

② 房地产开发成本为 4 000 万元;

③ 房地产开发费用为＝(3 000＋4 000)×10%＝700(万元);

④ 与转让房地产有关的税金＝15 000×5%×(7%＋3%＋2%)＝90(万元);

⑤ 从事房地产开发的加计扣除＝(3 000＋4 000)×20%＝1 400(万元);

⑥ 转让房地产的扣除项目金额＝3 000＋4 000＋700＋90＋1 400＝9 190(万元)。

(3) 计算转让房地产的增值额＝15 000－9 190＝5 810(万元)。

(4) 计算增值额与扣除项目金额的比率＝5 810÷9 190≈63.22%。因为比率超过 50%但低于 100%,所以适用税率为 40%,速算扣除数为 5%。

(5) 应纳土地增值税税额＝5 810×40%－9 190×5%＝1 864.5(万元)。

8.7.6　征纳管理

1. 减免税优惠

(1) 纳税人建造普通标准住宅出售,增值额未超过扣除项目金额 20%的免税。"普通标准住宅"是指按所在地一般民用住宅标准建造的居住住宅。高级公寓、别墅、度假村等不属于普通标准住宅。纳税人建造普通标准住宅出售,增值额未超过扣除项目金额 20%的,免征土地增值税;增值额超过扣除项目金额 20%的,应就其全部增值额按规定计税。

对于纳税人既建普通标准住宅,又搞其他房地产开发的,应分别核算增值额。不分别核算增值额或不能准确核算增值额的,其建造的普通标准住宅不能适用这一免税规定。

例 8-14　某房地产开发公司建造一幢普通标准住宅出售,取得销售收入 800 万元(不含增值税)。该公司为建造普通标准住宅而支出的地价款为 100 万元,建造此楼投入了 300 万元的房地产开发成本。由于该房地产开发公司同时建造别墅等住宅,对该普通标准住宅所有的银行贷款利息支出无法分摊,该地规定房地产开发费用的计提比例为 10%。采用简便计税方法,采用增值税征收率 5%计征增值税,该公司已分别核算增值额。

$$转让房地产的扣除项目金额＝100＋300＋(100＋300)×10%＋800×5%$$
$$×(7%＋3%＋2%)＋(100＋300)×20%$$
$$＝524.8(万元)$$

转让房地产的增值额＝800－524.8＝275.2(万元)

增值额与扣除项目金额的比率＝275.2÷524.8≈52.44%

因为增值额与扣除项目金额的比率已超过 20%,所以应缴纳土地增值税,税率 30%,则

$$应纳土地增值税 = 275.2×30% = 82.56(万元)$$

(2) 因国家建设需要依法征用、收回的房地产,免税。因国家建设需要依法征用、收

回的房地产,是指因城市实施规划、国家建设的需要而被政府批准征用的房产可收回的土地使用权。因城市实施规划、国家建设的需要而搬迁,由纳税人自行转让原房地产的,比照有关规定免征土地增值税。

(3)个人转让普通住房,免征土地增值税。个人转让非普通住房,凡居住满 5 年或 5 年以上的,免征土地增值税;居住满 3 年未满 5 年的,减半征收土地增值税;居住未满 3 年的,按规定征收土地增值税。

2．纳税申报

土地增值税的纳税人应在转让房地产合同签订后的 7 日内,到房地产所在地主管税务机关办理纳税申报,并向税务机关提交房屋及建筑物产权、土地使用权证书,土地转让、房产买卖合同、房地产评估报告及其他与转让房地产有关的资料。纳税人因经常发生房地产转让而难以在每次转让后申报的,经税务机关审核同意后,可以定期进行纳税申报,具体期限由税务机关根据情况确定。

3．纳税地点

土地增值税的纳税人应向房地产所在地主管税务机关办理纳税申报。

"房地产所在地",是纳税人转让的房地产坐落地。纳税人转让的房地产坐落在两个或两个以上地区的,应按房地产所在地分别申报纳税。在实际工作中,纳税地点的确定又可分为以下两种情况。

(1)纳税人是法人的。当转让的房地产坐落地与其机构所在地或经营所在地一致时,则在办理税务登记的原管辖税务机关申报纳税即可;如果转让的房地产坐落地与其机构所在地或经营所在地不一致,则应在房地产坐落地所管辖的税务机关申报纳税。

(2)纳税人是自然人的。当转让的房地产坐落地与其居住所在地一致时,则在住所所在地税务机关申报纳税;当转让的房地产坐落地与其居住所在地不一致时,在办理过户手续所在地的税务机关申报纳税。

8.8　烟叶税

烟叶税的基本规范是《中华人民共和国烟叶税法》,自 2018 年 7 月 1 日起试行。2006 年 4 月 28 日国务院颁布的《中华人民共和国烟叶税暂行条例》同时废止。烟叶税由地方税务机关征收。

1．纳税人、征税对象、税率

在中华人民共和国境内收购烟叶的单位为烟叶税的纳税人。"收购烟叶的单位",是指依照《中华人民共和国烟草专卖法》的规定,有权收购烟叶的烟草公司或者受其委托收购烟叶的单位。依照《中华人民共和国烟草专卖法》查处没收的违法收购的烟叶,由收购罚没烟叶的单位按照购买金额计算缴纳烟叶税。

烟叶税的征税对象是烟叶。烟叶是指晾晒烟叶、烤烟叶。"晾晒烟叶"包括列入名晾晒烟名录的晾晒烟叶和未列入名晾晒烟名录的其他晾晒烟叶。

烟叶税实行比例税率,税率为20%。烟叶税税率的调整由国务院决定。

2. 计税依据、应纳税额的计算

计税依据为纳税人收购烟叶的收购金额。"收购金额",包括纳税人支付给烟叶销售者的烟叶收购价款和价外补贴。按照简化手续、方便征收的原则,对价外补贴统一暂按烟叶收购价款的10%计入收购金额征税。

收购金额计算公式:收购金额=收购价款×(1+10%)

应纳税额的计算公式:应纳税额=烟叶收购金额×税率

3. 征纳管理

纳税人收购烟叶,应当向烟叶收购地的主管税务机关申报纳税。"烟叶收购地的主管税务机关"是指烟叶收购地的县级地方税务局或者其指定的税务分局所。

烟叶税的纳税义务发生时间为纳税人收购烟叶的当天。"收购烟叶的当天"是指纳税人向烟叶销售者付讫收购烟叶款项或者开具收购烟叶凭据的当天。

烟叶税按月计征,纳税人应当于纳税义务发生月终了之日起十五日内申报并缴纳税款。

8.9 综合案例

8.9.1 案例介绍

2016年6月,某单位(非房地产开发单位)转让办公室楼一幢,共取得转让收入10 000万元(不含增值税),公司即按国家税法规定缴纳了增值税、城建税、教育费附加、印花税。已知该单位为取得土地使用权而支付的地价款和按国家统一规定缴纳的有关费用为2 000万元;投入的房地产开发成本为3 000万元;房地产开发费用中的利息支出为500万元(能够按转让房地产项目计算分摊并提供金融机构证明),但其中有50万元属加罚的利息。另知该单位所在地政府规定的其他房地产开发费用的计算扣除比例为5%,适用增值税征收率5%。

该单位在申报缴纳土地增值税时作如下计算:

(1) 扣除项目金额=2 000+3 000+500+(2 000+3 000)×5%+10 000×5%+10 000×5%×(7%+3%)+(2 000+3 000)×20%=7 300(万元);

(2) 增值额=10 000-7 300=2 700(万元);

(3) 增值额占扣除项目金额的比率=2 700÷7 300≈37%;

(4) 土地增值税税额=2 700×30%=810(万元)。

要求:根据税法规定,分析该单位申报的土地增值税是否正确,说明原因。

8.9.2　案例解析

根据国家规定可知该单位计算土地增值税税额不正确,原因如下。

(1) 加罚的利息不能扣除,却作为扣除项目金额扣除。应相应减少扣除项目金额。

(2) 印花税可以扣除,税率为 0.5‰,却未作扣除。应相应增加扣除项目金额。

(3) 非房地产开发单位不能加计 20% 的扣除,却作为扣除项目金额扣除了。应相应减少扣除项目金额。

(4) 增值税为价外税,不包含在收入中,不能扣除。

(5) 地方教育费附加可以扣除,未作扣除。

正确计算如下:

$$扣除项目金额 = 2\,000 + 3\,000 + (500 - 50) + (2\,000 + 3\,000) \times 5\%$$
$$+ 10\,000 \times 5\% \times (7\% + 3\% + 2\%) + 10\,000 \times 0.5‰$$
$$= 5\,765(万元)$$

$$增值额 = 10\,000 - 5\,765 = 4\,235(万元)$$

$$增值额与扣除金额的比率 = 4\,235 \div 5\,765 \approx 73.46\%$$

因为增值额与扣除金额的比率 60%,所以适用税率 40%,速算扣除数为 5%。

$$应纳土地增值税税额 = 4\,235 \times 40\% - 5\,765 \times 5\% = 1\,405.75(万元)$$

习题和实训 8

一、判断题

1. 在我国境内收购烟叶的单位为烟叶税的纳税人。　　　　　　　　　　　　(　　)

2. 车船税中的车船管理部门,是指公安、交通、农业、渔业、军事等依法具有车船管理职能的部门。　　　　　　　　　　　　　　　　　　　　　　　　　　(　　)

3. 在我国境内购置应税车辆的单位和个人,为车船税的纳税人。　　　　　　(　　)

4. 车辆购置税的税率为 17%。　　　　　　　　　　　　　　　　　　　　　(　　)

5. 订立合同的双方当事人均应纳印花税。　　　　　　　　　　　　　　　　(　　)

6. 增值税减免时,相应地减免城市维护建设税。　　　　　　　　　　　　　(　　)

7. 证券(股票)交易双方当事人均应纳印花税。　　　　　　　　　　　　　(　　)

8. 契税是在土地、房屋所有权转移登记时向不动产出售方征收的一种税。　(　　)

9. 在计算土地增值额时,对扣除项目中的贷款利息,超过贷款期限的利息和加罚的利息不允许扣除。　　　　　　　　　　　　　　　　　　　　　　　　　　(　　)

10. 纳税人建造普通标准住宅出售,增值额未超过扣除项目金额 20% 的,免征土地增值税;超过 20% 的,应就其超过部分增值额按规定计税。　　　　　　　　　(　　)

二、单项选择题

1. (　　)是依据房产价格或房产租金收入向房产所有人或经营人征收的一种税。

A. 契税　　　　　B. 消费税　　　　　C. 土地增值税　　　　D. 房产税

2. 在我国境内购置应税车辆的单位和个人，为（　　）的纳税人。

A. 车辆购置税　　B. 车船税　　　　C. 增值税　　　　　D. 营业税

3. （　　）是印花税的纳税义务人。

A. 合同买方　　　　　　　　B. 合同卖方

C. 合同买方和卖方　　　　　D. 合同买方或卖方

4. （　　）是在土地、房屋所有权转移登记时向不动产取得人征收的一种税。

A. 契税　　　　　B. 营业税　　　　C. 土地增值税　　　　D. 房产税

5. 纳税人应根据（　　）计算缴纳城市维护建设税。

A. 所得税金额　　　　　　　B. 烟叶税金额

C. 印花税金额　　　　　　　D. 增值税金额

6. 设在县城的某企业，2 月被查出拖欠消费税 50 万元，税务机关责令补缴并处以 8 万元罚款。该企业还应该缴纳城市维护建设税（　　）万元。

A. 2.9　　　　　B. 2.5　　　　　C. 2.1　　　　　D. 0.4

7. 烟叶税的纳税申报时间为纳税人自纳税义务发生之日起（　　）内。

A. 60 日　　　　B. 45 日　　　　C. 30 日　　　　D. 15 日

8. 烟叶税实行比例税率，税率为（　　）。

A. 25%　　　　　B. 20%　　　　　C. 15%　　　　　D. 10%

9. 房地产开发企业在转让房地产缴纳土地增值税时，已缴纳的（　　），不得作为有关税金从转让收入中扣除。

A. 城市维护建设税　　　　　B. 教育费附加

C. 增值税　　　　　　　　　D. 印花税

10. 土地增值税的税率形式是（　　）。

A. 全率累进税率　　　　　　B. 超率累进税率

C. 全额累进税率　　　　　　D. 超额累进税率

三、多项选择题

1. 房产税的征税范围为（　　）。

A. 城市　　　　B. 县城　　　　C. 建制镇　　　　D. 工矿区

2. （　　）免征车船税。

A. 养殖渔船　　　　　　　　B. 军队专用车船

C. 警用车船　　　　　　　　D. 企业用车船

3. 印花税的纳税人可分为（　　）。

A. 立合同人　　B. 立据人　　　C. 立账簿人　　　D. 领受人

4. 契税的征税对象的是（　　）。

A. 国有土地使用权出让　　　B. 房屋买卖

C. 土地使用权的转让　　　　D. 房屋赠与和房屋交换

5. 城市维护建设税的计税依据包括纳税人（　　）。

A. 享受减免税后实际缴纳的增值税　B. 缴纳的增值税滞纳金

C. 缴纳的偷逃增值税被处的罚款　　D. 缴纳的偷逃消费税被查补的税款

6. 城市维护建设税的适用税率为(   )。

    A. 1%   B. 3%   C. 5%   D. 7%

7. 出口自产小汽车的汽车制造企业,不可申请退还的税费是(   )。

    A. 增值税   B. 消费税   C. 城建税   D. 教育费附加

8. 计算土地增值额时,可从房地产转让收入中据实扣除的项目有(   )。

    A. 取得土地使用权支付的地价款   B. 房地产开发成本

    C. 房地产开发费用   D. 与转让房地产有关的税金

9. 下列应按房地产评估价格计算征收土地增值税的项目是(   )。

    A. 转让房地产成交价格低于房地产评估价格无正当理由的

    B. 提供扣除项目金额不实的

    C. 隐瞒、虚报房地产成交价格的

    D. 转让已使用的房屋及建筑物的

10. 以下关于烟叶税的叙述正确的有(   )。

    A. 烟叶税属于地方税

    B. 烟叶税的计税依据是烟叶收购金额

    C. 烟叶税执行20%的比例税率

    D. 纳税地点是烟叶销售地主管税务机关

四、名词解释

房产税 车船税 契税 印花税 城建税 车辆购置税 土地增值税 烟叶税

五、简答题

1. 契税的纳税人、征税对象和计税依据指的是什么?

2. 简述房产税、车船税、车辆购置税、城建税、烟叶税的基本内容。

3. 印花税的纳税人、税目包括什么?税率采用哪种形式?

4. 土地增值税的纳税人、征税范围、扣除项目包括哪些?

5. 土地增值税税额怎样计算?

六、计算题

1. 某县城一加工企业,8月份因进口半成品缴纳增值税120万元,本月销售货物应缴纳增值税280万元,本月出租门面房收到租金42.4万元(含增值税)。要求计算该企业本月应缴纳的城市维护建设税、教育费附加、地方教育费附加。

2. 某烟厂6月发生购进业务如表8-3所示。

表8-3　某烟厂购进业务表

采购项目	等级	单价/元/千克	收购数量/千克	收购价款/元
收购烟叶	一级	35	8 000	
	二级	20	20 000	
	三级	12	10 000	
购买烟叶		18	2 000	
合　计				

要求：计算该烟厂 6 月应纳烟叶税税额。

3．某市房地产开发公司建造普通标准住宅楼一栋，支付地价款 100 万元，建楼成本 250 万元，开发费用按地价款和开发成本的 10% 计算。楼房出售收入 650 万元（不含增值税），增值税征收率 50%，并按规定缴纳了有关税费。要求计算其应纳土地增值税。

4．某事业单位建造并出售了一幢写字楼，取得销售收入 1 200 万元（不含增值税）。该单位为建造此楼支付的地价款为 150 万元；房地产开发成本为 280 万元；房地产开发费用中的利息支出为 140 万元（能够按转让房地产项目计算分摊并提供银行证明），但其中有 25 万元的加罚利息。按规定其他房地产开发费用的计算扣除比例为 5%。该企业应纳的增值税征收率为 5%；城市维护建设税税率为 7%；印花税税率为 0.5‰；教育费附加征收率为 3%。要求计算该单位应纳的土地增值税税额。

5．某企业（非房地产单位）转让厂房取得收入 4 000 万元（不含增值税），补交土地出让金 800 万元，经评估机构评估厂房价 1 600 万元，评估费用 24 万元，交易手续费 40 万元。增值税征收率 5%。该单位计算缴纳土地增值税如下。

（1）收入：4 000 万元。

（2）扣除项目总额＝800＋1 600＋[4 000×5%×(1+7%+3%)]＋4 000×0.5‰＋24＋40＋(800＋1 600)×10%＝2 926（万元）。

（3）增值额：4 000－2 926＝1 074（万元）。

（4）增值额占扣除项目金额比率：1 074÷2 926＝37%。

（5）实际缴纳土地增值税：1 074×30%＝322.2（万元）。

要求：根据以上资料分析该企业纳税计算是否正确，如不正确，应如何调整？

七、综合实训题

1．实训目的：熟悉土地增值税的计算和申报表的填制。

2．实训方式：模拟企业进行纳税申报表的填制。

3．实训要求：计算该厂当月应纳土地增值税税额。

4．实训资料：某房地产开发公司建造一幢普通标准住宅出售，取得销售收入 1 000 万元（不含增值税）。该公司为建造普通标准住宅而支付的地价款为 12 万元，建造此楼投入了 350 万元的房地产开发成本，其中，土地征用及拆迁补偿费 50 万元，前期工程费 50 万元，建筑安装工程费 120 万元，基础设施费 80 万元，开发间接费用 50 万元。由于该房地产开发公司同时建造别墅类住宅，所以对该普通标准住宅所用的银行贷款利息无法分摊，当地规定房地产开发费用的计提比例为 10%。假设城市建设税税率为 7%，教育费附加征收率为 3%，地方教育费附加率 2%，增值税征收率 5%。

第 9 章
税收征收管理法

【内容摘要】 本章为全书的终结篇。主要介绍征管法知识,要求学生了解税收征管概述、税务管理、税款征收、税务检查。掌握征管法的权利与义务的规定、税务管理制度、税款征收原则;重点掌握遵守主体、税款征收制度。学生可以通过本章的学习,掌握应用征管法的技能,为我国经济建设和企事业单位服务。

9.1 税收征收管理法概述

税收征收管理法是有关税收征收管理法律规范的总称。其法律规范包括《中华人民共和国税收征收管理法》及其实施细则、《中华人民共和国发票管理办法》及其实施细则、刑法中有关危害税收征收管理罪的有关规定等有关法律、法规和规章。

9.1.1 《征管法》的内容、立法目的和适用范围

1. 内容

《征管法》按照税收征管的基本程序和内在规律要求、行为规范及应承担的法律责任,共分六章:总则、税务管理、税款征收、税务检查、法律责任、附则,共 94 条。该法对税务机关在税收征管过程中的征、管、查、处等职权,征纳双方的基本权利和义务,办税程序、手续等方面的行为规范等问题,均做出了明确、具体的规定。作为税收征收管理的基本程序法,是约束征纳双方正确执行税收实体法规定的法律保障。

2. 立法目的

《征管法》第一条规定:"为了加强税收征收管理,规范税收征收和缴纳行为,保障国家税收收入,保护纳税人的合法权益,促进经济和社会发展,制定本法。"此条规定高度概括了征管法的五个立法目的。

3. 适用范围

《征管法》第二条规定:"凡依法由税务机关征收的各种税收的征收管理,均适用本法。"这明确界定了《征管法》的适用范围。

我国税收的征收机关有税务、海关、财政等部门。税务机关征收各种工商税收,海关征收关税,《征管法》只适用于由税务机关征收的各种税收的征收管理。海关征收的关税及代征的增值税、消费税,适用其他法律、法规的规定。

9.1.2 《征管法》的遵守主体

1. 税务行政主体——税务机关

《征管法》第五条规定:"国务院税务主管部门主管全国税收征收管理工作。各地国家税务局和地方税务局应当按照国务院规定的税收征收管理范围分别进行征收管理。"《征管法》及其细则规定,各级税务机关是指各级税务局、税务分局、税务所和按照国务院规定设立的并向社会公告的税务机构。按照国务院规定设立的并向社会公告的税务机构是指省以下税务局的稽查局。稽查局专司偷税、逃避追缴欠税、骗税、抗税案件的查处。这些规定既明确了税收征管的行政主体,也明确了《征管法》的遵守主体。

2. 税务管理相对人——纳税人、扣缴义务人和其他有关单位

《征管法》第四条规定:"法律、行政法规规定负有纳税义务的单位和个人为纳税人。法律、行政法规规定负有代扣代缴、代收代缴义务的单位和个人为扣缴义务人。纳税人、扣缴义务人必须依照法律、行政法规规定缴纳税款、代扣代缴、代收代缴税款。"第六条第二款规定:"纳税人、扣缴义务人和其他有关单位应当按照国家有关规定如实向税务机关提供与纳税和代扣代缴、代收代缴税款有关的信息。"这些规定表明,纳税人、扣缴义务人和其他有关单位是税务管理相对人,是征管法的遵守主体,必须按照规定接受税务管理,享受合法权益。

3. 有关单位和部门

《征管法》第五条规定:"地方各级人民政府应当依法加强对本行政区域内税收管理工作的领导和协调,支持税务机关依法执行职务,依照法定税率计算税额,依法征收税款。各有关部门和单位应当支持、协助税务机关依法执行职务。"这说明包括地方各级人民政府在内的有关单位和部门同样是征管法的遵守主体,必须遵守征管法的有关规定。

9.1.3 纳税人、扣缴义务人的权利与义务

1. 纳税人、扣缴义务人的权利

(1) 纳税人、扣缴义务人有权向税务机关了解国家税收法律、行政法规的规定,以及与纳税程序有关的情况。

(2) 纳税人、扣缴义务人有权要求税务机关为纳税人、扣缴义务人的情况保密。税务机关应当为纳税人、扣缴义务人的情况保密。

(3) 纳税人依法享有减税、免税、退税的权利。

(4) 纳税人、扣缴义务人对税务机关所作出的决定,享有陈述权、申辩权;依法享有申请行政复议、提起行政诉讼、请求国家赔偿等权利。

(5) 纳税人、扣缴义务人有权控告和检举税务机关、税务人员的违法违纪行为。

2. 纳税人、扣缴义务人的义务

(1) 纳税人、扣缴义务人必须依照法律、行政法规的规定缴纳税款、代扣代缴、代收代缴税款。

(2) 纳税人、扣缴义务人和其他有关单位应当按照国家有关规定如实向税务机关提供与纳税和代扣代缴、代收代缴税款有关的信息。

(3) 纳税人、扣缴义务人和其他有关单位应当接受税务机关依法进行的税务检查。

9.2　税务管理

税务管理制度是纳税人进行纳税活动所必须遵守的行为准则和具体规定,是税务机关进行税收征收管理工作的依据。税务管理是税务机关在税务征收管理中对征纳过程实施的基础性的管理制度和管理行为,与税款征收、税务检查共同构成税收征收管理的重要内容。税务管理是整个税收征管工作的基础环节,是做好税款征收和税务检查的前提工作。根据《征管法》的规定,以及实际工作的需要,税务管理主要包括税务登记,账簿、凭证管理,纳税申报等管理制度。

9.2.1　税务登记管理

税务登记又称纳税登记,是税务机关对纳税人的生产经营活动进行登记,并据此对纳税人实施税务管理的一系列法定制度的总称。税务登记是税务管理工作的首要环节,是征纳双方法律关系成立的依据和证明,也是纳税人依法履行的义务。税务登记分开业税务登记、变更税务登记、注销税务登记和停业、复业登记四种。

1. 开业税务登记

(1) 开业税务登记的对象。根据有关规定,需要办理开业税务登记的纳税人分为以下两类。

第一类,领取营业执照从事生产经营活动的纳税人,包括:①企业,即从事生产经营的单位或组织,包括国有、集体、私营企业、中外合资合作企业、外商独资企业,以及各种联营、联合、股份制企业等;②企业在外地设立的分支机构和从事生产经营的场所;③个体工商户;④从事生产经营的事业单位。

第二类,其他纳税人。不从事生产经营活动,但依照法律、法规的规定负有纳税义务的单位和个人,除临时取得应税收入或发生应税行为,以及只缴纳个人所得税、车船税的外,都应按规定向税务机关办理税务登记。

(2)办理开业税务登记的要求。办理开业税务登记是纳税人必须履行的法定义务。一般来说,应按下列要求和程序申请办理开业税务登记。

① 在法定的时间和地点办理开业税务登记,主要有以下两类。

第一类,从事生产、经营的纳税人,应自领取营业执照之日起 30 日内,向生产、经营地或者纳税义务发生地的主管税务机关申报办理税务登记,如实填写税务登记表,并按照税务机关的要求提供有关证件、资料。

第二类,除国家机关和个人外,其他纳税人应当自纳税义务发生之日起 30 日内,持有关证件向所在地主管税务机关申报办理税务登记。

以下几种情况应比照开业登记办理:

纳税人所属跨地区的非独立核算的分支机构,应自设立之日起 30 日内,向所在地税务机关办理注册税务登记。

扣缴义务人应当自扣缴义务发生之日起 30 日内,向所在地主管税务机关申报办理扣缴税款登记,领取扣缴税款登记证件;税务机关对已办理税务登记的扣缴义务人,可以只在其税务登记证件上登记扣缴税款事项,不再发给扣缴税款登记证件。

从事生产、经营的纳税人到外县(市)临时从事生产经营活动的,应当持税务登记证副本和所在地税务机关填开的外出经营活动税收管理证明,向营业地税务机关报验登记,接受税务管理。

② 提出办理税务登记的书面报告。纳税人办理税务登记,应先到主管税务机关或指定的税务登记点,填报《申请税务登记报告书》。国家税务局系统和地方税务局系统两套机构对各自负责征收管理的纳税人实施统一代码,分别登记,分别管理。

③ 携带全部有关证件或资料。纳税人办理税务登记必须携带下列证件和资料。营业执照;有关机关、部门批准设立的文件;有关合同、章程、协议书;法定代表人和董事会成员名单;居民身份证、护照或者其他合法入境证件;住所和经营场所证明;组织机构统一代码证书;税务机关要求纳税人提供的其他有关证件和资料。

④ 如实填写税务登记表。税务登记表根据适用对象不同,分为内资企业、分支机构、个体经营、其他单位和涉外企业税务登记表。在申报办理税务登记时,纳税人应认真填写税务登记表。

(3)开业税务登记的审批。税务机关对纳税人填报的税务登记表和送验的证件、资料,应当自收到之日起 30 日内审核完毕,对符合规定的予以登记,核发税务登记证或者注册税务登记证。对不符合规定的不予以登记,应在 30 日内予以答复。

税务登记证件分为:税务登记证及其副本和注册税务登记证及其副本。对从事生产经营并经工商行政管理部门核发营业执照的纳税人核发税务登记证及其副本;对纳税人非独立核算的分支机构及非从事生产经营的纳税人核发注册税务登记证及其副本。"三证合一、一照一码"登记制度实施后,"税务登记证件",包括纳税人领取的由工商行政管理部门核发的加载法人和其他组织统一社会信用代码的营业执照。

(4)税务登记证的使用和管理。纳税人办理下列事项,必须持税务登记证:开立银行账户;申请减税、免税、退税;申请办理延期申报、延期缴纳税款;领购发票;申请开具外出经营活动税收管理证明;办理停业、歇业及其他有关税务事项。

纳税人应当将税务登记证件正本在其生产经营场所或办公场所公开悬挂,接受税务机关的检查。纳税人领取的税务登记证件和扣缴义务人领取的代扣代缴、代收代缴税款凭证,不得转借、涂改、损毁、买卖或者伪造。如果发生遗失,应当在 15 日内书面报告主管税务机关,并登报声明作废,同时凭报刊上刊登的遗失声明申请补发。税务机关对税务登记证件实行定期验证和换证制度。纳税人应当在规定的期限内持有关证件到主管税务机关办理验证或者换证手续。

2. 变更与注销税务登记

变更税务登记是纳税人税务登记内容发生重要变化,向税务机关申报办理的税务登记手续;注销税务登记是税务登记内容发生根本性变化,需终止履行纳税义务时向税务机关申报办理的税务登记手续。

(1) 变更税务登记。纳税人在营业期间发生改变单位名称、法定代表人、经济性质或经济类型,改变隶属关系、增设或撤销分支机构,改变住所或经营地点(指不涉及主管税务机关变动者)、生产经营范围或经营方式,增减注册资本,生产经营期限,增减银行账号、改变工商经营执照,以及其他税务登记内容变化情况,应当在办理工商变更登记之日起30 日内,持有关证件向原税务登记机关申报办理变更税务登记。按照规定纳税人不需要在工商行政管理机关办理注册登记的,应自有关机关批准或者宣布变更之日起 30 日内,持有关证件向原税务登记机关申报办理变更税务登记。

(2) 注销税务登记。适用范围包括:纳税人因经营期限届满而自动解散;企业由于改组、分级、合并等原因而被撤销;企业资不抵债而破产;纳税人住所、经营地址迁移而改变原主管税务机关的;纳税人被工商行政管理部门吊销营业执照;以及纳税人依法终止履行纳税义务的其他情况。

其时间要求是纳税人发生停业、解散、破产、撤销,以及其他情形依法应当终止履行纳税义务的,应当在向工商行政管理机关办理注销登记前,先向原税务登记机关申报办理注销税务登记。对于不需办理工商注销登记的,应自有关机关批准或者宣告终止之日起15 日内,申报办理注销税务登记。对被吊销营业执照的纳税人,应自被吊销营业执照之日起 15 日内向原登记税务机关办理注销注册登记。

纳税人在办理注销税务登记前,应当向税务机关结清应纳税款、滞纳金、罚款,并缴销发票和有关税务证件。由于住所、经营地址变动的纳税人,应当在向工商行政管理机关申请办理变更或注销登记前或者住所、经营地点变动前,向原税务机关申报办理注销税务登记,并按时向迁达地税务机关申请办理税务登记。

3. 停业、复业税务登记

实行定期定额征收方式的纳税人在营业执照核准的经营期限内需要停业的,应当向税务机关提出停业登记,说明停业的理由、时间、停业前的纳税情况和发票的领、用、存情况,并如实填写申请停业登记表。税务机关经过审核(必要时可实地审查),应当责成申请停业的纳税人结清税款并收回税务登记证件、发票领购簿和发票,办理停业登记。纳税人停业期间发生纳税义务,应当及时向主管税务机关申报,依法补缴应纳税款。

纳税人应当于恢复生产、经营之前,向税务机关提出复业登记申请,经确认后,办理复业登记,领回或启用税务登记证件和发票领购簿及其领购的发票,纳入正常管理。

纳税人停业期满不能及时恢复生产、经营的,应当在停业期满前向税务机关提出延长停业登记。纳税人停业期满未按期复业又不申请延长停业的,税务机关应当视为已恢复营业,实施正常的税收征收管理。

4. 银行账户管理

从事生产经营的纳税人应当自开立基本账户或其他存款账户之日起 15 日内,向主管税务机关书面报告其全部账号;发生变化的,应当自变化之日起 15 日内,向主管税务机关书面报告。

9.2.2 账簿、凭证管理

账簿是纳税人用来连续地登记和反映其各种经济业务的账册或簿记,是编制报表的依据,也是保存会计数据资料的工具和载体。凭证是纳税人用来记录经济业务,明确经济责任并据以登记账簿的书面证明。账簿、凭证管理既是纳税单位进行财务会计核算的基本手段,也是税务机关加强税务管理的重要措施。

1. 账簿、凭证管理

(1) 设置账簿的范围。根据《征管法》及有关会计法规,从事生产经营的纳税人自领取营业执照或者发生纳税义务之日起 15 日内设置账簿。应当设置的账簿,是指总账、明细账、日记账,以及其他辅助性账簿。其中总账、日记账必须采用订本式。账簿启用前,应当报送主管税务机关查验,并由税务机关在账簿上加盖验讫印章。

扣缴义务人应自税收法律、行政法规规定的扣缴义务发生之日起 10 日内,按照所代扣、代收的税种,分别设置代扣、代收代缴税款账簿。

生产经营规模小又确无建账能力的纳税人,可以聘请经批准从事代理记账的专业机构或者经税务机关认可的财会人员代为建账和办理账务;聘请上述机构和人员有实际困难的,经县以上税务机关批准,可以按税务机关的规定,建立收支凭证粘贴簿、进货销货登记簿或者使用税控装置。

纳税人和扣缴义务人采用计算机记账的,对会计制度健全,能够通过计算机正确、完整计算其收入和所得或者代扣代缴、代收代缴税款情况的,其计算机输出的完整的书面会计记录,可视同会计账簿;会计制度不健全,不能通过计算机正确、完整计算其收入或者所得的,应当建立总账和与纳税或者代扣代缴、代收代缴税款有关的其他账簿。

(2) 备案制度。从事生产经营的纳税人必须将所采用的财务、会计制度和具体财务、会计处理办法,按税务机关的规定,自领取税务登记证之日起 15 日内,及时报送主管税务机关备案。

纳税人和扣缴义务人采用计算机记账的,应在使用前将其会计电算化的会计核算软件、使用说明书及有关资料报送主管税务机关备案。

（3）冲突处理。根据《征管法》的规定,当从事生产经营的纳税人、扣缴义务人所使用的财务会计制度和具体的财务、会计处理办法与国务院和财政部、国家税务总局有关税收方面的规定相抵触时,必须按照国务院和财政部、国家税务总局有关税收的规定计算纳税。

2．账证的保存和管理

从事生产经营的纳税人、扣缴义务人必须按照国务院财政、税务主管部门规定的保管期限保管账簿、记账凭证、完税凭证及其他有关资料。账簿、记账凭证、报表、完税凭证、发票、出口凭证及其他有关涉税资料不得伪造、变造或擅自销毁。账簿、记账凭证、报表、完税凭证、发票、出口凭证及其他有关涉税资料,除另有规定者外,应当保存10年。

3．税控管理

税控管理是税收征收管理的一个重要组成部分,也是近期提出来的一个崭新的概念,是指税务机关利用税控装置对纳税人的生产经营情况进行监督和管理,以保障国家税收收入,防止税款流失,提高税收征管工作效率,降低征收成本的各项活动的名称。

《征管法》规定,国家根据税收征收管理的需要,积极推广使用税控装置。纳税人应当按照规定安装、使用税控装置,不得损毁或者擅自改变税控装置。不能按照规定安装、使用税控装置,或者损毁或者擅自改动税控装置的,由税务机关责令限期改正,可以处以2 000元以下的罚款;情节严重的,处以2 000元以上、1万元以下的罚款。

4．发票的管理

发票是凭证的一种,因为其非常重要和特殊,特在此专门介绍。《征管法》规定,税务机关是发票的主管机关,负责发票印制、领购、开具、取得、保管、缴销的管理和监督。

（1）发票的概念。发票是指在购销商品、提供或接受劳务和其他经营活动中,开具、收取的收付款凭证,是确定经济收支行为发生的证明文件,是财务收支的法定凭证,是会计核算的原始凭证,是税务稽查的重要依据。

（2）发票的印制。增值税专用发票由国务院税务主管部门指定的企业印制;其他发票,按照国务院税务主管部门的规定,分别由省、自治区、直辖市国家税务局、地方税务局指定企业印制。发票应当套印全国统一发票监制章。禁止伪造发票监制章。发票实行不定期换版制度。

（3）发票的开具、使用、取得。单位、个人在购销商品、提供或者接受经营服务,以及从事其他经营活动中,应当按照规定开具、使用、取得发票。在此需注意,纳税人进行电子商务必须开具或取得发票。

（4）发票的领购。依法办理税务登记的单位和个人,在领取税务登记证后,向主管税务机关申请领购发票。对无固定经营场地或者财务制度不健全的纳税人领购发票,主管税务机关有权要求其提供担保人,不能提供担保人的,可要求其提供保证金,并限期缴销发票。禁止非法代开发票。临时到本省、自治区、直辖市以外从事经营活动的单位或者个人,应当凭所在地税务机关的证明,向经营地税务机关领购经营地的发票。

(5)发票的联次。发票基本联次为三联。随着计算机技术和电子商务的快速发展,实行网上申报、电子申报,以及使用税控收款机的纳税人不断增多,电子资料和凭证使用的范围也逐渐扩大。为方便纳税人降低纳税成本,当纳税人提出需要使用单联发票时,凡纳税人能满足以下四项条件的,可以使用单联发票:①纳税记录良好;②企业财务管理规范;③保证发票电子存根可靠存储5年以上;④可按期(月或季)向主管税务机关报送发票电子存根数据。

(6)发票的内容。发票的基本联次包括存根联、发票联、记账联。存根联由收款方或开票方留存备查;发票联由付款方或受票方作为付款原始凭证;记账联由收款方或开票方作为记账原始凭证。发票的基本内容包括:发票的名称、发票代码和号码、联次及用途、客户名称、开户银行及账号、商品名称或经营项目、计量单位、数量、单价、大小写金额、开票人、开票日期、开票单位(个人)名称(章)等。省以上税务机关可根据经济活动以及发票管理需要,确定发票的具体内容。

9.2.3 纳税申报管理

纳税申报是纳税人按照税法规定的内容和期限,向税务机关提交有关纳税事项书面报告的法律行为。它既是纳税人履行纳税义务、界定纳税人法律责任的主要依据,又是税务机关税收管理信息的主要来源和税务管理的重要制度。

1. 办理纳税申报的对象

《征管法》规定,纳税人和扣缴义务人为纳税申报的对象。纳税人在纳税期内没有应纳税款的,也应按照规定办理纳税申报。纳税人享受减税、免税待遇的,在减税、免税期间应当按照规定办理纳税申报。

2. 纳税申报的期限

《征管法》规定,纳税人和扣缴义务人都必须按照法定的期限办理纳税申报。申报期限分两种:①税收法律、行政法规明确规定的申报期限;②税务机关依照法律、行政法规的原则规定,结合纳税人生产经营的实际情况及其所应缴纳的税种等相关问题予以确定的申报期限。两种期限具有同等的法律效力。

3. 纳税申报的内容

纳税申报的内容主要在各税种的纳税申报表、代扣代缴税款报告表中体现,还有的是随纳税申报表附报的财务报表和有关纳税资料体现。主要内容包括:纳税人名称,税种,税目,应税项目,计税金额,适用税率或单位税额,扣除项目及标准,应退税项目及税额,应减免税项目及税额,应纳税额或者应代扣代缴、代收代缴税额,税款所属期限,延期缴纳税款、欠税、滞纳金等。

4. 纳税申报要求

纳税人办理纳税申报时,应如实填写纳税申报表,并根据不同的情况相应报送下列有关证件、资料:①财务会计报表及其说明材料;②与纳税有关的合同及协议书;③税控装置的电子报税资料;④外出经营活动税收管理证明和异地完税凭证;⑤境内、外公证机构出具的有关证明文件;⑥税务机关规定报送的其他有关证件、资料;⑦扣缴义务人办理代扣代缴、代收代缴税款报告时,应当如实填写代扣代缴、代收代缴税款报告表,并报送代扣代缴、代收代缴税款的合法凭证,以及税务机关规定的其他有关证件、资料。

5. 纳税申报方式

《征管法》规定:"纳税人、扣缴义务人可以直接到税务机关办理纳税申报或者代扣代缴、代收代缴税款报告表。也可以按照规定采取邮寄、数据电文或者其他方式办理上述申报。"其中,数据电文方式是指经税务机关确定的电话语音、电子数据交换和网络传输等电子方式,例如,目前纳税人的网上申报。

6. 延期申报

纳税人、扣缴义务人按照规定的期限办理纳税申报或者报送代扣代缴、代收代缴税款报告表确有困难,需要延期的,应当在规定的期限内向税务机关提出书面延期申请,经税务机关核准,在核准的期限内办理。如纳税人、扣缴义务人因不可抗力,不能按期办理申报纳税或报送代扣代缴、代收代缴税款报告表的,可以延期办理,但应当在不可抗力情形消除后立即向税务机关报告。

9.3 税款征收

税款征收是税收征收管理工作的中心环节,是全部税收征管工作的目的和归宿,在整个税收工作中占据着极其重要的地位。

9.3.1 税款征收的原则

1. 税务机关是税款征收的唯一主体

《征管法》规定,除税务机关、税务人员,以及经税务机关依照法律、行政法规委托的单位和人员外,任何单位和个人不得进行税款征收活动。采取税收保全措施、强制执行措施的权力,不得由法定的税务机关以外的单位和个人行使。

2. 依照法律、行政法规的规定征收税款

《征管法》规定,税务机关依照法律、行政法规的规定征收税款,不得违反法律、行政法

规的规定开征、停征、多征、少征、提前征收、延缓征收或者摊派税款。

3. 税款优先

(1) 税收优先于无担保债权。

(2) 纳税人发生欠税在前的,税收优先于抵押权、质押权和留置权的执行。

(3) 税收优先于罚款,没收非法所得。

9.3.2 税款征收方式

税款征收方式是指税务机关根据各税种的不同特点、征纳双方的具体条件而确定的计算征收税款的方法和形式。税款征收主要有以下几种方式。

(1) 查账征收指税务机关按照纳税人提供的账表所反映的经营情况,依照适用税率计算缴纳税款的方式。适用于财务会计制度比较健全,能够认真履行纳税义务的纳税单位。

(2) 查定征收指由税务机关根据其纳税人的从业人员、生产设备、采用原材料等因素,在正常生产经营条件下,对其生产、制造的应税产品查实核定产量和销售额,并据以征收税款的一种征收方式。适用于账册不健全、但能够控制原材料或进销货的纳税单位。

(3) 查验征收指税务机关对纳税人应税商品通过查验数量,按市场一般销售单价计算其销售收入并据以征税的方式。适用于经营品种比较单一,经营地点、时间和商品来源不固定的纳税单位。

(4) 定期定额征收指税务机关通过典型调查,逐户确定营业额和所得额并据以征税的方式。适用于无完整考核依据的小型纳税单位。

(5) 委托代征指税务机关委托代征人以税务机关名义征收税款,并将税款缴入国库的方式。适用于小额、零散税源的征收。

(6) 邮寄申报纳税主要适用于那些有能力按期纳税,但采用其他方式纳税又不方便的纳税人。

(7) 其他方式。

9.3.3 税款征收制度

1. 代扣代缴、代收代缴征收制度

《征管法》规定,扣缴义务人依照法律、行政法规的规定履行代扣、代收税款的义务。扣缴义务人依法履行代扣、代收税款义务时,纳税人不得拒绝。纳税人拒绝的,扣缴义务人应当及时报告税务机关处理。税务机关按照规定付给扣缴义务人代扣、代收手续费。

2. 按期缴纳税款制度

纳税人、扣缴义务人按照法律、行政法规规定或者税务机关依照法律、行政法规的规

定确定的期限,缴纳或者解缴税款。

3.延期纳税制度

《征管法》规定,纳税人因有特殊困难,不能按期缴纳税款的,经省、自治区、直辖市国家税务局、地方税务局批准,可以延期缴纳税款,但是最长不得超过3个月。

纳税人有下列情形之一的,属于税法规定的特殊困难:一是因不可抗力,导致纳税人发生较大损失,正常生产经营活动受到较大影响的;二是当期货币资金在扣除应付职工工资、社会保险费后,不足以缴纳税款的。

纳税人需要延期缴纳税款的,应当在缴纳税款期限届满前提出申请,并报送下列材料:申请延期缴纳税款报告,当期货币资金余额情况及所有银行存款账户的对账单,资产负债表,应付职工工资和社会保险费等税务机关要求提供的支出预算。

税务机关应当自收到申请延期缴纳税款报告之日起20日内做出批准或者不予批准的决定;不予批准的,从缴纳税款期限届满之日起加收滞纳金。

4.税收滞纳金征收制度

纳税人未按照规定期限缴纳税款的,扣缴义务人未按照规定期限解缴税款的,税务机关除责令限期缴纳外,从滞纳税款之日起,按日加收滞纳税款0.5‰的滞纳金。

5.减免税制度

纳税人可以依照法律、行政法规的规定书面申请减税、免税。减税、免税的申请须经法律、行政法规规定的减税、免税审查批准机关审批。地方各级人民政府、各级人民政府主管部门、单位和个人违反法律、行政法规规定,擅自做出的减税、免税决定无效,税务机关不得执行,并向上级税务机关报告。

法律、行政法规规定或者经法定的审批机关批准减税、免税的纳税人,应当持有关文件到主管税务机关办理减税、免税手续。减税、免税期满,应当自期满次日起恢复纳税。享受减税、免税优惠的纳税人,减税、免税条件发生变化的,应当自发生变化之日起15日内向税务机关报告;不再符合减税、免税条件的,应当依法履行纳税义务;未依法纳税的,税务机关应当予以追缴。

6.税额核定和税收调整制度

(1)税额核定制度。纳税人有下列情形之一的,税务机关有权核定其应纳税额:
① 依照法律、行政法规的规定可以不设置账簿的;
② 依照法律、行政法规的规定应当设置账簿但未设置的;
③ 擅自销毁账簿或者拒不提供纳税资料的;
④ 虽设置账簿,但账目混乱或者成本资料、收入凭证、费用凭证残缺不全,难以查账的;
⑤ 发生纳税义务,未按照规定的期限办理纳税申报,经税务机关责令限期申报,逾期仍不申报的;

⑥ 纳税人申报的计税依据明显偏低,又无正当理由的。

（2）税收调整制度。企业或者外国企业在中国境内设立的从事生产、经营的机构、场所与其关联企业之间的业务往来,应当按照独立企业之间的业务往来收取或者支付价款、费用;不按照独立企业之间的业务往来收取或者支付价款、费用,而减少其应纳税的收入或者所得额的,税务机关有权进行合理调整。

纳税人与其关联企业未按独立企业之间的业务往来支付价款、费用的,税务机关自该业务往来发生的纳税年度起 3 年内进行调整;有特殊情况的,可以自该业务往来发生的纳税年度起 10 年内进行调整。

7. 税收保全措施和税收强制执行措施

（1）税收保全措施。税务机关有根据认为从事生产、经营的纳税人有逃避纳税义务行为的,可以在规定的纳税期之前,责令限期缴纳应纳税款;在限期内发现纳税人有明显的转移、隐匿其应纳税的商品、货物,以及其他财产或者应纳税的收入的迹象的,税务机关可以责成纳税人提供纳税担保。如果纳税人不能提供纳税担保,经县以上税务局（分局）局长批准,税务机关可以采取下列税收保全措施:

一是书面通知纳税人开户银行或者其他金融机构冻结纳税人的金额相当于应纳税款的存款;二是扣押、查封纳税人的价值相当于应纳税款的商品、货物或者其他财产。

个人及其所扶养家属维持生活必需的住房和用品,不在税收保全措施的范围之内。

税务机关采取税收保全措施的期限一般不得超过 6 个月;重大案件需要延长的,应当报国家税务总局批准。

税务机关依照规定,扣押其商品、货物的,当事人应当自扣押之日起 15 日内缴纳税款。纳税人在税务机关采取税收保全措施后,按照税务机关规定的期限缴纳税款的,税务机关应当自收到税款或银行转回的完税凭证之日起 1 日内解除税收保全。

限期期满仍未缴纳税款的,经县以上税务局（分局）局长批准,税务机关可以书面通知纳税人开户银行或者其他金融机构从其冻结的存款中扣缴税款,或者依法拍卖或者变卖所扣押、查封的商品、货物或者其他财产,以拍卖或者变卖所得抵缴税款。

纳税人在限期内已缴纳税款,税务机关未立即解除税收保全措施,使纳税人的合法利益遭受损失的,税务机关应当承担赔偿责任。

（2）税收强制执行措施。从事生产、经营的纳税人、扣缴义务人未按照规定的期限缴纳或者解缴税款,纳税担保人未按照规定的期限缴纳所担保的税款,由税务机关责令限期缴纳,逾期仍未缴纳的,经县以上税务局（分局）局长批准,税务机关可以采取下列强制执行措施:

一是书面通知其开户银行或者其他金融机构从其存款中扣缴税款;二是扣押、查封、依法拍卖或者变卖其价值相当于应纳税款的商品、货物或者其他财产,以拍卖或者变卖所得抵缴税款。

税务机关采取强制执行措施时,对上述所列纳税人、扣缴义务人、纳税担保人未缴纳的滞纳金同时强制执行。个人及其所扶养家属维持生活必需的住房和用品,不在强制执行措施的范围之内。

税务机关滥用职权违法采取税收保全措施、强制执行措施,或者采取税收保全措施、强制执行措施不当,使纳税人、扣缴义务人或者纳税担保人的合法权益遭受损失的,应当依法承担赔偿责任。

8. 欠税清缴制度

从事生产、经营的纳税人、扣缴义务人未按照规定的期限缴纳或者解缴税款的,纳税担保人未按照规定的期限缴纳所担保的税款的,由税务机关发出限期缴纳税款通知书,责令缴纳或者解缴税款的最长期限不得超过 15 日。

欠缴税款的纳税人或者他的法定代表人需要出境的,应当在出境前向税务机关结清应纳税款、滞纳金或者提供担保。未结清税款、滞纳金,又不提供担保的,税务机关可以通知出境管理机关阻止其出境。

9. 税款的退还、补缴和追征制度

(1) 税款退还。纳税人超过应纳税额缴纳的税款,税务机关发现后应当立即退还;纳税人自结算缴纳税款之日起 3 年内发现的,可以向税务机关要求退还多缴的税款并加算银行同期存款利息,税务机关及时查实后应当立即退还;涉及从国库中退库的,依照法律、行政法规有关国库管理的规定退还。

(2) 税款补缴。因税务机关的责任,致使纳税人、扣缴义务人未缴或者少缴税款的,税务机关在 3 年内可以要求纳税人、扣缴义务人补缴税款,但是不得加收滞纳金。

(3) 税款追征。因纳税人、扣缴义务人计算错误等失误,未缴或者少缴税款的,税务机关在 3 年内可以追征税款、滞纳金;有特殊情况的,追征期可以延长到 5 年。对偷税、抗税、骗税的,税务机关追征其未缴或者少缴的税款、滞纳金或者所骗取的税款,不受上述规定期限的限制。

10. 税款入库制度

国家税务局和地方税务局应当按照国家规定的税收征收管理范围和税款入库预算级次,将征收的税款缴入国库。对审计机关、财政机关依法查出的税收违法行为,税务机关应当根据有关机关的决定、意见书,依法将应收的税款、滞纳金按照税款入库预算级次缴入国库,并将结果及时回复有关机关。

11. 其他税款征收制度

对未按照规定办理税务登记的从事生产、经营的纳税人,以及临时从事经营的纳税人,由税务机关核定其应纳税额,责令缴纳;不缴纳的,税务机关可以扣押其价值相当于应纳税款的商品、货物。扣押后缴纳应纳税款的,税务机关必须立即解除扣押,并归还所扣押的商品、货物;扣押后仍不缴纳应纳税款的,经县以上税务局(分局)局长批准,依法拍卖或者变卖所扣押的商品、货物,以拍卖或者变卖所得抵缴税款。

9.4 税务检查

税务机关一般采取重点检查、分类计划检查、集中性检查、临时性检查和专项检查等形式,采用全查法、抽查法、顺差法、逆差法、现场检查法、调账检查法、比较分析法、控制计算法、审阅法、核对法、观察法、外调法、盘存法和交叉稽核法等方法进行税务检查。

1. 税务机关在税务检查中的权利和义务

(1) 税务机关在税务检查中的权利

① 检查纳税人的账簿、记账凭证、报表和有关资料,检查扣缴义务人代扣代缴、代收代缴税款账簿、记账凭证和有关资料。

② 到纳税人的生产、经营场所和货物存放地检查纳税人应纳税的商品、货物或者其他财产,检查扣缴义务人与代扣代缴、代收代缴税款有关的经营情况。

③ 责成纳税人、扣缴义务人提供与纳税或者代扣代缴、代收代缴税款有关的文件、证明材料和有关资料。

④ 询问纳税人、扣缴义务人与纳税或者代扣代缴、代收代缴税款有关的问题和情况。

⑤ 到车站、码头、机场、邮政企业及其分支机构检查纳税人托运、邮寄应纳税商品、货物或者其他财产的有关单据、凭证和有关资料。

⑥ 经县以上税务局(分局)局长批准,凭全国统一格式的检查存款账户许可证明,查询从事生产、经营的纳税人、扣缴义务人在银行或者其他金融机构的存款账户。税务机关在调查税收违法案件时,经设区的市、自治州以上税务局(分局)局长批准,可以查询案件涉嫌人员的储蓄存款。税务机关查询所获得的资料,不得用于税收以外的用途。

此外,税务机关调查税务违法案件时,对与案件有关的情况和资料,可以记录、录音、录像、照相和复制。

(2) 税务机关在税务检查中的义务

税务机关派出的人员进行税务检查时,应当出示税务检查证和税务检查通知书,并有责任为被检查人保守秘密;未出示税务检查证和税务检查通知书的,被检查人有权拒绝检查。

2. 相对人在税务检查中的义务

纳税人、扣缴义务人必须接受税务机关依法进行的税务检查,如实反映情况,提供有关资料,不得拒绝、隐瞒。

税务机关依法进行税务检查时,有权向有关单位和个人调查纳税人、扣缴义务人和其他当事人与纳税或者代扣代缴、代收代缴税款有关的情况,有关单位和个人有义务向税务机关如实提供有关资料及证明材料。

习题和实训 9

一、判断题

1. 对非独立核算的分支机构及非从事生产经营的纳税人,核发税务登记证及其副本。（　　）

2. 发票是财务收支的合法凭证。（　　）

3. 纳税人因住所变动,涉及改变税务登记机关的,向原税务登记机关申报办理注销税务登记,并在30日内向迁达地税务机关申报办理税务登记。（　　）

4. 纳税人享受减税、免税待遇的,在减税、免税期间可以暂不办理纳税申报。（　　）

5. 因税务机关的原因,导致纳税人少缴税款超过3年的,税务机关不得再要求纳税人补缴。（　　）

6. 某球员转会国外一家俱乐部,在出境时,税务机关以其尚未结清应纳税款,又未提供担保为由,通知海关阻止其出境。税务机关的做法是正确的。（　　）

7. 税务人员不得索贿、徇私舞弊、玩忽职守、不征或少征应征税款;不得滥用职权多征税款或者故意刁难纳税人和扣缴义务人。（　　）

8. 从事生产、经营的纳税人应当将在银行或者其他金融机构开立的基本存款账号向税务机关报告登记。（　　）

9. 采取税收保全措施不当或者纳税人在限期内已缴纳税款而税务机关未立即解除保全措施,致使纳税人合法利益遭受损失的,税务机关应当就纳税人的实际经济损失承担赔偿责任。（　　）

10. 单位、个人在购销商品、提供或者接受经营服务以及从事其他经营活动中,应当按照规定开具、使用、取得发票。（　　）

二、单项选择题

1. 税收征收管理工作的中心环节是（　　）。

　　A. 税务登记　　　　B. 纳税申报　　　　C. 税款征收　　　　D. 税务检查

2. 从事生产、经营的纳税人应当自领取税务登记证件之日起（　　）内,将其财务、会计制度或者财务、会计处理办法报送税务机关备案。

　　A. 7日　　　　B. 15日　　　　C. 30日　　　　D. 45日

3. （　　）是税收征收管理工作的第一个环节,也是税务机关对纳税人及其生产经营活动进行登记管理的一项制度。

　　A. 账簿、凭证管理　　　　　　B. 税务登记管理

　　C. 发票管理　　　　　　　　　D. 纳税申报管理

4. 对纳税人的偷税、抗税、骗税等税务违法行为,国家税务机关追缴其税款的期限是（　　）。

　　A. 3年　　　　B. 5年　　　　C. 10年　　　　D. 永久

5. 甲企业生产规模较小、账册不健全、财务管理和会计核算水平也较低、产品零星、

税源分散,其适用的税款征收方式是(   )。

    A. 查账征收
    B. 查定征收

    C. 查验征收
    D. 定期定额征收

6. 经县以上税务局(分局)局长批准,税务机关可以对符合税法规定情形的纳税人采取税收保全措施。下列各项中,属于税收保全措施的是(   )。

    A. 责令纳税人暂停营业,限期缴纳应纳税款

    B. 书面通知纳税人开户银行从其存款中扣缴应纳税款

    C. 书面通知纳税人开户银行冻结纳税人的金额相当于应纳税款的存款

    D. 依法拍卖纳税人的价值相当于应纳税款的商品,以拍卖所得抵缴税款

7. 2016年6月,风景画大公司因财务人员调动进行账目清理时发现有两笔收入用错了税率,多缴了税款,一笔系2010年1月的,另一笔系2015年5月的,马上向税务机关提出退税。根据《征管法》规定,(   )退还。

    A. 两笔多缴税款均可

    B. 2015年的多缴税款可以退税,2010年的不可以

    C. 2010年的多缴税款可以退税,2015年的不可以

    D. 两笔多缴税款均不可以

8. 根据《征管法》规定,税务机关不能对(   )实施检查。

    A. 纳税人的生产车间
    B. 纳税人的私人住宅

    C. 纳税人的经营场所
    D. 纳税人的货物存放地

9. 发票是在购销商品、提供或者接受服务以及从事其他经营活动中,开具、收取的(   )。

    A. 收款凭证
    B. 付款凭证
    C. 有关凭证
    D. 收付款凭证

10. 经县以上税务局(分局)局长批准,凭全国统一格式的检查存款账户许可证明,税务机关可以查询(   )在银行或者其他金融机构的存款账户。

    A. 案件的有关嫌疑人员
    B. 从事生产、经营纳税人

    C. 所有纳税人
    D. 被查对象

三、多项选择题

1. 纳税人办理(   )事项时,必须持税务登记证件。

    A. 开立银行账户
    B. 领购发票

    C. 签订营业合同
    D. 申请减税、免税、退税

2. 下列情形中,税务机关有权核定纳税人应纳税额的有(   )。

    A. 有偷税、骗税前科的

    B. 拒不提供纳税资料的

    C. 按规定应设置账簿而未设置的

    D. 虽设置账簿,但账目混乱,难以查账的

3. 税款征收的措施有(   )。

    A. 加收滞纳金
    B. 核定应纳税额

    C. 税收强制执行
    D. 阻止出境

4. 下列各项中,属于税务机关职权的有( )。

  A. 税务检查 B. 税务代理 C. 税务处罚 D. 税款征收

5. 纳税人在履行纳税义务过程中,依法享有( )权利。

  A. 税收优惠   B. 申请退还多缴税款

  C. 索取有关税收凭证   D. 依法进行税务登记

6. 生产、经营规模小又确实无建账能力的纳税人聘请代为建账和办理账务的机构或者人员有实际困难的,经县以上税务机关批准,可以按照税务机关的规定,( )。

  A. 建立收支凭证粘贴簿   B. 建立进货销货登记簿

  C. 使用税控装置   D. 不设账簿

7. 《税收征管法》及其实施细则所称账簿,是指总账、明细账、日记账,以及其他辅助性账簿。( )应当采用订本式。

  A. 总账   B. 明细账

  C. 日记账   D. 其他辅助性账簿

8. 一般而言,税务机关可在( )情况下,要求纳税人提供纳税担保。

  A. 纳税人因有特殊困难,不能按期缴纳税款的

  B. 纳税人有逃避纳税义务的行为,并在限期缴纳税款的期限内有明显转移其应纳税商品的迹象的

  C. 欠缴税款的纳税人或者他的法定代表人需要出境的

  D. 纳税人同税务机关在纳税上发生争议时,需申请行政复议的

9. 纳税人因有特殊困难,不能按期缴纳税款的,经( )批准,可以延期缴纳税款。

  A. 国家税务总局   B. 省级税务局

  C. 计划单列市级税务局   D. 县以上税务局(分局)

10. 对于纳税人的减税、免税,下列表述中正确的有( )。

  A. 纳税人享受减税、免税必须依照法律、行政法规的规定书面申请

  B. 减税、免税的申请必须经法律、行政法规规定的减税、免税审查批准机关审批

  C. 地方各级人民政府做出的减税、免税决定一律无效

  D. 享受减税、免税的纳税人应当自减税、免税期满的次日起恢复纳税

四、简答题

1. 《征管法》对权利与义务如何规定?

2. 税务管理包括几个方面?各有什么主要内容?

3. 简述《征管法》的遵守主体。

4. 税款征收制度包括哪些?

五、综合实训题

1. 实训目的:熟悉开业税务登记表的填制。

2. 实训方式:模拟企业进行开业税务登记表的填制。

3. 实训要求:填写开业税务登记表。

4. 实训准备:开业税务登记表(单位纳税人)。

5. 实训资料:2015年5月1日建清市凤翔卷烟厂经建清市工商行政管理局批准成

立,批准文号为国企总字 01246 号,统一社会信用代码 911306000001600231,计算机代码:130600000000000001。是独立核算的国有企业(增值税一般纳税人),法定代表人为孙鹏,从业人数 206 人,企业地址在××省建清市腾飞路 168 号,电话 22202008,开户银行为工商银行建清分理处,账号 0309200401100707878,经营范围为烟丝生产、加工销售;卷烟生产、调拨、批发。注册资本为人民币 8 000 万元。网站网址:www.hyfxjyc.com。

法定代表人、财务人员、办税人员基本情况

项　目	姓名	身 份 证 件		固定电话	移动电话	电子邮箱
		种　类	号　码			
法定代表人(负责人)	孙鹏	居民身份证	130602195707010830	22334446	13021234567	hysp@126.com
财务负责人	任海	居民身份证	130603196707010830	22335555	13112345678	hyrq@126.com
办税人	李丽	居民身份证	130604197707010830	22336668	13812345678	hybj@163.com

附录 A 习 题

附录 A1 2016 年营改增习题

一、判断题

1. 增值税是价外税。 （　）

2. 一般纳税人应纳税额的计算均采用一般计税方法。 （　）

3. 单位或者个体工商户聘用的员工为本单位或者雇主提供加工、修理修配劳务,需要缴纳增值税。 （　）

4. 年应税销售额超过规定标准的其他个人不属于一般纳税人。 （　）

5. 年应税销售额未超过规定标准的纳税人,会计核算健全,应当向主管税务机关办理一般纳税人资格登记。 （　）

6. 除国家税务总局另有规定外,一经登记为一般纳税人后,不得转为小规模纳税人。（　）

7. 年应税销售额超过新标准的小规模纳税人,应当向主管税务机关办理一般纳税人资格登记。 （　）

8. 电信服务适用增值税率 6%。 （　）

9. 营改增试点政策中,销售服务,是指提供交通运输服务、邮政服务、电信服务、建筑服务、金融服务、现代服务、生活服务七项服务。 （　）

10. 航空运输的湿租业务,属于航空运输服务。 （　）

11. 出租车公司向使用本公司自有出租车的出租车司机收取的管理费用,按照陆路运输服务缴纳增值税。 （　）

12. 基础电信服务,是指利用固网、移动网、卫星、互联网、有线电视网络,提供短信和彩信服务、电子数据和信息的传输及应用服务、互联网接入服务等业务活动。 （　）

13. 固定电话、有线电视、宽带等经营者向用户收取的安装费、初装费、开户费、扩容费以及类似收费,按照电信服务缴纳增值税。 （　）

14. 票据贴现、转贷等业务取得的利息及利息性质的收入,按照金融服务中的贷款服务缴纳增值税。 （　）

15. 以货币资金投资收取的固定利润或者保底利润,按照贷款服务缴纳增值税。 （　）

16. 动漫设计、网游设计、网站设计按照现代服务业中的文化创意服务,缴纳增值税。 （　）

17. 利用电视、电影、互联网等各种形式为客户的商品、经营服务项目等委托事项进行宣传和提供相关服务的业务活动,按照现代服务业中的文化创意服务,缴纳增值税。   （   ）

18. 装卸搬运服务按照交通运输服务,缴纳增值税。   （   ）

19. 车辆停放服务、道路通行服务(包括过路费、过桥费、过闸费等)等按照现代服务中租赁服务中的不动产经营租赁服务缴纳增值税。   （   ）

20. 会计鉴证、税务鉴证、职业技能鉴定等按照现代服务中鉴证咨询服务缴纳增值税。   （   ）

21. 翻译服务和市场调查服务按照现代服务中的鉴证咨询服务缴纳增值税。（   ）

22. 房地产中介、职业中介、婚姻中介、代理记账按照现代服务中的商务辅助服务缴纳增值税。   （   ）

23. 教育医疗服务按照销售服务中的现代服务缴纳增值税。   （   ）

24. 转让自然资源使用权按照销售无形资产缴纳增值税。   （   ）

25. 单位或者个体工商户为聘用的员工提供服务,按销售服务项目缴纳增值税。（   ）

26. 纳税人兼营免税、减税项目的,应当分别核算免税、减税项目的销售额;未分别核算的,由主管税务机关核定。   （   ）

27. 单位或者个体工商户向其他单位或者个人无偿提供服务,不需缴纳增值税。（   ）

28. 一项销售行为如果既涉及服务又涉及货物,为混合销售。   （   ）

29. 简易计税方法的销售额不包括其应纳税额。   （   ）

30. 增值税起征点适用于个体工商户和其他个人。   （   ）

二、单项选择题

1. 纳税人发生应税行为适用免税、减税规定的,可以放弃免税、减税,依照规定缴纳增值税。放弃免税、减税后,(   )内不得再申请免税、减税。
    A. 12 个月   B. 1 年   C. 2 年   D. 36 个月

2. 单位和个人向境外单位提供的研发服务和设计服务适用增值税(   )税率。
    A. 13%   B. 11%   C. 6%   D. 0

3. 不属于增值税划分纳税人标准的是年应税销售额(   )万元。
    A. 50   B. 80   C. 100   D. 500

4. 境外单位或者个人在境内发生应税行为,在境内未设有经营机构的,扣缴义务人按照(   )公式计算应扣缴税额。
    A. 应扣缴税额=购买方支付的价款÷(1+税率)×税率
    B. 应扣缴税额=购买方支付的价款÷(1-税率)×税率
    C. 应扣缴税额=购买方支付的价款×(1+税率)÷税率
    D. 应扣缴税额=购买方支付的价款×税率

5. 以下(   )不属于在发生应税行为、开具增值税专用发票后,应当按国家税务总局的规定开具红字增值税专用发票的情形。
    A. 应税行为中止   B. 应税行为折让   C. 现金折扣   D. 开票有误

6. 增值税纳税人(   ),即使取得了增值税专用发票,其进项税额也不得抵扣。

　　A. 办公室购买办公用品　　　　　　B. 外购生产用原材料

　　C. 外购食用油发给每个职工　　　　D. 运输队的货车发生修理费

7. 以下说法不正确的是(　　)。

　　A. 兼有不同税率的销售货物、加工修理修配劳务、服务、无形资产或者不动产,未分别核算销售额的,从高适用税率

　　B. 兼有不同征收率的销售货物、加工修理修配劳务、服务、无形资产或者不动产,未分别核算销售额的,从高适用征收率

　　C. 兼有不同税率和征收率的销售货物、加工修理修配劳务、服务、无形资产或者不动产,未分别核算销售额的,从高适用税率

　　D. 兼有不同税率和征收率的销售货物、加工修理修配劳务、服务、无形资产或者不动产,分别核算的,适用税率或者征收率

8. 中华人民共和国境外单位或者个人在境内发生应税行为,在境内未设有经营机构的,以(　　)为增值税扣缴义务人。

　　A. 银行　　　　　B. 购买方　　　　　C. 税务局　　　　　D. 境外单位

9. 一般纳税人发生应税行为适用(　　)。

　　A. 简易办法征收　　B. 一般计税方法　　C. 简易计税方法　　D. 适用税率征收

10. 纳税人提供建筑服务、租赁服务,采用预收款方式的,其纳税义务发生时间为(　　)。

　　A. 所有权转移的当天　　　　　　　B. 收到预收款的当天

　　C. 收到全部价款的当天　　　　　　D. 所有权转移并收到全部价款的当天

11. 非正常损失,是指(　　),以及因违反法律、法规造成货物或者不动产被依法没收、销毁、拆除的情形。

　　A. 自然灾害造成的损失

　　B. 运输途中发生的损失

　　C. 天气变化造成的损失

　　D. 因管理不善造成货物被盗、丢失、霉烂变质

12. 一般纳税人因销售货物退回或者折让而退还给购买方的增值税税额,应当从(　　)中扣减。

　　A. 销售货物的当期销项税额

　　B. 销售货物的当期进项税额

　　C. 发生销售货物退回或者折让的当期销项税额

　　D. 发生销售货物退回或者折让的当期进项税额

13. 下列(　　)情形,应当按照销售额和增值税税率计算应纳税额,不得抵扣进项税额,也不得使用增值税专用发票。

　　A. 一般纳税人会计核算不健全,或者不能够提供准确税务资料的

　　B. 应当办理一般纳税人资格登记的

　　C. 应税行为年应税销售额超过规定标准的

　　D. 小规模纳税人会计核算健全的

14. 营改增后,增值电信服务适用(　　)增值税税率

　　A. 17%　　　　　　B. 13%　　　　　　C. 11%　　　　　　D. 6%

15. 营改增后,境内单位和个人发生的跨境应税行为,增值税税率为(　　)。

　　A. 17%　　　　　　B. 11%　　　　　　C. 6%　　　　　　　D. 0%

16. 营改增后,有形动产租赁服务适用(　　)增值税税率。

　　A. 17%　　　　　　B. 13%　　　　　　C. 11%　　　　　　D. 6%

17. 提供加工劳务,是指(　　),受托方按照委托方的要求,制造货物并收取加工费的业务。

　　A. 委托方提供原料及主要材料

　　B. 受托方提供原料及主要材料

　　C. 委托方委托受托方购买原料及主要材料

　　D. 受托方将原料销售给委托方

18. 组织安排会议或展览的服务按照(　　)征收增值税。

　　A. 信息技术服务　　　　　　　　B. 文化创意服务

　　C. 会议展览服务　　　　　　　　D. 鉴证咨询服务

19. 固定电话、有线电视、宽带等经营者向用户收取的安装费、初装费按照(　　)缴纳增值税。

　　A. 建筑服务　　　　　　　　　　B. 邮政服务

　　C. 基础电信服务　　　　　　　　D. 增值电信服务

20. 罚息、票据贴现、转贷等业务取得的利息及利息性质的收入,按照金融服务中的(　　)缴纳增值税。

　　A. 直接收费金融服务　　　　　　B. 贷款服务

　　C. 金融商品转让　　　　　　　　D. 保险服务

21. 基金、信托、理财产品等各类资产管理产品和各种金融衍生品的转让,按照金融服务中的(　　)缴纳增值税。

　　A. 贷款服务　　　　　　　　　　B. 直接收费金融服务

　　C. 保险服务　　　　　　　　　　D. 金融商品转让

22. 专业技术服务按照(　　)缴纳增值税。

　　A. 销售无形资产　　B. 现代服务　　　C. 生活服务　　　　D. 电信服务

23. 提供软件开发服务、软件维护服务、软件测试服务的业务活动按照(　　)缴纳增值税。

　　A. 研发和技术服务　　　　　　　B. 信息技术服务

　　C. 文化创意服务　　　　　　　　D. 销售无形资产

24. 人力资源服务按照(　　)缴纳增值税。

　　A. 鉴证咨询服务　　　　　　　　B. 生活服务

　　C. 商务辅助服务　　　　　　　　D. 其他现代服务

25. 以下(　　)情形属于经营活动,属于销售服务、无形资产或不动产,缴纳增值税。

　　A. 行政单位收取的满足条件的政府性基金或者行政事业性收费

　　B. 单位或者个体工商户聘用的员工为本单位或者雇主提供取得工资的服务

  C. 单位或者个体工商户为聘用的员工提供服务

  D. 境外单位或者个人向境内单位或者个人销售在境内使用的无形资产

26. 纳税人购买的货物( )不属于视同销售货物,不计算增值税。

  A. 用于集体福利或者个人消费   B. 作为投资,提供给其他单位

  C. 分配给股东或者投资者   D. 无偿赠送其他单位或者个人

27. 单位或者个人向其他单位无偿转让不动产,纳税义务发生时间为( )。

  A. 收讫销售款项的当天   B. 开具发票的当天

  C. 不动产权属变更的当天   D. 收到预收款的当天

28. 银行应纳增值税适用( )的纳税期限。

  A. 10 日   B. 15 日   C. 1 个月   D. 1 个季度

29. 营改增试点纳税人为非固定业户的,应当向( )主管税务机关申报缴纳增值税。

  A. 机构所在地   B. 应税行为发生地

  C. 居住地   D. 劳务发生地

30. 属于下列( )情形的,可以开具增值税专用发票。

  A. 一般纳税人向消费者个人销售货物或者应税劳务、销售服务、无形资产或者不动产的

  B. 一般纳税人销售货物或者应税劳务、应税行为适用免税规定的

  C. 小规模纳税人销售货物或者应税劳务的

  D. 一般纳税人向小规模纳税人销售应税项目

三、多项选择题

1. 以下不符合营改增应税服务规定的有( )。

  A. 光租和湿租业务,都属于有形动产租赁服务

  B. 装卸搬运服务属于物流辅助服务

  C. 代理报关服务属于鉴证咨询服务

  D. 代理记账按照"咨询服务"征收增值税

2. 营改增后,增值税纳税人的( )行为,属于混合销售。

  A. 某饭店提供餐饮服务,也提供客房服务

  B. 某商店销售空调,并负责为购买空调的顾客安装

  C. 某歌厅在提供娱乐服务的同时也销售饮料

  D. 装饰公司在提供装饰服务的同时提供装饰材料

3. 营改增试点税收政策中的研发和技术服务,包括( )。

  A. 研发服务   B. 技术转让服务

  C. 技术咨询服务   D. 合同能源管理服务

4. 水路运输的( ),属于水路运输服务。

  A. 程租业务   B. 期租业务   C. 光租业务   D. 湿租业务

5. 营改增试点税收政策中的文化创意服务包括( )。

  A. 设计服务   B. 商标和著作权转让

C. 知识产权服务　　　　　　　　D. 会议展览服务

6. 营改增试点税收政策中,金融服务包括(　　)。

A. 贷款服务　　　　　　　　　　B. 直接收费金融服务

C. 融资租赁服务　　　　　　　　D. 金融商品转让

7. 以下情形适用增值税征收率 3% 的是(　　)。

A. 选择简易计税方法的公交客运公司

B. 一般纳税人销售机器设备

C. 小规模纳税人向税务机关申请代开增值税专用发票

D. 小规模纳税人发生应税行为

8. 有关"营改增"试点纳税人适用的增值税税率,下列表述正确的是(　　)。

A. 提供有形动产租赁服务,增值税税率为 13%

B. 提供交通运输业服务,增值税税率为 11%

C. 提供现代服务业服务,增值税税率为 6%

D. 销售不动产,增值税税率为 5%

9. 下列纳税人中,(　　)可选择按照小规模纳税人纳税。

A. 年应税销售额超过规定标准的其他个人

B. 年应税销售额超过规定标准的企业

C. 年应税销售额超过规定标准但不经常发生应税行为的单位

D. 年应税销售额超过规定标准但不经常发生应税行为的个体工商户

10. 下列服务中,(　　)适用增值税税率 11%。

A. 交通运输服务　　B. 邮政服务　　C. 电信服务　　D. 租赁服务

11. 除国务院另有规定外,适用增值税税率为零的有(　　)。

A. 出口货物　　　　　　　　　　B. 出口转内销货物

C. 境内单位发生的跨境应税行为　D. 境内个人发生的跨境应税行为

12. 下列服务中,(　　)适用增值税税率 6%。

A. 金融服务　　　　B. 现代服务　　C. 生活服务　　D. 电信服务

13. 下列情形中,(　　)属于在境内销售服务、无形资产或者不动产。

A. 服务的销售方或者购买方在境内

B. 所销售或者租赁的不动产在境内

C. 所销售自然资源使用权的自然资源在境内

D. 无形资产(自然资源使用权除外)的销售方或者购买方在境内

14. 下列情形中,(　　)不属于在境内销售服务或者无形资产。

A. 境外单位或者个人向境内单位或者个人销售完全在境外发生的服务

B. 境外单位或者个人向境内单位或者个人销售完全在境外使用的无形资产

C. 境外单位或者个人向境内单位或者个人出租完全在境外使用的有形动产

D. 境外单位或者个人向境内单位或者个人出租完全在境内使用的有形动产

15. 试点纳税人的下列项目,(　　)不征收增值税项目。

A. 无偿提供的铁路运输服务　　　B. 无偿提供的航空运输服务

    C. 存款利息　　　　　　　　　　　D. 被保险人获得的保险赔付

16. 交通运输服务,包括(　　　)。

    A. 陆路运输服务　　　　　　　　　B. 水路运输服务

    C. 航空运输服务　　　　　　　　　D. 装卸搬运服务

17. 邮政服务包括(　　　)。

    A. 邮政普通服务　　　　　　　　　B. 邮政普遍服务

    C. 邮政特殊服务　　　　　　　　　D. 其他邮政服务

18. 电信服务中的增值电信服务,是指利用固网、移动网、卫星、互联网、有线电视网络,提供(　　　)等业务活动。

    A. 短信和彩信服务　　　　　　　　B. 电子数据和信息的传输

    C. 语音通话服务　　　　　　　　　D. 互联网接入服务

19. 金融服务中的金融商品转让,是指(　　　)的业务活动。

    A. 转让外汇　　　　　　　　　　　B. 转让有价证券

    C. 转让期货　　　　　　　　　　　D. 其他金融商品所有权

20. 现代服务中的信息技术服务包括(　　　)。

    A. 技术开发服务　　　　　　　　　B. 软件服务

    C. 信息系统服务　　　　　　　　　D. 业务流程管理服务

21. 现代服务中的物流辅助服务,包括(　　　)。

    A. 货运客运场站服　　　　　　　　B. 航空服务

    C. 港口码头服务　　　　　　　　　D. 收派服务

22. (　　　),属于现代服务中的经营租赁服务。

    A. 水路运输的承租业务　　　　　　B. 水路运输的光租业务

    C. 航空运输的湿租业务　　　　　　D. 航空运输的干租业务

23. (　　　)属于生活服务中的文化体育服务。

    A. 翻译服务　　　B. 市场调查服务　　　C. 文化服务　　　D. 体育服务

24. (　　　)属于现代服务中的商务辅助服务。

    A. 房地产中介　　　B. 职业中介　　　C. 代理记账　　　D. 住宿服务

25. 生活服务中的居民日常服务,包括下列(　　　)、氧吧、沐浴、洗染、摄影扩印等服务。

    A. 美容美发服务　　　　　　　　　B. 按摩、桑拿服务

    C. 足疗服务　　　　　　　　　　　D. 职业介绍服务

26. 增值税纳税人发生的下列(　　　),不属于价外费用,不计算缴纳增值税。

    A. 受托加工应征消费税的消费品所代收代缴的消费税

    B. 销售货物的同时代办保险等而向购买方收取的保险费

    C. 以委托方名义开具发票代委托方收取的款项

    D. 向购买方收取的代购买方缴纳的车辆购置税、车辆牌照费

27. 增值税纳税人发生(　　　),不得开具增值税专用发票。

    A. 金融商品转让

B. 向委托方收取的政府性基金或者行政事业性收费

C. 贷款服务

D. 销售自制货物

28. 增值税扣税凭证,是（　　）。

A. 增值税专用发票　　　　　　B. 增值税普通发票

C. 海关进口增值税专用缴款书　　D. 完税凭证

29. 有（　　）之一者,应当按照销售额和增值税税率计算应纳税额,不得抵扣进项税额,也不得使用增值税专用发票。

A. 一般纳税人会计核算不健全

B. 一般纳税人不能够提供准确税务资料

C. 一般纳税人会计核算健全

D. 应当办理一般纳税人资格登记而未办理的

30. 一般纳税人发生下列（　　）应税行为可以选择适用简易计税方法计税。

A. 公共交通运输服务　　　　　　B. 电影放映服务

C. 装卸搬运服务　　　　　　　　D. 文化体育服务

四、综合分析题

甲计算机生产企业与乙商贸企业均为一般纳税人,取得的合法扣税凭证已全部通过认证。3月有关经营业务如下。

(1) 甲企业从乙企业购进生产用原材料和零部件,取得乙企业开具的增值税专用发票,注明货款180万元,增值税30.6万元,货物已经验收入库,货款和税款未付。

(2) 乙企业从甲企业购进计算机600台,每台不含税单价0.45万元,取得甲企业开具的增值税专用发票,注明货款270万元,增值税45.9万元,乙企业以上述销货款抵顶甲企业的货款和税款后,实际支付货款90万元,增值税15.3万元。

(3) 甲企业当月赠送给某希望小学自制计算机10台;新开发一种新型号笔记本电脑,试生产2台,供办公室使用,每台生产成本0.7万元;移送统一核算的外省分支机构计算机500台用于销售;支付运费,取得增值税专用发票注明价款1万元,税款0.11万元;购进计算机检测设备,取得增值税专用发票注明价款10万元,税款1.7万元。

(4) 乙企业当月从农民手中购进免税农产品,收购凭证上注明货款30万元,支付农产品发生的运输费,取得增值税专用发票注明价款3万元,入库后,将收购的农产品40%作为职工福利消费,60%零售给消费者并取得含税收入35.03万元;销售家电等物品取得含税收入351万元;购入副食品一批,货款已付,取得的增值税专用发票注明价款64万元,增值税10.88万元。销售笔记本电脑10台,每台零售价1.17万元,货款已收到;销售洗衣机200台,每台零售价0.234万元;采取预收款方式销售电视20台,每台0.234万元,合同约定下月交货。上月购买的2台笔记本电脑因保管不善被盗,不含税进价成本0.5万元。

要求：(1) 计算甲企业当月应纳增值税。

(2) 计算乙企业当月应纳增值税。

附录 A2　企业所得税习题

一、判断题

1. 依照企业所得税法规定,非营利组织取得收入不需要缴纳企业所得税。　（　　）

2. 企业的实际管理机构,是指对企业的生产经营、人员、账务、财产等实施管理和控制的机构。　（　　）

3. 依照企业所得税法规定,依照外国（地区）法律成立但实际管理机构在中国境内的企业为非居民企业。　（　　）

4. 企业所得税应纳税所得额的计算,应以权责发生制为原则。　（　　）

5. 在计算应纳税所得额时,企业财务会计处理办法与税收法律、法规规定不一致的,应当依照税收法律、法规规定计算。　（　　）

6. 根据企业所得税法规定,收入总额指以货币形式从各种来源取得的收入。（　　）

7. 根据企业所得税法规定,公允价值是按照公允价值会计准则计算的数据。（　　）

8. 根据企业所得税法规定,企业在各个纳税期末,提供劳务交易的结果能够可靠估计的,应采用完工进度法确认提供劳务收入。　（　　）

9. 根据《企业所得税法》规定,企业发生的支出应当区分收益性支出和资本性支出。
　（　　）

10. 企业发生的合理的工资薪金支出,准予在计算应纳税所得额时扣除。　（　　）

11. 企业购买国债的利息收入,不计入应纳税所得额。　（　　）

12. 企业以融资租赁方式租入固定资产而发生的租赁费可直接从收入总额中扣除。
　（　　）

13. 纳税人取得的保险公司赔款既不纳入收入总额征税,也不得在税前扣除。
　（　　）

14. 某企业作为担保人为被担保人承担了其还不清的贷款本息,并在企业缴纳所得税前进行了扣除。　（　　）

15. 企业已在境外缴纳的所得税税款,是指纳税人来源于中国境外的所得在境外实际缴纳的所得税。　（　　）

16. 企业所得税应当分国不分项计算其扣除限额。　（　　）

17. 企业收入总额中的利息收入,是指企业购买各种债券等有价证券取得的利息,不包括外单位欠款付给的利息。　（　　）

18. 企业在生产经营期间的借款利息支出,可按实际发生数从收入总额中扣除。（　　）

19. 企业发生亏损,可在今后 5 年内弥补亏损,是指以 5 个盈利年度的利润弥补亏损。　（　　）

20. 对企业接受的捐赠收入可转入企业公积金,不予计征所得税。　（　　）

21. 企业发生的亏损,可在今后 5 个连续纳税年度内用税前所得进行弥补。（　　）

22. 纳税人预缴的企业所得税税额,应以人民币为计算单位。所得为外国货币的,分

月预缴时应按照当月 1 日的国家外汇牌价折合为人民币。　　　　　　　　　(　　)

23. 企业向非金融机构借款的利息支出可按实际发生数扣除。　　　　　　　(　　)

24. 企业发生的公益救济性捐赠支出在年度会计利润总额 12％以内的部分,准予在计算应纳税所得额时扣除。　　　　　　　　　　　　　　　　　　　　(　　)

25. 企业所得税法规定,企业安置残疾人员所支付的工资,在据实扣除的基础上,按照支付给残疾职工工资的 100％加计扣除。　　　　　　　　　　　　　(　　)

26. 企业所得税分月或分季预缴,年终汇算清缴。企业应当自月份或季度终了后15 日内,向税务机关报送预缴企业所得税纳税申报表,预缴税款;年度终了后 5 个月内,向税务机关报送年度企业所得税纳税申报表,并汇算清缴,结清应缴应退税款。
　　　　　　　　　　　　　　　　　　　　　　　　　　　　　　　(　　)

27. 对于由于技术进步,产品更新换代较快的固定资产,以及常年处于强震动、高腐蚀状态的固定资产,可以采取缩短折旧年限或者采取加速折旧方法。　　(　　)

28. 年度应纳税所得额不超过 30 万元,从业人数不超过 100 人,资产总额不超过3000 万元的工业企业,属于企业所得税的小型微利企业。　　　　　　　(　　)

29. 纳税人的财务、会计处理与税法规定不一致的,应按税收规定予以调整。(　　)

30. 企业来源于中国境外的所得,已在境外缴纳的所得税税款,准予在汇总纳税时,从其应纳税额中扣除,但扣除额不得超过其境外所得依中国税法规定计算的应纳税额。(　　)

二、单项选择题

1. 根据企业所得税法的规定,下列各项中,不属于企业所得税纳税人的是(　　　)。
    A. 在外国成立但实际管理机构在中国境内的企业
    B. 在中国境内成立的外商独资企业
    C. 在中国境内成立的个人独资企业
    D. 在中国境内未设立机构、场所,但有来源于中国境内所得的企业

2. 在中国境内未设立机构、场所的外国企业,取得的下列(　　　)所得,应按照我国税法缴纳企业所得税。
    A. 将财产出租给中国境内使用者取得的租金
    B. 转让在境外的房产取得的收益
    C. 从中国银行境外分行取得的利息
    D. 从中国企业境外分公司取得的投资收益

3. 依据企业所得税法的规定,下列(　　　)按照负担所得的所在地确定所得来源地。
    A. 销售货物所得　　　　　　　　B. 权益性投资所得
    C. 动产转让所得　　　　　　　　D. 特许权使用费所得

4. 以下企业所得税税率适用于居民企业的是(　　　)。
    A. 5％　　　　　　B. 10％　　　　　　C. 15％　　　　　　D. 25％

5. 以下计算公式中正确的是(　　　)。
    A. 应纳税所得额＝收入总额－免税收入－各项扣除－以前年度亏损
    B. 应纳税所得额＝收入总额－不征税收入－各项扣除－以前年度亏损

C. 应纳税所得额＝收入总额－以前年度亏损－不征税收入－免税收入

D. 应纳税所得额＝收入总额－不征税收入－免税收入－各项扣除
－以前年度亏损

6. 以下不属于"不征税收入"的是（　　）。

    A. 财政拨款　　　　B. 行政事业性收费　　C. 政府性基金　　　　D. 国债收入

7. 应当按扣除前的金额确定销售商品收入金额，可以在实际发生时作为财务费用扣除的是（　　）。

    A. 商业折扣　　　　B. 销售折让　　　　C. 销售退回　　　　D. 现金折扣

8. 以下不能按折扣后的金额确认收入的是（　　）。

    A. 现金折扣　　　　B. 销售折让　　　　C. 商业折扣　　　　D. 销售退回

9. 根据企业所得税相关规定，下列确认销售货物收入实现的条件，错误的是（　　）。

    A. 收入的金额能够可靠地计量

    B. 相关的经济利益很可能流入企业

    C. 已发生或将发生的销售方的成本能够可靠地核算

    D. 销售合同已签订并将商品所有权相关的主要风险和报酬转移给购货方

10. 根据企业所得税的规定，以下收入属于不征税收入的是（　　）。

    A. 财政拨款

    B. 在中国境内设立机构、场所的非居民企业连续持有居民企业公开发行并上市流通的股票不足 12 个月取得投资收益

    C. 非营利组织从事营利性活动取得的收入

    D. 国债利息收入

11. 下列固定资产不得计算折旧扣除的是（　　）。

    A. 正在使用的房屋、建筑物

    B. 以经营租赁方式租出的固定资产

    C. 以融资租赁方式租出的固定资产

    D. 投入生产使用的机器设备

12. 下列项目中，不符合所得来源确定规定的是（　　）。

    A. 纳税人不动产和动产转让所得按照不动产所在地确定

    B. 纳税人权益性投资资产转让所得按照被投资企业所在地确定

    C. 纳税人销售货物所得按照交易活动发生地确定

    D. 租金所得按照负担、支付所得的企业或机构、场所所在地确定，或者按照负担、支付所得的个人的住所地确定

13. 下列项目中，不符合公益性捐赠税前扣除规定的是（　　）。

    A. 公益性捐赠是企业通过公益性社团或者县级（含）以上人民政府及其部门进行的捐赠

    B. 企业发生的公益性捐赠支出，允许扣除的部分不得超过年度利润总额 12%

C. 纳税人对受赠单位的直接捐赠

D. 公益性捐赠是企业用于我国《公益事业捐赠法》规定的公益事业的捐赠

14. 根据企业所得税法的规定,以下适用15％税率的是( )。

A. 高新技术的生产企业

B. 在中国境内设有机构、场所且所得与机构、场所有关联的非居民企业

C. 在中国境内未设立场所,但有来源于中国境内所得的非居民企业

D. 在中国境内虽设立场所,但取得所得与境内机构、场所没有实际联系的非居民企业

15. 根据《企业所得税法》的规定,投资资产成本不得扣除的是( )。

A. 企业对外投资期间的 B. 企业转让投资资产

C. 企业处置投资资产 D. 企业维护投资资产

16. 企业下列处置资产行为,应当缴纳企业所得税的是( )。

A. 将半成品用于连续生产成品

B. 将资产在总机构及其分支机构之间转移

C. 将资产赠送他人

D. 改变资产形状、结构或性能

17. 计算应缴纳企业所得税额时,以下项目中,准予从应纳税所得额中扣除的是( )。

A. 行政罚款 B. 被罚没的财物

C. 赞助支出 D. 流动资产盘亏损失

18. 下列税金中,在计算应缴纳企业所得税额时,不能从应纳税所得额中扣除的是( )

A. 增值税 B. 消费税 C. 资源税 D. 土地增值税

19. 下列收入中,不计入企业所得税应纳税所得额的是( )。

A. 企业债券利息收入 B. 购买国债的利息收入

C. 银行存款利息收入 D. 外单位欠款付给的利息收入

20. 下列各项中,在计算企业所得税应纳税所得额时准予扣除的是( )。

A. 企业之间支付的管理费

B. 银行内营业机构之间支付的利息

C. 企业内营业机构之间支付的租金

D. 企业内营业机构之间支付的特许权使用费

21. 某企业2015年度发生亏损,根据《企业所得税法》规定,该亏损可以用以后的纳税年度的所得逐年弥补,但税前补亏的期限最长不得超过( )。

A. 2017年 B. 2018年 C. 2019年 D. 2020年

22. 根据企业所得税法的规定,下列关于无形资产的税务处理不正确的是( )。

A. 外购的无形资产,以购买价款和支付的相关税费以及直接归属于使该资产达到预定用途发生的其他支出为计税基础

B. 通过债务重组方式取得的无形资产,以该资产的公允价值和支付的相关税费为计税基础

C. 自创商誉的摊销年限不得低于 10 年

D. 自行开发的无形资产,以开发过程中该资产符合资本化条件后至达到预定用途前发生的支出为计税基础

23. 创业投资企业投资于未上市的中小高新技术企业 2 年以上的,可按其投资额的( )抵扣该创业投资企业的企业所得税应纳税所得额。

A. 50%　　　　B. 60%　　　　C. 70%　　　　D. 80%

24. 纳税人实行源泉扣缴方法的,其每次代扣代缴的期限是( )。

A. 代扣之日起 5 日内　　　　B. 代扣之日起 7 日内

C. 代扣之日起 10 日内　　　　D. 代扣之日起 15 日内

25. 按税法规定,企业所得税的征税办法是( )。

A. 按月征收　　　　B. 按季征收,分月预缴

C. 按季征收　　　　D. 按年计征,分月或分季预缴

26. 某企业 2015 年会计利润为 700 万元,其中符合条件的技术转让所得 600 万元。假设没有其他纳税调整事项,该企业 2015 年应缴纳企业所得税( )万元。

A. 25　　　　B. 50　　　　C. 37.5　　　　D. 175

27. 某居民企业,2015 年计入成本、费用的实发工资总额为 300 万元(其中临时工工资 20 万元),拨缴职工工会经费 5 万元,支出职工福利费 45 万元、职工教育经费 15 万元,该企业 2015 年计算应纳税所得额时准予在税前扣除的工资和三项经费合计为( )万元。

A. 310　　　　B. 354.5　　　　C. 394.84　　　　D. 349.84

28. 2015 年某居民企业实现产品销售收入 1 200 万元,视同销售收入 400 万元,债务重组收益 100 万元,发生的成本费用总额 1 600 万元,其中业务招待费支出 20 万元。假定不存在其他纳税调整事项,当年度该企业应缴纳企业所得税为( )万元。

A. 16.2　　　　B. 16.8　　　　C. 27　　　　D. 28

29. 某企业取得产品销售收入 100 万元,产品销售成本 60 万元,发生管理费用 5 万元,销售费用 10 万元,财务费用 2 万元,销售产品的税金及附加 5 万元(不含增值税),该企业当年应缴纳的企业所得税为( )万元。

A. 4.5　　　　B. 2.5　　　　C. 8.5　　　　D. 5.5

30. 某企业 2015 年度境内所得应纳税所得额为 200 万元,全年已预缴税款 50 万元,来源于境外某国税前所得 100 万元,境外实纳税款 20 万元,该企业当年汇算清缴应补(退)的税款为( )万元。

A. 10　　　　B. 12　　　　C. 5　　　　D. 79

三、多项选择题

1. 企业所得税的纳税人包括( )

A. 国有企业　　B. 私营企业　　C. 合伙企业　　D. 外商投资企业

2. 下列说法中符合非居民企业纳税规定的有( )。

A. 非居民企业在中国境内未设立机构、场所的,所取得的所得适用税率为 25%

B. 非居民企业在中国境内未设立机构、场所的,应当就其来源于中国境内的所得缴纳企业所得税

    C. 非居民企业在中国境内设立机构、场所但取得的所得与其所设机构、场所没有实际联系的,应当就其来源于中国境内的所得缴纳企业所得税

    D. 非居民企业在中国境内设立机构、场所但取得的所得与其所设机构、场所有实际联系的,应当就其来源于中国境内的所得缴纳企业所得税

3. 以下关于企业所得税收入确认时间的表述正确的有(　　　)。

    A. 股息、红利等权益性投资收益,以投资方收到分配金额作为收入的实现

    B. 利息收入,按照合同约定的债务人应付利息的日期确认收入的实现

    C. 租金收入,在实际收到租金收入时确认收入的实现

    D. 接受捐赠收入,在实际收到捐赠资产时确认收入的实现

4. 以下适用 25% 税率的企业是(　　　)。

    A. 在中国境内的居民企业

    B. 在中国境内设有机构场所,且所得与机构场所有关联的非居民企业

    C. 在中国境内设有机构场所,但所得与机构场所没有实际联系的非居民企业

    D. 在中国境内未设立机构场所的非居民企业

5. 确定企业所得税税前扣除项目时应遵循的原则有(　　　)。

    A. 确定性原则　　　　　　　　　　B. 配比原则

    C. 权责发生制原则　　　　　　　　D. 收付实现制原则

6. 在直接计算法下,居民企业的企业所得税应纳税所得额为收入减去(　　　)。

    A. 不征税收入　　　　　　　　　　B. 免税收入

    C. 各项扣除金额　　　　　　　　　D. 允许弥补的亏损

7. 下列各项中应当征收企业所得税的收入有(　　　)。

    A. 国库券的转让收入

    B. 因债权人原因确实无法支付的应付款项

    C. 纳税人接收捐赠的实物资产

    D. 企业在建工程发生的试运行收入

8. 计算企业所得税时,下列应计入企业的收入总额的有(　　　)。

    A. 销售货物收入　　　　　　　　　B. 提供劳务收入

    C. 转让财产收入　　　　　　　　　D. 利息收入

9. 下列各项应当计入企业所得税收入总额的有(　　　)。

    A. 非货币形式的收入　　　　　　　B. 股息、红利等权益性投资收益

    C. 接受捐赠收入　　　　　　　　　D. 利息收入

10. 下列各项中,属于企业所得税法中"其他收入"的有(　　　)。

    A. 债务重组收入　　　　　　　　　B. 视同销售收入

    C. 资产溢余收入　　　　　　　　　D. 补贴收入

11. 企业受托加工制造大型机械设备、船舶、飞机,以及从事建筑、安装、装配工程业务或者提供其他劳务等,持续时间超过 12 个月的,按照(　　　)确认收入的实现。

    A. 合同约定的日期　　　　　　　　B. 纳税年度内完工进度

    C. 完成的工作量　　　　　　　　　D. 设备交付使用的日期

12. 计算应纳税所得额时,与纳税人取得收入有关的(　　)可以从收入总额中扣除。

    A. 成本　　　　　　B. 损失　　　　　　C. 费用　　　　　　D. 有关税金

13. 计算企业所得税时,计入管理费用扣除的税金有(　　)。

    A. 房产税　　　　　B. 印花税　　　　　C. 车船税　　　　　D. 土地使用税

14. 计算企业所得税时,下列税金不可以扣除的有(　　)

    A. 消费税　　　　　　　　　　　　　B. 印花税

    C. 企业所得税　　　　　　　　　　　D. 允许抵扣的增值税

15. 可在企业所得税前扣除的税金包括(　　)。

    A. 增值税　　　　　B. 土地增值税　　　C. 出口关税　　　　D. 资源税

16. 在计算应纳税所得额时,根据职工工资总额计提的三项经费允许扣除标准为(　　)。

    A. 纳税人的职工工会经费按计税工资的 2% 计算扣除

    B. 业务招待费支出按发生额的 60% 扣除

    C. 职工福利费按计税工资的 14% 计算扣除

    D. 职工教育经费按计税工资的 2.5% 计算扣除

17. 企业在生产经营活动中发生下列利息支出准予扣除(　　)。

    A. 非金融企业向金融企业借款的利息支出

    B. 金融企业的各项存款利息支出和同业拆借利息支出

    C. 企业经批准发行债券的利息支出

    D. 非金融企业向非金融企业借款的利息支出

18. 下列可以在企业所得税前扣除的有(　　)。

    A. 企业按规定为职工缴纳的"五险一金"

    B. 企业按规定为职工缴纳的补充养老保险费、补充医疗保险费

    C. 企业参加财产保险,按照规定缴纳的保险费

    D. 企业为投资者或职工支付的商业保险费

19. 下列扣除标准符合《中华人民共和国企业所得税法》规定的有(　　)。

    A. 发生的符合条件的广告费和业务宣传费支出,不超过当年销售(营业)收入 15% 的部分,准予扣除

    B. 发生的与其生产、经营业务有关的业务招待费支出,按照发生额的 60% 扣除,但最高不得超过当年销售(营业)收入的 5‰

    C. 发生的符合条件的广告费和业务宣传费支出可以据实扣除

    D. 金融企业的各项存款利息支出和同业拆借利息支出可以据实扣除

20. 以下可以在企业所得税前列支的保险费用为(　　)。

    A. 政府规定标准的基本养老保险基金支出

    B. 政府规定标准的补充养老保险基金支出

    C. 职工家庭保险费用支出

    D. 企业货物保险支出

21. 下列项目在会计利润的基础上应调减应纳税所得额的项目有(　　)。

    A. 多提职工福利费

B. 多列无形资产摊销

C. 国库券利息收入

D. 居民企业直接投资于其他居民企业取得的投资收益

22. 下列项目中在会计利润的基础上应调增应纳税所得额的项目有（　　）。

    A. 职工教育经费　　　　　　　　　B. 业务招待费超标准

    C. 公益、救济性支出超标准　　　　D. 税收的滞纳金

23. 企业的下列支出准予从收入总额中扣除的有（　　）。

    A. 对外投资的支出

    B. 缴纳的增值税

    C. 转让固定资产发生的费用

    D. 以经营租赁租入的固定资产而发生的租赁费

24. 下列项目能够在企业所得税前扣除的有（　　）。

    A. 资源税　　　　B. 增值税　　　　C. 土地增值税　　　　D. 印花税

25. 在计算应税所得额时,下列项目中不能从收入总额中扣除的有（　　）。

    A. 意外事故损失

    B. 无形资产开发支出未形成资产的部分

    C. 税收的滞纳金

    D. 各种非广告性质的赞助支出

26. 下列项目支出,计算应纳税所得额时不准予扣除的有（　　）。

    A. 资本性支出

    B. 各项税收滞纳金、罚金、罚款

    C. 各种赞助支出

    D. 罚息

27. 下列项目中,计征企业所得税时不允许扣除的项目有（　　）。

    A. 以经营租赁方式租入的固定资产发生的租赁费

    B. 纳税人按规定缴纳的残疾人就业保障金

    C. 保险公司给予纳税人的无赔款优待

    D. 为解决职工子女入学,直接捐赠给某小学的计算机

28. 下列境外所得已纳税额的扣除方法不正确的有（　　）。

    A. 分国不分项计算扣除限额　　　　B. 境外所得已纳税额准予全部扣除

    C. 分国分项计算扣除限额　　　　　D. 扣除不足准予结转

29. 企业的固定资产由于技术进步等原因,确需加速折旧的,可以采用的方法有（　　）。

    A. 缩短折旧年限　　　　　　　　　B. 双倍余额递减法

    C. 年数总和法　　　　　　　　　　D. 不提取折旧,直接扣除

30. 根据《企业所得税法》的规定,下列关于所得税的纳税申报正确的有（　　）。

    A. 企业所得税按纳税年度计算,分月或者分季预缴

    B. 企业应当自月份终了之日起 10 日内,向税务机关预缴税款

C. 企业在报送企业所得税纳税申报表时,应当按照规定附送财务会计报告和其他有关资料

D. 企业应当自年度终了之日起 5 个月内,向税务机关报送年度企业所得税纳税申报表,并汇算清缴,结清应缴应退税款

四、案例题

佳美公司 2015 年度全年主营业务收入 7 500 万元,其他业务收入 2 300 万元,营业外收入 1 200 万元,主营业务成本 6 000 万元,其他业务成本 1 300 万元,营业外支出 800 万元,营业税金及附加 420 万元,销售费用 1 800 万元,管理费用 1 200 万元,财务费用 180 万元,投资收益 1 700 万元。

当年发生的部分具体业务如下。

(1) 实际发放职工工资 1 400 万元,发生职工福利费支出 200 万元,拨缴工会经费 30 万元并取得专用收据,发生职工教育经费支出 25 万元,以前年度累计结转至本年的职工教育经费扣除额为 5 万元。

(2) 发生广告支出 1 542 万元,发生业务招待费支出 90 万元,其中有 20 万元未取得合法票据。

(3) 从事《国家重点支持的高新技术领域》规定项目的研究开发活动,对研发费用实行专账管理,发生研发费用支出 200 万元(含委托某研究所研发支付的委托研发费用 80 万元)。

(4) 就 2014 年税后利润向全体股东分配股息 1 000 万元,另向境外股东支付特许权使用费 50 万元(含增值税)。

注: 除非特别说明,各扣除项目均已取得有效凭证,相关优惠已办理必要手续。

要求: 根据上述资料,计算该公司应纳企业所得税税额。

附录 A3 综合习题

一、单项选择题

1. 甲企业提供 180 万元(不含税价)的原料,委托乙企业加工化妆品,提货时交付加工费 3.51 万元(含税价)。乙企业同类化妆品不含增值税的售价 275 万元。化妆品消费税税率 30%,甲应纳消费税是(   )。

    A. 免征   B. 78.43 万元   C. 42.23 万元   D. 82.5 万元

2. 纳税人提供租赁服务,采取预收款方式结算的,其增值税纳税义务发生时间为(   )。

    A. 收到预收款的当天   B. 签订销售合同的当天

    C. 交付不动产的当天   D. 不动产所有权转移的当天

3. 下列各项收入中,不按 6% 计征增值税的是(   )。

    A. 饮食业服务收入   B. 旅游业取得的旅游收入

    C. 建筑公司取得的收入   D. 咨询公司取得的收入

4. 设在县城的某小规模纳税人本月应纳增值税 4 万元,无故拖欠 4 天缴纳,应对其征收的城建税是( )万元。

    A. 0.2   B. 0.24   C. 0.28   D. 0.04

5. 某联合矿山 10 月开采铁精矿 50 000 吨,全部对外销售。含增值税售价 351 元/吨,则本月应纳增值税为( )万元。

    A. 1 500   B. 255   C. 1 755   D. 298.35

6. 某企业拥有房产原值 6 200 万元,6 月份将 200 万元的房屋出租,出租 2 年,每年收取租金 12.3 万元,本企业本年应纳房产税(当地规定扣除率为 30%)( )万元。

    A. 51.24   B. 51.98   C. 52.08   D. 52.82

7. 某企业原占地面积 2 520 平方米,当地规定每平方米土地使用税 4 元,9 月在郊区购置一仓库占地面积 180 平方米,土地使用税为每平方米 2 元。本企业应纳土地使用税为( )元。

    A. 5 400   B. 10 170   C. 10 200   D. 10 800

8. 按照税法规定,纳税人享受减税、免税条件发生变化时,应自发生变化之日起,在( )内向税务机关报告。

    A. 10 日   B. 15 日   C. 30 日   D. 60 日

9. 因纳税义务人计算失误而造成的少征或漏征,税务机关在( )内可以追征。

    A. 10 年   B. 3 年   C. 1 年   D. 2 年

10. 对生产经营规模较小、账册不健全、会计核算水平较低、产品零星、税源分散的纳税人,应采用的税款征收方式是( )。

    A. 查定征收   B. 查验征收   C. 查账征收   D. 定期定额征收

11. 某演员一次获得表演收入 10 万元,其应纳个人所得税为( )万元。

    A. 3   B. 2   C. 2.5   D. 1.6

12. 甲企业发生的下列行为中,属于按规定允许开具增值税专用发票的范围是( )。

    A. 销售免税的货物   B. 向商场销售货物

    C. 向消费者销售货物   D. 销售报关出口的货物

13. 下列机关中,不属于税收征管机关的是( )。

    A. 海关   B. 国家税务局

    C. 地方房地产管理局   D. 地方税务局

14. 某企业 2015 年销售收入为 2 000 万元,实际发生业务招待费 30 万元。则其当年允许扣除的业务招待费金额为( )万元。

    A. 10   B. 18   C. 30   D. 9

15. 下列资源产品中,( )不属于资源税的征收范围。

    A. 天然原油   B. 原煤   C. 蜂窝煤   D. 铁矿石

16. 土地增值税实行( )。

    A. 超率累进税率   B. 超额累进税率

    C. 全率累进税率   D. 全额累进税率

17. 下列措施中,不属于税收保全的是(   )。

    A. 扣押   B. 查封

    C. 罚款   D. 暂停支付银行存款

18. 下列应税消费品在零售环节征收消费税的是(   )。

    A. 烟丝   B. 化妆品   C. 乘用车   D. 金银首饰

19. 下列税种属于国家税务局征管的是(   )。

    A. 房产税   B. 契税   C. 消费税   D. 个人所得税

20. 采取预收货款方式销售货物的,增值税纳税义务发生时间一般为(   )。

    A. 收到预付款当天   B. 最后收讫货款的当天

    C. 货物发出的当天   D. 购货方收到货物的当天

21. 某企业为增值税一般纳税人,适用 17% 税率,某月逾期未收回包装物押金 994.50 元,则此押金应计的销项税为(   )元。

    A. 154.50   B. 850   C. 351   D. 144.5

22. 某油田独立开采天然气 1 000 千立方米,销售 800 千立方米,销售天然气取得价款(不含增值税)280 万元。与石油伴采的天然气 800 千立方米,,销售一半,使用一半。其资源税计税依据为(   )。

    A. 800 千立方米   B. 420 万元

    C. 1 200 千立方米   D. 800 万元

23. 中国的增值税主要属于(   )。

    A. 生产型   B. 收入型   C. 消费型   D. 综合型

24. 城建税税率形式是(   )。

    A. 比例税率   B. 超额累进税率

    C. 定额税率   D. 全额累进税率

25. 车辆购置税税率为(   )。

    A. 5%   B. 7%   C. 10%   D. 15%

26. 购销合同中,印花税纳税人为(   )。

    A. 合同买方   B. 合同卖方

    C. 合同买方或卖方   D. 合同买方和卖方

27. 下列资源不应纳资源税的有(   )。

    A. 原油   B. 水   C. 宝石原矿   D. 铁原矿

28. 个人所得税中,稿酬所得实际税负为(   )。

    A. 10%   B. 14%   C. 20%   D. 30%

29. 卷烟实行(   )。

    A. 从量计征消费税   B. 从价计征消费税

    C. 复合计征消费税   D. 不征消费税

30. 按征收关税的目的划分为财政关税和(   )。

    A. 保护关税   B. 加重关税   C. 进口关税   D. 出口关税

二、多项选择题

1. 下列取得增值税发票的情况中,可抵扣的进项税额有( )。

    A. 大型服装厂购进货物   B. 小规模纳税人购进货物

    C. 大型零售商购进货物   D. 原营业税纳税人购进货物

2. 不包括在应纳增值税销售额内的款项是( )。

    A. 承运部门将发票开具给购货方,并由纳税人将该项发票转交给购货方的代垫运费

    B. 代收代缴的消费税

    C. 向购买方收取的违约金、补贴

    D. 向购买方收取的增值税税款

3. 以下关于增值税的计税依据销售额的规定正确的有( )。

    A. 贷款服务,销售额为提供贷款取得的全部利息及利息性质的收入

    B. 运输服务,提供运输服务收到的全部价款为销售额

    C. 旅游公司,以实收款项扣除代收的门票、交通费、餐费等后的余额为销售额

    D. 饭店,提供饮食服务收到的全部价款和价外费用为销售额

4. 以下为我国居民纳税人的有( )。

    A. 在境内有住所的外国人   B. 无住所而在境内居住 2 年的外国人

    C. 中国内地公民   D. 无住所又不居住的外国人

5. 税务机关核定纳税人应纳税额是税款征收的一种特殊措施,它适用的情形有( )。

    A. 依法可以不设置账簿的   B. 依法代扣代缴的

    C. 依法邮寄申报纳税的   D. 依法应设置而未设置账簿的

6. 印花税纳税人为( )。

    A. 订立合同的人   B. 设立营业账簿的人

    C. 从事股票买卖的出让方   D. 领取营业执照的人

7. 资源税计税依据为( )。

    A. 生产数量   B. 销售数量   C. 使用数量   D. 销售额

8. 契税的征税对象包括( )。

    A. 国有土地使用权出让   B. 房屋交换

    C. 土地使用权的转让   D. 房屋赠与

9. 个人所得税采用超额累进税率形式的项目为( )。

    A. 工资所得   B. 稿酬所得

    C. 个体工商户生产经营所得   D. 偶然所得

10. 税收的基本职能是( )。

    A. 财政职能   B. 调节职能   C. 经济职能   D. 社会职能

11. 下列项目均为纳税人的权利的有( )。

    A. 申请退还多缴税款   B. 申请延期纳税权

C. 申请减免税权　　　　　　　　　　D. 申请复议和提起诉讼权

12. 我国税法制度中采用的累进税率形式有(　　　)。

A. 全额累进税率　　　　　　　　　　B. 超率累进税率

C. 超额累进税率　　　　　　　　　　D. 全率累进税率

13. 下列项目中不得抵扣进项税额的有(　　　)。

A. 某工厂为一线职工购买的劳保用品

B. 生产用电、水、原材料

C. 某工厂为扩建浴室购进的建筑材料

D. 非正常损失的货物

14. 下列纳税人的经营活动适用征收率征增值税的有(　　　)。

A. 小规模企业销售自制货物　　　　B. 一般纳税人销售货物

C. 典当业销售死当物品　　　　　　D. 小规模企业零售商品

15. 在下列应征消费税的产品中采用定额税率的有(　　　)。

A. 汽车　　　　　B. 柴油　　　　　C. 汽油　　　　　D. 啤酒

16. 属于企业所得税征收范围的收入有(　　　)。

A. 销售收入　　　B. 债务重组收入　C. 提供劳务收入　D. 租金收入

17. 适用营改增政策,改缴增值税的有(　　　)。

A. 邮电局　　　　B. 建材商店　　　C. 旅游公司　　　D. 化工厂

18. 税法规定的企业所得税的税收优惠方式包括免税、减税、(　　　)等。

A. 加计扣除　　　B. 加速折旧　　　C. 税额抵免　　　D. 费用返还

19. 下列属于中央税的是(　　　)。

A. 增值税　　　　B. 消费税　　　　C. 资源税　　　　D. 关税

20. 自产自用应税消费品组成计税价格的各部分为(　　　)。

A. 增值税税额　　B. 消费税额　　　C. 成本　　　　　D. 利润

21. 将购买的货物用于下列事项,应计算销项税额的有(　　　)。

A. 分配投资者　　B. 集体福利　　　C. 对外投资　　　D. 赠送客户

22. 在征税范围内,占用土地免征城镇土地使用税的有(　　　)。

A. 公园自用的土地　　　　　　　　　B. 企业内绿化占用的土地

C. 国家机关自用的土地　　　　　　　D. 外商投资企业占用的生产用地

23. 增值税纳税环节包括(　　　)。

A. 批发环节　　　B. 进口环节　　　C. 零售环节　　　D. 生产环节

24. 下列属于兼营行为的有(　　　)。

A. 运输企业从事运输业务并开展汽车修理修配业务

B. 建材商店批发零售建材并从事装修业务

C. 照相馆提供照相、洗印服务并销售照明器材等

D. 某电视机厂销售电视机并负责运输到买方

25. 下列各项中可以免纳个人所得税的有(　　　)。

A. 保险赔款　　　B. 军人的复员费　　C. 烈属的所得　　　D. 国债利息

26. 计算应纳税所得额时,允许从个人总收入中扣除 800 元的有(　　)。

A. 房租收入 1 500 元　　　　　　B. 有奖销售中一次获奖 1 200 元

C. 稿酬收入 3 500 元　　　　　　D. 一次取得咨询收入 2 400 元

27. 房地产企业缴纳土地增值税时允许扣除项目包括(　　)。

A. 取得土地使用权所支付的金额　　B. 房地产开发成本

C. 房地产开发费用　　　　　　　　D. 与转让房地产有关的税金

28. 印花税采用(　　)方式征收。

A. 自行贴花　　　B. 汇缴　　　C. 委托代征　　　D. 汇贴

29. 根据《征管法》的规定,税务机关可以采取的税收保全措施有(　　)。

A. 扣押、查封纳税人的价值相当于应纳税款的商品、货物或者其他财产

B. 通知纳税人的开户银行或者其他金融机构冻结纳税人的金额相当于应纳税款存款

C. 书面通知纳税人开户银行或者其他金融机构从纳税人存款中扣缴税款

D. 将查封的商品交由企业按市场价格收购

30. 我国印花税税目中的产权转移书据包括(　　)。

A. 财产所有权　　　　　　　　　B. 版权

C. 商标使用权　　　　　　　　　D. 专有技术权

三、判断题

1. 中央税包括消费税、房产税和车辆购置税等。　　　　　　　　　　(　　)
2. 委托加工应税消费品的纳税人为受托加工方。　　　　　　　　　　(　　)
3. 税收具有固定性、强制性和无偿性。　　　　　　　　　　　　　　(　　)
4. 工业企业将购买的货物用于职工福利为视同销售行为计算销项税额。(　　)
5. 国有土地使用权出让产生增值,也应缴纳土地增值税。　　　　　　(　　)
6. 印花税率采用比例税率和定额税率两种形式。　　　　　　　　　　(　　)
7. 资源税的纳税人不必缴纳企业所得税。　　　　　　　　　　　　　(　　)
8. 不在境内设立机构、场所的外国企业不缴纳企业所得税。　　　　　(　　)
9. 一个美国公民从未到过中国,不会成为我国个人所得税的纳税人。　(　　)
10. 支付款项,取得房屋权属的人不必缴纳契税。　　　　　　　　　　(　　)
11. 小规模纳税人的进项税额也可以抵扣。　　　　　　　　　　　　　(　　)
12. AB 两机构在同一县内,并实行统一核算,A 机构将货物移送 B 机构,应视同销售纳增值税。　　　　　　　　　　　　　　　　　　　　　　　　(　　)
13. 居民纳税人(个人)应当就其来源于中国境内外的全部所得缴纳个人所得税。　　　　　　　　　　　　　　　　　　　　　　　　　　　　(　　)
14. 宾馆兼营商品销售,应当分别核算,如果没有分别核算,应从高适用税率缴纳增值税。(　　)
15. 消费税纳税环节为货物的生产、批发和零售全环节。　　　　　　　(　　)
16. 某外国商人于 2005 年 1 月 2 日至 2015 年 12 月 31 日在中国境内工作,是中国的

居民纳税人。　　　　　　　　　　　　　　　　　　　　　　（　　）

17. 某煤矿本月生产原煤 100 吨,销售 80 吨,自用 10 吨,应按 80 吨计征资源税。

（　　）

18. 出国的中国公民,仅就其在中国境内的所得纳个人所得税。　　（　　）

19. 土地增值税的计税依据是转让房地产取得的收入。　　　　　（　　）

20. 房屋买卖发生了房产权属转移,房屋出售者应缴纳契税。　　（　　）

21. 进口环节的增值税,由海关负责征收。　　　　　　　　　　（　　）

22. 建筑业总承包人以全部承包额为增值税的计税依据。　　　　（　　）

23. 纳税人欠缴税款,同时又被行政机关决定处以罚款、没收违法所得的,税务优先于罚款、没收违法所得。　　　　　　　　　　　　　　　　　　　　（　　）

24. 欠缴税款的纳税人或者他的法定代表人需要出境的,应当在出境前向税务机关结清应纳税款、滞纳金或者提供担保。未结清税款、滞纳金,又不提供担保的,税务机关可以通知出境管理机关阻止其出境。　　　　　　　　　　　　　　　　　　（　　）

25. 直接税是由纳税人直接缴纳的税,间接税是由其他单位和个人代为缴纳的税。

（　　）

26. 建造、购进的固定资产在尚未竣工决算投产前的借款利息支出不得从收入总额中扣除。　　　　　　　　　　　　　　　　　　　　　　　　　　　　（　　）

27. 纳税人用于公益、救济性的捐赠,在计算应纳税所得额时,可以据实扣除。

（　　）

28. 年度终了,某企业填报的损益表反映全年利润总额为 −17 万元,因此,该企业应纳税所得额也为 −17 万元,不需要缴纳企业所得税。　　　　　　　　　（　　）

29. 单位将不动产无偿赠送给他人的行为,视为销售不动产,应缴纳增值税。（　　）

30. 纳税人采取还本销售方式销售货物,可以从销售额中减去还本的支出。（　　）

四、案例分析题

某化工企业为增值税一般纳税人,注册资本金 1 000 万元,生产职工年均 1 000 人。全年相关生产、经营资料如下。

(1) 企业坐落在某市区,全年实际占用土地面积共计 100 000 平方米,其中,企业办的职工子弟学校占地 2 000 平方米、幼儿园占地 1 000 平方米、非独立核算的经营门市部占地500 平方米,生产经营场所占地 96 500 平方米。城镇土地使用税每平方米单位税额 2 元。

(2) 企业当年度的固定资产原值共计 6 000 万元,其中:房产原值 4 000 万元,机器设备及其他固定资产原值 2 000 万元。签订租赁合同 1 份,4 月 1 日将房产原值 200 万元的仓库出租给某商场存放货物,租期 1 年,租赁合同记载年不含增值税租金 40 万元,签订合同时预收一个季度不含税租金 10 万元、增值税 0.11 万元,其余的在租用期的当季收取。房产税计算余值时扣除比例为 20%。

(3) 企业当年签订化妆品销售合同 40 份,记载实现不含税销售额共计 6 000 万元;购进已税原料,取得增值税专用发票,注明购货金额 2 000 万元、进项税额 340 万元,原料全部验收入库;支付运费,取得增值税专用发票,注明运费金额 10 万元、增值税 1.1 万元。当年生产领用化妆品已税原料 1 000 万元。

（4）发生应扣除的销售成本 2 200 万元；发生销售费用 800 万元，其中，含广告宣传费 500 万元；发生财务费用 200 万元，其中，1 月 1 日向其他非金融企业（非关联企业）签订生产性借款合同，记载借款金额 800 万元，借款期限 1 年，支付利息费用 79 万元，同期银行贷款的年利率为 5%；发生管理费用 700 万元（未包括应计入管理费用中的有关税金），其中，含业务招待费 35 万元、新产品开发费用 60 万元；全年计入成本、费用中的合理的工资支出 1 100 万元；计提工会经费 22 万元，已拨缴 12 万元，尚有 10 万元未拨缴；实际发生的职工福利费 110 万元。

（5）10 月发生意外事故，经税务机关核定库存原料损失 30 万元（不包括运输费用）；11 月取得了保险公司赔款 10 万元。

要求：根据当年资料，分析并计算应缴纳的各种税款及教育费附加。

附录 B 营改增具体征税项目注释

一、销售服务

销售服务是指提供交通运输服务、邮政服务、电信服务、建筑服务、金融服务、现代服务、生活服务。

（一）交通运输服务

交通运输服务是指利用运输工具将货物或者旅客送达目的地，使其空间位置得到转移的业务活动。包括陆路运输服务、水路运输服务、航空运输服务和管道运输服务。

1. 陆路运输服务

陆路运输服务是指通过陆路（地上或者地下）运送货物或者旅客的运输业务活动，包括铁路运输服务和其他陆路运输服务。

（1）铁路运输服务是指通过铁路运送货物或者旅客的运输业务活动。

（2）其他陆路运输服务是指铁路运输以外的陆路运输业务活动。包括公路运输、缆车运输、索道运输、地铁运输、城市轻轨运输等。

出租车公司向使用本公司自有出租车的出租车司机收取的管理费用，按照陆路运输服务缴纳增值税。

2. 水路运输服务

水路运输服务是指通过江、河、湖、川等天然、人工水道或者海洋航道运送货物或者旅客的运输业务活动。

水路运输的程租、期租业务，属于水路运输服务。

程租业务是指运输企业为租船人完成某一特定航次的运输任务并收取租赁费的业务。

期租业务是指运输企业将配备有操作人员的船舶承租给他人使用一定期限，承租期内听候承租方调遣，不论是否经营，均按天向承租方收取租赁费，发生的固定费用均由船东负担的业务。

3.航空运输服务

航空运输服务是指通过空中航线运送货物或者旅客的运输业务活动。

航空运输的湿租业务,属于航空运输服务。

湿租业务是指航空运输企业将配备有机组人员的飞机承租给他人使用一定期限,承租期内听候承租方调遣,不论是否经营,均按一定标准向承租方收取租赁费,发生的固定费用均由承租方承担的业务。

航天运输服务按照航空运输服务缴纳增值税。

航天运输服务是指利用火箭等载体将卫星、空间探测器等空间飞行器发射到空间轨道的业务活动。

4.管道运输服务

管道运输服务是指通过管道设施输送气体、液体、固体物质的运输业务活动。

无运输工具承运业务按照交通运输服务缴纳增值税。

无运输工具承运业务是指经营者以承运人身份与托运人签订运输服务合同,收取运费并承担承运人责任,然后委托实际承运人完成运输服务的经营活动。

（二）邮政服务

邮政服务是指中国邮政集团公司及其所属邮政企业提供邮件寄递、邮政汇兑和机要通信等邮政基本服务的业务活动。包括邮政普遍服务、邮政特殊服务和其他邮政服务。

1.邮政普遍服务

邮政普遍服务是指函件、包裹等邮件寄递,以及邮票发行、报刊发行和邮政汇兑等业务活动。

函件是指信函、印刷品、邮资封片卡、无名址函件和邮政小包等。

包裹是指按照封装上的名址递送给特定个人或者单位的独立封装的物品,其重量不超过五十千克,任何一边的尺寸不超过一百五十厘米,长、宽、高合计不超过三百厘米。

2.邮政特殊服务

邮政特殊服务是指义务兵平常信函、机要通信、盲人读物和革命烈士遗物的寄递等业务活动。

3.其他邮政服务

其他邮政服务是指邮册等邮品销售、邮政代理等业务活动。

（三）电信服务

电信服务是指利用有线、无线的电磁系统或者光电系统等各种通信网络资源，提供语音通话服务，传送、发射、接收或者应用图像、短信等电子数据和信息的业务活动。包括基础电信服务和增值电信服务。

1. 基础电信服务

基础电信服务是指利用固网、移动网、卫星、互联网，提供语音通话服务的业务活动，以及出租或者出售带宽、波长等网络元素的业务活动。

2. 增值电信服务

增值电信服务是指利用固网、移动网、卫星、互联网、有线电视网络，提供短信和彩信服务、电子数据和信息的传输及应用服务、互联网接入服务等业务活动。

卫星电视信号落地转接服务，按照增值电信服务缴纳增值税。

（四）建筑服务

建筑服务是指各类建筑物、构筑物及其附属设施的建造、修缮、装饰，线路、管道、设备、设施等的安装以及其他工程作业的业务活动。包括工程服务、安装服务、修缮服务、装饰服务和其他建筑服务。

1. 工程服务

工程服务是指新建、改建各种建筑物、构筑物的工程作业，包括与建筑物相连的各种设备或者支柱、操作平台的安装或者装设工程作业，以及各种窑炉和金属结构工程作业。

2. 安装服务

安装服务是指生产设备、动力设备、起重设备、运输设备、传动设备、医疗实验设备以及其他各种设备、设施的装配、安置工程作业，包括与被安装设备相连的工作台、梯子、栏杆的装设工程作业，以及被安装设备的绝缘、防腐、保温、油漆等工程作业。

固定电话、有线电视、宽带、水、电、燃气、暖气等经营者向用户收取的安装费、初装费、开户费、扩容费以及类似收费，按照安装服务缴纳增值税。

3. 修缮服务

修缮服务是指对建筑物、构筑物进行修补、加固、养护、改善，使之恢复原来的使用价值或者延长其使用期限的工程作业。

4. 装饰服务

装饰服务是指对建筑物、构筑物进行修饰装修,使之美观或者具有特定用途的工程作业。

5. 其他建筑服务

其他建筑服务是指上列工程作业之外的各种工程作业服务,如钻井(打井)、拆除建筑物或者构筑物、平整土地、园林绿化、疏浚(不包括航道疏浚)、建筑物平移、搭脚手架、爆破、矿山穿孔、表面附着物(包括岩层、土层、沙层等)剥离和清理等工程作业。

(五)金融服务

金融服务是指经营金融保险的业务活动。包括贷款服务、直接收费金融服务、保险服务和金融商品转让。

1. 贷款服务

贷款是指将资金贷与他人使用而取得利息收入的业务活动。

各种占用、拆借资金取得的收入,包括金融商品持有期间(含到期)利息(保本收益、报酬、资金占用费、补偿金等)收入、信用卡透支利息收入、买入返售金融商品利息收入、融资融券收取的利息收入,以及融资性售后回租、押汇、罚息、票据贴现、转贷等业务取得的利息及利息性质的收入,按照贷款服务缴纳增值税。

融资性售后回租是指承租方以融资为目的,将资产出售给从事融资性售后回租业务的企业后,从事融资性售后回租业务的企业将该资产出租给承租方的业务活动。

以货币资金投资收取的固定利润或者保底利润,按照贷款服务缴纳增值税。

2. 直接收费金融服务

直接收费金融服务是指为货币资金融通及其他金融业务提供相关服务并且收取费用的业务活动。包括提供货币兑换、账户管理、电子银行、信用卡、信用证、财务担保、资产管理、信托管理、基金管理、金融交易场所(平台)管理、资金结算、资金清算、金融支付等服务。

3. 保险服务

保险服务是指投保人根据合同约定,向保险人支付保险费,保险人对于合同约定的可能发生的事故因其发生所造成的财产损失承担赔偿保险金责任,或者当被保险人死亡、伤残、疾病或者达到合同约定的年龄、期限等条件时承担给付保险金责任的商业保险行为。包括人身保险服务和财产保险服务。

人身保险服务是指以人的寿命和身体为保险标的的保险业务活动。

财产保险服务是指以财产及其有关利益为保险标的的保险业务活动。

4. 金融商品转让

金融商品转让是指转让外汇、有价证券、非货物期货和其他金融商品所有权的业务活动。

其他金融商品转让包括基金、信托、理财产品等各类资产管理产品和各种金融衍生品的转让。

(六) 现代服务

现代服务是指围绕制造业、文化产业、现代物流产业等提供技术性、知识性服务的业务活动。包括研发和技术服务、信息技术服务、文化创意服务、物流辅助服务、租赁服务、鉴证咨询服务、广播影视服务、商务辅助服务和其他现代服务。

1. 研发和技术服务

研发和技术服务包括研发服务、合同能源管理服务、工程勘察勘探服务、专业技术服务。

(1) 研发服务也称技术开发服务,是指就新技术、新产品、新工艺或者新材料及其系统进行研究与试验开发的业务活动。

(2) 合同能源管理服务是指节能服务公司与用能单位以契约形式约定节能目标,节能服务公司提供必要的服务,用能单位以节能效果支付节能服务公司投入及其合理报酬的业务活动。

(3) 工程勘察勘探服务是指在采矿、工程施工前后,对地形、地质构造、地下资源蕴藏情况进行实地调查的业务活动。

(4) 专业技术服务是指气象服务、地震服务、海洋服务、测绘服务、城市规划、环境与生态监测服务等专项技术服务。

2. 信息技术服务

信息技术服务是指利用计算机、通信网络等技术对信息进行生产、收集、处理、加工、存储、运输、检索和利用,并提供信息服务的业务活动。包括软件服务、电路设计及测试服务、信息系统服务、业务流程管理服务和信息系统增值服务。

(1) 软件服务是指提供软件开发服务、软件维护服务、软件测试服务的业务活动。

(2) 电路设计及测试服务是指提供集成电路和电子电路产品设计、测试及相关技术支持服务的业务活动。

(3) 信息系统服务是指提供信息系统集成、网络管理、网站内容维护、桌面管理与维护、信息系统应用、基础信息技术管理平台整合、信息技术基础设施管理、数据中心、托管中心、信息安全服务、在线杀毒、虚拟主机等业务活动。包括网站对非自有的网络游戏提供的网络运营服务。

(4) 业务流程管理服务是指依托信息技术提供的人力资源管理、财务经济管理、审计管理、税务管理、物流信息管理、经营信息管理和呼叫中心等服务的活动。

（5）信息系统增值服务是指利用信息系统资源为用户附加提供的信息技术服务。包括数据处理、分析和整合、数据库管理、数据备份、数据存储、容灾服务、电子商务平台等。

3. 文化创意服务

文化创意服务包括设计服务、知识产权服务、广告服务和会议展览服务。

（1）设计服务是指把计划、规划、设想通过文字、语言、图画、声音、视觉等形式传递出来的业务活动。包括工业设计、内部管理设计、业务运作设计、供应链设计、造型设计、服装设计、环境设计、平面设计、包装设计、动漫设计、网游设计、展示设计、网站设计、机械设计、工程设计、广告设计、创意策划、文印晒图等。

（2）知识产权服务是指处理知识产权事务的业务活动。包括对专利、商标、著作权、软件、集成电路布图设计的登记、鉴定、评估、认证、检索服务。

（3）广告服务是指利用图书、报纸、杂志、广播、电视、电影、幻灯、路牌、招贴、橱窗、霓虹灯、灯箱、互联网等各种形式为客户的商品、经营服务项目、文体节目或者通告、声明等委托事项进行宣传和提供相关服务的业务活动。包括广告代理和广告的发布、播映、宣传、展示等。

（4）会议展览服务是指为商品流通、促销、展示、经贸洽谈、民间交流、企业沟通、国际往来等举办或者组织安排的各类展览和会议的业务活动。

4. 物流辅助服务

物流辅助服务包括航空服务、港口码头服务、货运客运场站服务、打捞救助服务、装卸搬运服务、仓储服务和收派服务。

（1）航空服务包括航空地面服务和通用航空服务。

航空地面服务，是指航空公司、飞机场、民航管理局、航站等向在境内航行或者在境内机场停留的境内外飞机或者其他飞行器提供的导航等劳务性地面服务的业务活动。包括旅客安全检查服务、停机坪管理服务、机场候机厅管理服务、飞机清洗消毒服务、空中飞行管理服务、飞机起降服务、飞行通信服务、地面信号服务、飞机安全服务、飞机跑道管理服务、空中交通管理服务等。

通用航空服务是指为专业工作提供飞行服务的业务活动，包括航空摄影、航空培训、航空测量、航空勘探、航空护林、航空吊挂播洒、航空降雨、航空气象探测、航空海洋监测、航空科学实验等。

（2）港口码头服务是指港务船舶调度服务、船舶通信服务、航道管理服务、航道疏浚服务、灯塔管理服务、航标管理服务、船舶引航服务、理货服务、系解缆服务、停泊和移泊服务、海上船舶溢油清除服务、水上交通管理服务、船只专业清洗消毒检测服务和防止船只漏油服务等为船只提供服务的业务活动。

港口设施经营人收取的港口设施保安费按照港口码头服务缴纳增值税。

（3）货运客运场站服务是指货运客运场站提供货物配载服务、运输组织服务、中转换乘服务、车辆调度服务、票务服务、货物打包整理、铁路线路使用服务、加挂铁路客车服务、铁路行包专列发送服务、铁路到达和中转服务、铁路车辆编解服务、车辆挂运服务、铁路接触网服务、铁路机车牵引服务等业务活动。

(4) 打捞救助服务是指提供船舶人员救助、船舶财产救助、水上救助和沉船沉物打捞服务的业务活动。

(5) 装卸搬运服务是指使用装卸搬运工具或者人力、畜力将货物在运输工具之间、装卸现场之间或者运输工具与装卸现场之间进行装卸和搬运的业务活动。

(6) 仓储服务是指利用仓库、货场或者其他场所代客贮放、保管货物的业务活动。

(7) 收派服务是指接受寄件人委托,在承诺的时限内完成函件和包裹的收件、分拣、派送服务的业务活动。

收件服务是指从寄件人收取函件和包裹,并运送到服务提供方同城的集散中心的业务活动。

分拣服务是指服务提供方在其集散中心对函件和包裹进行归类、分发的业务活动。

派送服务是指服务提供方从其集散中心将函件和包裹送达同城的收件人的业务活动。

5. 租赁服务

租赁服务包括融资租赁服务和经营租赁服务。

(1) 融资租赁服务是指具有融资性质和所有权转移特点的租赁活动。即出租人根据承租人所要求的规格、型号、性能等条件购入有形动产或者不动产租赁给承租人,合同期内租赁物所有权属于出租人,承租人只拥有使用权,合同期满付清租金后,承租人有权按照残值购入租赁物,以拥有其所有权。不论出租人是否将租赁物销售给承租人,均属于融资租赁。

按照标的物的不同,融资租赁服务可分为有形动产融资租赁服务和不动产融资租赁服务。

融资性售后回租不按照本税目缴纳增值税。

(2) 经营租赁服务是指在约定时间内将有形动产或者不动产转让他人使用且租赁物所有权不变更的业务活动。

按照标的物的不同,经营租赁服务可分为有形动产经营租赁服务和不动产经营租赁服务。

将建筑物、构筑物等不动产或者飞机、车辆等有形动产的广告位出租给其他单位或者个人用于发布广告,按照经营租赁服务缴纳增值税。

车辆停放服务、道路通行服务(包括过路费、过桥费、过闸费等)等按照不动产经营租赁服务缴纳增值税。

水路运输的光租业务、航空运输的干租业务,属于经营租赁。

光租业务,是指运输企业将船舶在约定的时间内出租给他人使用,不配备操作人员,不承担运输过程中发生的各项费用,只收取固定租赁费的业务活动。

干租业务,是指航空运输企业将飞机在约定的时间内出租给他人使用,不配备机组人员,不承担运输过程中发生的各项费用,只收取固定租赁费的业务活动。

6. 鉴证咨询服务

鉴证咨询服务包括认证服务、鉴证服务和咨询服务。

（1）认证服务是指具有专业资质的单位利用检测、检验、计量等技术，证明产品、服务、管理体系符合相关技术规范、相关技术规范的强制性要求或者标准的业务活动。

（2）鉴证服务是指具有专业资质的单位受托对相关事项进行鉴证，发表具有证明力的意见的业务活动。包括会计鉴证、税务鉴证、法律鉴证、职业技能鉴定、工程造价鉴证、工程监理、资产评估、环境评估、房地产土地评估、建筑图纸审核、医疗事故鉴定等。

（3）咨询服务是指提供信息、建议、策划、顾问等服务的活动。包括金融、软件、技术、财务、税收、法律、内部管理、业务运作、流程管理、健康等方面的咨询。

翻译服务和市场调查服务按照咨询服务缴纳增值税。

7. 广播影视服务

广播影视服务包括广播影视节目（作品）的制作服务、发行服务和播映（含放映，下同）服务。

（1）广播影视节目（作品）制作服务是指进行专题（特别节目）、专栏、综艺、体育、动画片、广播剧、电视剧、电影等广播影视节目和作品制作的服务。具体包括与广播影视节目和作品相关的策划、采编、拍摄、录音、音视频文字图片素材制作、场景布置、后期的剪辑、翻译（编译）、字幕制作、片头、片尾、片花制作、特效制作、影片修复、编目和确权等业务活动。

（2）广播影视节目（作品）发行服务是指以分账、买断、委托等方式，向影院、电台、电视台、网站等单位和个人发行广播影视节目（作品）以及转让体育赛事等活动的报道及播映权的业务活动。

（3）广播影视节目（作品）播映服务是指在影院、剧院、录像厅及其他场所播映广播影视节目（作品），以及通过电台、电视台、卫星通信、互联网、有线电视等无线或者有线装置播映广播影视节目（作品）的业务活动。

8. 商务辅助服务

商务辅助服务包括企业管理服务、经纪代理服务、人力资源服务、安全保护服务。

（1）企业管理服务是指提供总部管理、投资与资产管理、市场管理、物业管理、日常综合管理等服务的业务活动。

（2）经纪代理服务是指各类经纪、中介、代理服务。包括金融代理、知识产权代理、货物运输代理、代理报关、法律代理、房地产中介、职业中介、婚姻中介、代理记账、拍卖等。

货物运输代理服务是指接受货物收货人、发货人、船舶所有人、船舶承租人或者船舶经营人的委托，以委托人的名义，为委托人办理货物运输、装卸、仓储和船舶进出港口、引航、靠泊等相关手续的业务活动。

代理报关服务是指接受进出口货物的收、发货人委托，代为办理报关手续的业务活动。

（3）人力资源服务是指提供公共就业、劳务派遣、人才委托招聘、劳动力外包等服务的业务活动。

（4）安全保护服务是指提供保护人身安全和财产安全，维护社会治安等的业务活动。包括场所住宅保安、特种保安、安全系统监控以及其他安保服务。

9. 其他现代服务

其他现代服务是指除研发和技术服务、信息技术服务、文化创意服务、物流辅助服务、租赁服务、鉴证咨询服务、广播影视服务和商务辅助服务以外的现代服务。

（七）生活服务

生活服务是指为满足城乡居民日常生活需求提供的各类服务活动。包括文化体育服务、教育医疗服务、旅游娱乐服务、餐饮住宿服务、居民日常服务和其他生活服务。

1. 文化体育服务

文化体育服务包括文化服务和体育服务。

（1）文化服务是指为满足社会公众文化生活需求提供的各种服务。包括：文艺创作、文艺表演、文化比赛，图书馆的图书和资料借阅，档案馆的档案管理，文物及非物质遗产保护，组织举办宗教活动、科技活动、文化活动，提供游览场所。

（2）体育服务是指组织举办体育比赛、体育表演、体育活动，以及提供体育训练、体育指导、体育管理的业务活动。

2. 教育医疗服务

教育医疗服务包括教育服务和医疗服务。

（1）教育服务是指提供学历教育服务、非学历教育服务、教育辅助服务的业务活动。

学历教育服务是指根据教育行政管理部门确定或者认可的招生和教学计划组织教学，并颁发相应学历证书的业务活动。包括初等教育、初级中等教育、高级中等教育、高等教育等。

非学历教育服务包括学前教育、各类培训、演讲、讲座、报告会等。

教育辅助服务包括教育测评、考试、招生等服务。

（2）医疗服务是指提供医学检查、诊断、治疗、康复、预防、保健、接生、计划生育、防疫服务等方面的服务，以及与这些服务有关的提供药品、医用材料器具、救护车、病房住宿和伙食的业务。

3. 旅游娱乐服务

旅游娱乐服务包括旅游服务和娱乐服务。

（1）旅游服务是指根据旅游者的要求，组织安排交通、游览、住宿、餐饮、购物、文娱、商务等服务的业务活动。

（2）娱乐服务是指为娱乐活动同时提供场所和服务的业务。具体包括：歌厅、舞厅、夜总会、酒吧、台球、高尔夫球、保龄球、游艺（包括射击、狩猎、跑马、游戏机、蹦极、卡丁车、热气球、动力伞、射箭、飞镖）。

4. 餐饮住宿服务

餐饮住宿服务包括餐饮服务和住宿服务。

（1）餐饮服务是指通过同时提供饮食和饮食场所的方式为消费者提供饮食消费服务的业务活动。

（2）住宿服务是指提供住宿场所及配套服务等的活动。包括宾馆、旅馆、旅社、度假村和其他经营性住宿场所提供的住宿服务。

5. 居民日常服务

居民日常服务是指主要为满足居民个人及其家庭日常生活需求提供的服务，包括市容市政管理、家政、婚庆、养老、殡葬、照料和护理、救助救济、美容美发、按摩、桑拿、氧吧、足疗、沐浴、洗染、摄影扩印等服务。

6. 其他生活服务

其他生活服务是指除文化体育服务、教育医疗服务、旅游娱乐服务、餐饮住宿服务和居民日常服务之外的生活服务。

二、销售无形资产

销售无形资产是指转让无形资产所有权或者使用权的业务活动。无形资产，是指不具实物形态，但能带来经济利益的资产，包括技术、商标、著作权、商誉、自然资源使用权和其他权益性无形资产。

技术，包括专利技术和非专利技术。

自然资源使用权包括土地使用权、海域使用权、探矿权、采矿权、取水权和其他自然资源使用权。

其他权益性无形资产包括基础设施资产经营权、公共事业特许权、配额、经营权（包括特许经营权、连锁经营权、其他经营权）、经销权、分销权、代理权、会员权、席位权、网络游戏虚拟道具、域名、名称权、肖像权、冠名权、转会费等。

三、销售不动产

销售不动产是指转让不动产所有权的业务活动。不动产，是指不能移动或者移动后会引起性质、形状改变的财产，包括建筑物、构筑物等。

建筑物包括住宅、商业营业用房、办公楼等可供居住、工作或者进行其他活动的建造物。

构筑物包括道路、桥梁、隧道、水坝等建造物。

转让建筑物有限产权或者永久使用权的，转让在建的建筑物或者构筑物所有权的，以及在转让建筑物或者构筑物时一并转让其所占土地的使用权的，按照销售不动产缴纳增值税。

附录 C

主要税法依据

关于废止《中华人民共和国营业税暂行条例》和修改《中华人民共和国增值税暂行条例》的决定,2017-11-19,国务院令第 691 号

中华人民共和国增值税暂行条例实施细则,2011-10-28,财税令第 65 号

关于全面推开营业税改征增值税试点的通知,2016-03-23,财税令第 36 号

中华人民共和国消费税暂行条例,2008-11-10,国务院令第 539 号

中华人民共和国消费税暂行条例实施细则,2008-12-15,财税令第 51 号

中华人民共和国进出口关税条例,2003-11-23,国务院令第 392 号

中华人民共和国海关审定进出口货物完税价格办法,2006-03-28,海关总署令第 148 号

中华人民共和国企业所得税法(修订),2017-2-24,主席令第 64 号

中华人民共和国企业所得税法实施条例,2007-12-06,国务院令第 512 号

中华人民共和国个人所得税法,2011-06-30,主席令第 48 号

中华人民共和国个人所得税法实施条例,2011-07-19,国务院令第 600 号

中华人民共和国资源税暂行条例,2011-09-30,国务院令第 605 号

中华人民共和国资源税暂行条例实施细则,2011-10-28,财税令第 66 号

中华人民共和国城镇土地使用税暂行条例,2006-12-31,国务院令第 483 号

中华人民共和国耕地占用税暂行条例,2007-12-01,国务院令第 511 号

中华人民共和国耕地占用税暂行条例实施细则,2008-02-26,财税令第 49 号

关于全面推进资源税改革的通知,2016-05-09,财税〔2016〕53 号

关于资源税改革具体政策问题的通知,2016-05-09,财税〔2016〕54 号

中华人民共和国房产税暂行条例,2008-12-31,国务院令第 546 号

中华人民共和国车船税法,2011-02-25,主席令第 43 号

中华人民共和国车船税法实施条例,2011-12-05,国务院令第 611 号

中华人民共和国车辆购置税暂行条例,2000-10-22,国务院令第 294 号

车辆购置税征收管理办法,2015-12-28,国家税务总局令第 38 号

中华人民共和国契税暂行条例,1997-07-07,国务院令第 224 号

中华人民共和国契税暂行条例细则 1997-10-28,财法字〔1997〕52 号

中华人民共和国印花税暂行条例,1988-08-06,国务院令第 11 号

中华人民共和国印花税暂行条例施行细则,1988-09-29,(1988)财税字第 255 号

中华人民共和国城市维护建设税暂行条例,1985-02-08,国发〔1985〕19 号

关于修改《征收教育费附加的暂行规定》的决定,2005-08-20 国务院令第 448 号

中华人民共和国土地增值税暂行条例,1993-12-13,国务院令第 138 号

中华人民共和国土地增值税暂行条例实施细则,1995-01-27,财法字〔1995〕6 号

中华人民共和国烟叶税法,2017-12-27,第十二届全国人民代表大会常务委员会第三十一次会议

关于烟叶税若干具体问题的规定,2006-05-18,财税〔2006〕64 号

中华人民共和国税收征收管理法,2001-04-28,主席令第 49 号

中华人民共和国税收征收管理法实施细则,2002-09-07,国务院令第 362 号

参 考 文 献

[1] 注册会计师全国统一考试研究中心.税法[M].北京：人民邮电出版社,2016.

[2] 中国注册会计师协会.税法[M].北京：经济科学出版社,2015.

[3] 全国税务师职业资格考试教材编写组.税法一[M].北京：中国税务出版社,2015.

[4] 全国税务师职业资格考试教材编写组.税法二[M].北京：中国税务出版社,2015.

[5] 财政部会计资格评价中心.经济法[M].北京：中国财政经济出版社,2015.

[6] 财政部会计资格评价中心.经济法基础[M].北京：经济科学出版社,2015.

[7] 中华会计网校.税法[M].北京：人民出版社,2015.

[8] 东奥会计在线.税法Ⅰ[M].北京：北京大学出版社,2015.

[9] 东奥会计在线.税法Ⅱ[M].北京：北京大学出版社,2015.

[10] 徐孟洲,徐阳光.税法[M].5版.北京：中国人民大学出版社,2015.

[11] 刘颖.税法[M].北京：北京大学出版社,2015.

[12] 王红云.税法[M].3版.北京：中国人民大学出版社,2015.